Deutsch für berufliche Schulen

Martin Bissinger

Dr. Gerhard Maurer

11., überarbeitete und erweiterte Auflage

Holland+Josenhans / Handwerk und Technik

11., überarbeitete und erweiterte Auflage 2013

Alle Rechte vorbehalten. Das Werk und seine Teile sind urheberrechtlich geschützt. Jede Nutzung in anderen als den gesetzlich oder durch bundesweite Vereinbarung zugelassenen Fällen bedarf deshalb der vorherigen schriftlichen Einwilligung des Verlages.

Die Verweise auf Internetadressen und -dateien beziehen sich auf deren Zustand und Inhalt zum Zeitpunkt der Drucklegung des Werks. Der Verlag übernimmt keinerlei Gewähr und Haftung für deren Aktualität oder Inhalt noch für den Inhalt von mit ihnen verlinkten weiteren Internetseiten.

Dieses Werk folgt der reformierten Rechtschreibung und Zeichensetzung von 2006. Ausnahmen wurden nur gemacht, wenn künstlerische oder lizenzrechtliche Gründe einer Änderung entgegenstehen.

© Holland+Josenhans Verlag, Postfach 10 23 52, 70019 Stuttgart
Tel.: (07 11) 6 14 39 15, Fax: (07 11) 6 14 39 22
E-Mail: verlag@holland-josenhans.de
Internet: www.holland-josenhans.de

Bildnachweis: Sofern nicht unmittelbar im Text angegeben, stammen die Illustrationen von
Martin Bissinger, 89079 Ulm
Uta Böttcher, 70372 Stuttgart
Erich Fuchs †, Stuttgart
Hans-Hermann Kropf, 89428 Syrgenstein
Die Südspitze, 70372 Stuttgart
Gabriele Timm, 41564 Kaarst

Trotz intensiver Bemühungen ist es uns nicht gelungen, die Urheber einiger Abbildungen zu ermitteln; die Rechte dieser Urheber werden selbstverständlich vom Verlag gewahrt. Die Urheber oder deren Erben werden gebeten, sich mit dem Verlag in Verbindung zu setzen.

Satz: Martin Bissinger, 89079 Ulm
Druck und Verarbeitung: LFC print+medien GmbH
72768 Reutlingen

ISBN 978-3-7782-1010-9

Einführung

Liebe Schülerin, lieber Schüler,

Gehörtes kann man sich nur zu einem geringen Teil merken. Gesehenes prägt sich etwas besser ein. Aber erst was man sich selbst erarbeitet und auch anwendet, bleibt lange Zeit, ja oft für immer, im Gedächtnis haften und wird so zum geistigen Besitz. Dieses Deutschbuch ist deshalb als Arbeitsbuch angelegt. Die Aufgaben können Sie im Unterrichtsgespräch, in Gruppen-, Partner- oder Einzelarbeit lösen. Zu empfehlen ist möglichst selbstständiges Arbeiten.

Das Buch will Sie auf verschiedenen Gebieten fördern, z. B.

- Arbeitstechniken angemessen anwenden
- mit anderen in Gruppen zusammenarbeiten
- vor einer größeren Gruppe sicher auftreten
- einen eigenen Standpunkt überzeugend vertreten
- Ergebnisse aus eigenen Arbeiten wirkungsvoll präsentieren
- Strukturen von Texten erfassen und darstellen
- Kommunikationsvorgänge verstehen
- Texte kreativ selbst verfassen
- Literatur kennenlernen
- Sprachnormen anwenden

Im heutigen Berufsleben muss jeder lebenslang lernen, mit anderen zusammenarbeiten oder sich flexibel auf neue Situationen einstellen. Viele dieser Forderungen können nur über sprachliche Verständigung angegangen werden. Wenn Sie sich engagiert auf den genannten Gebieten einsetzen, werden Sie für Ihre persönliche und berufliche Entwicklung einen Gewinn haben.

Die **Überschrift jeder Aufgabe** gibt an, was vor allem zu tun ist. **Arbeitsaufträge** sind an den vorangestellten Zahlen im grauen Kreis (z. B. ❶) zu erkennen. **Merkmale, Empfehlungen und Regeln** sind gelb unterlegt. Ein Teil der Aufgaben ist für die mündliche Bearbeitung vorgesehen. **Wichtige Lösungen** können Sie in Leerstellen auf den Blättern eintragen und damit jederzeit nachschlagen. Einzelne *Beispiele für Lösungen* in blauer Kursivschrift erleichtern Ihnen die Bearbeitung der Aufgaben. Umfassende Lösungen müssen Sie auf gesonderte Blätter schreiben. Über einzelne Internet-Adressen können Sie sich weitere Informationen beschaffen.

Wir wünschen Ihnen bei der Arbeit mit dem Buch viel Erfolg und auch einigen Spaß.

Die Autoren

Inhaltsverzeichnis

A Arbeitstechniken anwenden   Seite

1	Texterfassung in gedruckten Medien	6
2	Wörterbücher	8
3	Gruppenarbeit	10
4	Präsentationsmedien	12
5	Effektives Lernen	14
6	Schaubilder	16

B Sich angemessen ausdrücken

7	Sprechsituationen	18
8	Verkaufsgespräch	20
9	Referieren und Präsentieren	22
10	Sprachebenen	24
11	Ausdruck und Stil	26
12	Fremdwörter	28

C Einander verstehen

13	Kommunikation verstehen	30
14	Kommunikation verbessern	32

D Argumentieren, diskutieren und erörtern

15	Stellung nehmen	34
16	Argumentieren	36
17	Diskutieren	37
18	Erörtern in linearer Form	40
19	Erörtern in dialektischer Form	42

E Texte schreiben

20	Erzählen	46
21	Berichten (Unfälle, Arbeiten)	48
22	Protokollieren (Verläufe, Ergebnisse)	52
23	Inhaltsangabe	56
24	Beschreiben (Gegenstände, Vorgänge)	58

F Geschäfts- und Bewerbungsvorgänge bearbeiten

25	Geschäftsbrief von Privatpersonen	64
26	Stellenangebot, Bewerbungsschreiben, Lebenslauf	68
27	Vorstellungsgespräch	73
28	Arbeitszeugnis	76

G Journalistische Texte und Werbung verstehen

29	Zeitungstexte (Nachricht, Kommentar, Karikatur, Leserbrief)	78
30	Werbung, Werbetexte	82

H	**Mit Literatur umgehen**	Seite
31	Kurzgeschichte 1 (Neapel sehen)	86
32	Kurzgeschichte 2 (Saisonbeginn)	88
33	Kurzgeschichte 3 (Spaghetti für zwei)	92
34	Unterhaltungsliteratur	94
35	Satire (Es wird etwas geschehen)	96
36	Glosse	100
37	Sketch (Die mündliche Führerscheinprüfung)	102
38	Fabel	104
39	Ballade 1 (Die Füße im Feuer)	106
40	Ballade 2 (Die Brück am Tay)	108
41	Gedicht 1 (Inventur)	110
42	Gedicht 2 (Reklame)	112
43	Gedicht 3 (Das Feuer)	113

I	**Sprachnormen anwenden**	
44	Wortarten	114
45	Groß- und Kleinschreibung	116
46	Getrennt- und Zusammenschreibung	120
47	Gleich und ähnlich klingende Laute	122
48	Satzglieder	124
49	Haupt- und Nebensatz	126
50	Zeichensetzung	128
51	Worttrennung am Zeilenende	132
52	Fachausdrücke aus der Grammatik (Deutsch – Lateinisch)	134
53	Fachausdrücke aus der Grammatik (Lateinisch – Deutsch)	135
	Sachwortverzeichnis	136

Texterfassung in gedruckten Medien

Die Klasse von Petra und Jan geht in ein Schullandheim am Bodensee. Beide informieren sich deshalb aus verschiedenen Unterlagen über den See und seine Umgebung.

Beispiel 1: Abschnitte aus einem Fachbuch von Petra

Die Wassermassen des Sees gleichen extreme Temperaturschwankungen aus. Das Bodenseegebiet ist deshalb eine Wärmeinsel in einer wesentlich raueren Umgebung. Der Frühling zieht sehr früh ein, die Frostgefahr während der Blütezeit ist gering und die Herbste sind mild. Auf den meist fruchtbaren Grundmoräneböden werden Weizen, Hopfen, Obst, Gemüse und Wein angebaut.

Eine gewisse Bedeutung hat auch der Fischfang. Ein wichtiger Bodenseefisch ist der Blaufelchen; daneben werden Barsche, Brachsen, Hechte und Aale gefangen. Nach 1945 haben sich die Fangerträge erhöht, obwohl der See nicht stärker ausgefischt wurde. Die Ursache lag in den eingeleiteten Abwässern, die den See düngten, wodurch Kleinlebewesen, die Hauptnahrung für viele Fischarten, stark zunahmen. Damit der See hydrobiologisch nicht aus dem Gleichgewicht kommt, wurden rings um den See Kläranlagen gebaut und die Wasserverschmutzung vermindert. Dadurch nahmen die Fangerträge aber wieder ab.

Die Reinhaltung des Bodensees ist besonders für die Trinkwasserversorgung des gesamten Neckarraums von Bedeutung. Bei Sipplingen werden dem Überlinger See bis zu 9000 l/s Wasser aus großer Tiefe entnommen. Das aufbereitete Trinkwasser gelangt über zwei Leitungen bis in den Odenwald und nach Bad Mergentheim.

Petra sieht in Fachbüchern und Lexiken nach und schreibt sich einige Informationen heraus.
Jan hat einen Reiseführer gekauft. Er unterlegt Wichtiges farbig, unterstreicht und macht Randbemerkungen.

Beispiel 2: Einige Abschnitte aus Jans Reiseführer

Der Bodensee ist mit 536 km² der größte See Deutschlands. Davon sind 305 km² deutscher Anteil, der Rest gehört zur Schweiz und zu Österreich. ①

Der Obersee ist das Stammbecken; er ist 45 km lang ② und 414 km² groß. Seine flachen schelfartigen Ränder ? gehen zum Beckentief hin in steile Abstürze über. Vor Friedrichshafen ist die größte Tiefe 254 m.

Ein Zweigbecken bildet die glazial vorgebildete Grabensenke des Überlinger Sees, der 61 km² groß ist und ③ eine größte Tiefe von 147 m hat. Ein weiteres Zweigbecken, der dreizipfelige Untersee mit Zeller- und Gnadensee, ist 63 km² groß und 25 bis 46 m tief. Ein drittes Zweigbecken, das Schussenbecken, ist jedoch verlandet.

In jedem der Teilseen liegt eine Insel: im Obersee die ④ Insel Lindau, im Überlinger See die Mainau und im Untersee die Reichenau.

Der größte Zufluss ist der Rhein. Er tritt westlich von ⑤ Bregenz in den Obersee ein, in den er ein Delta ? vorbaut. Im Ober- und Untersee ist er als Strömung zu verfolgen. Geröll-, Kies-, Sand- und Schlammmassen sinken zu Boden, sodass der Rhein bei Stein den See gereinigt verlässt.

Der See ist für den Rhein ein wichtiger Wasserstandsregler, da er bei Hochwasser große Wassermengen zu- ⑥ rückhält und nur allmählich wieder abgibt.

A 1 Markierungszeichen erklären

❶ Wie sind in Beispiel 2 wichtige Textstellen markiert?

in den ersten drei Abschnitten _mit farbiger Unterlegung (Markierungsstift)_

in den letzten drei Abschnitten _____

❷ Was bedeuten die Zeichen am Rand und im Text?

① ② ... _____

.... ? _____

〜〜〜 ← _____

A 2 Textmarkierungen anbringen

❶ Kennzeichnen Sie in Beispiel 1
- wichtige Textstellen durch Markieren oder Unterstreichen
- die Gliederung durch Zahlen ①, ② ...
- unbekannte Wörter durch gestricheltes Unterstreichen

A 3 Unbekannte Wörter nachschlagen

In Texten stoßen Sie immer wieder auf unbekannte Wörter. Sie lassen sich mithilfe von Lexiken, Wörterbüchern oder dem Internet deuten.

❶ Ermitteln Sie die Bedeutung folgenden Wörter:

a) Schelf ....

b) glazial ....

c) Delta ....

d) Grundmoräne ....

e) hydrobiologisch _Wassertiere und -pflanzen und ihre Lebensbedingungen betreffend_

A 4 Textauszug untersuchen

❶ Wie sind die Gliederungsüberschriften hervorgehoben?

❷ Wie könnten sie noch hervorgehoben werden?

❸ Wie ist der Textauszug gegliedert?

❹ Wie sind die einzelnen Aussagen gegenüber dem Original verkürzt?

Textauszug zu Beispiel 1

1 Klima, Anbau
- Wassermassen gleichen Temperaturschwankungen aus
- deshalb Wärmeinsel (frühes Frühjahr, geringe Frostgefahr während Blütezeit, milde Herbste)
- Anbau: Weizen, Hopfen, Obst, Gemüse, Wein

2 Fischfang, Wasserverschmutzung
a) wichtigster Fisch: Blaufelchen
b) daneben: Barsche, Brachsen, Hechte, Aale
c) nach 1945 Fangerträge erhöht, da Abwässer düngen => Kleinlebewesen vermehren sich
d) durch Bau von Kläranlagen geringere Wasserverschmutzung => geringere Fangerträge

3 Trinkwasserversorgung
3.1 Reinhaltung für Wasserentnahme wichtig
3.2 bei Sipplingen bis zu 9000 l/s Wasserentnahme, über zwei Rohrleitungen wird Neckarraum bis in den Odenwald mit Trinkwasser versorgt

---

A 5 Sätze verkürzen

Texte lassen sich verkürzen durch

- erweiterte Stichwörter
  Beispiel: 45 km langer Obersee (Stammbecken)

- verkürzte Sätze
  Beispiel: Rhein ist größter Zufluss, tritt westlich von Bregenz in den Obersee ein

❶ Verkürzen Sie die folgenden Sätze.

a) Er hat flache schelfartige Ränder, die in steile Abstürze zum Beckentief hin übergehen.

....

b) Im Obersee vor Friedrichshafen hat der See seine größte Tiefe mit 254 m.

....

c) Ein Zweigbecken bildet die glazial vorgebildete Grabensenke des Überlinger Sees, der 61 km² groß ist und eine größte Tiefe von 147 m hat.

....

A 6 Textauszug anfertigen (Exzerpieren)

❶ Suchen Sie in Beispiel 2 Gliederungsüberschriften zu den einzelnen Absätzen.

❷ Fertigen Sie zu Beispiel 2 einen Textauszug an.

Hinweise:
- Verwenden Sie für Textauszüge A4-Blätter, die Sie nur einseitig beschreiben.
- Bei Ordnungszahlen in Inhaltsverzeichnissen, z. B. 3 oder 3.1 wird am Schluss kein Punkt gesetzt.
- Ordnungsbuchstaben, z. B. a) oder b) werden mit einer Klammer versehen.

Wörterbücher

Petra ist beim Schreiben immer sehr kritisch und schlägt häufig nach. Ute sagt: „Ich schreibe nach Gefühl, das wird schon richtig sein."
Sie bewerben sich um dieselbe Stelle als Verkäuferin in Großheim. Im Bewerbungsschreiben von Petra steht u. a.: „Nach meiner Ausbildung arbeitete ich zwei Jahre lang im Supermarkt MAKA in Großheim." (0 Fehler). Ute schreibt u. a.: „In den Großheimer Nachrichten las ich, das sie eine Verkäuferin suchen." (2 Fehler, im ganzen Schreiben 12 Fehler). Petra und Ute sind in ihren Zeugnissen fachlich etwa gleich qualifiziert. Petra jedoch erhält die Stelle.

A 1 Einrichtung von Wörterbüchern untersuchen

In jedem Wörterbuch wird angegeben, was die verwendeten Zeichen und Abkürzungen bedeuten (z. B. lat., Abk., it., 1, 2, 3) und wie die Stichwörter angeordnet sind.

❶ Studieren Sie die Einrichtung Ihres Wörterbuchs.

A 2 Mit einem Wörterbuch arbeiten

item [lat.] *(Abk.: it.) veraltet*: **1** desgleichen, ebenso; **2** ferner; **3** kurzum; **Item** *s. 9, veraltet*: zu erörternde Sache, das Weitere, ein fraglicher Punkt
Ite|ra|ti|on [lat.] *w.10* Verdopplung, Wiederholung eines Wortes oder einer Silbe, z. B. jaja; **ite|ra|tiv** wiederholend, verdoppelnd;
Ite|ra|ti|vum *s. Gen. -s Mz. -va* Verb, das die Wiederholung eines Vorgangs ausdrückt, Frequentativ(um), z. B. hüsteln: oft ein wenig husten, es kriselt: es droht immer wieder eine Krise
Itha|ka griech. Insel
Iti|ne|rar [lat.] *s.1*, **Iti|ne|ra|ri|um** *s. Gen. -s Mz. -rien*; **1** altröm. Straßenverzeichnis; **2** Karte mit den Routen der zurückgelegten Reisen, Kriegszüge u. Ä.; **3** Wegeaufnahme in unerforschtem Gebiet
i-Tüp|fel|chen *s.7* bis aufs i-Tüpfelchen genau: ganz genau, ganz sorgfältig
it|zo, itzt *veraltet für* jetzt
i.v. *Abk. für* intravenös **(2)**
i.V., I.V. *Abk. für* in → Vertretung *oder*: in Vollmacht; *Klein- bzw. Großschreibung vgl. i. A.*
Iwein Ritter der Artussage
i wo! keinesfalls!
Iw|rith *s. Gen. -(s) nur Ez.* Neuhebräisch, Amtssprache in Israel
Iz|mir [is-], *früher*: Smyrna, türk. Stadt

J 1 *chem. Zeichen für* Jod; **2** *Abk. für* Joule
ja; jaja; ja, ja; ja und nein; ja oder nein; ja freilich; ja doch; aber ja; ach ja; naja, na ja; nun ja; ja sagen, *auch*: Ja sagen; zu allem ja und amen sagen; **Ja** *s.9*; das Ja und das Nein; er antwortete mit (einem) Ja; mit Ja stimmen; Ja sagen
Jab [dʒæb, *engl*.] *m.9*, Boxen: hakenartiger Schlag aus kürzester Distanz
Ja|bot [ʒabo, *frz.*] *s.9, 18. Jh.*: Spitzenrüsche an Männerhemden, im Halsausschnitt von Männerwesten oder Frauenkleidern
Jacht, Yacht *w.10*; **1** schnelles Segelschiff für die Küstenschifffahrt; **2** Sportsegelboot; **3** luxuriös ausgestattetes Schiff für Vergnügungsfahrten
jäck *niederrhein.* = jeck; **Jäck|chen** *s.7*; **Ja|cke** *w.11*; **Ja|cken|kleid** *s.3*; **Ja|cket|kro|ne** [dʒɛkit-, *engl.*] *w.11* Zahnkrone aus Porzellan; **Ja|ckett** [ʒakɛt] *s.9* Jacke (des Herrenanzugs); **Jäck|lein** *s.7*
Jack|pot [dʒæk-, *engl.*] *m. Gen. -s Mz. -s* Hauptgewinn bei Glücksspielen
Jack|stag [dʒæk-, *engl.*] *s.1 oder s.9 oder s.12* Gleitschiene zum Befestigen des Segels

❶ Anordnung der Wörter

In diesem Auszug aus einem Wörterbuch sind die Wörter in folgender Weise angeordnet:
a) zmir - - - - - acht
b) i em - - - - - i o - - - - - I mir
c) Iw in - - - - - i w ! - - - - - - Iw ith
d) jäck - - - - - Jack tt - - - - - Jäck ein - - - - - Jack ot

Wie sind die Stichwörter in Wörterbüchern angeordnet? (Eintrag Aufgabe 3 - ❶)

❷ Zusammengesetzte Wörter

Schlagen Sie für die folgenden Wörter die Schreibweise nach.
Geben Sie das Stichwort an, unter dem Sie das zusammengesetzte Wort gefunden haben.

a) Eisho(k/ck) .... eyspiel ....
b) Goldmedai(l/ll) .... e ....
c) M(i/ie) .... nenspiel ....
d) Zentralko(m/mm) .... itee ....
e) Rem(u/ou) .... ladensoße ....
f) Karo(s/ss) .... eriebauer ....

Wo stehen zusammengesetzte Wörter? (Eintrag Aufgabe 3 - ❷)

❸ Abgeleitete Wörter

Schlagen Sie zu den folgenden Wörtern die Schreibweise nach.
Geben Sie an, nach welchen Wörtern desselben Wortstamms sich die Schreibweise richtet.

a) St(e/ä) .... ngel ....
b) pla(z/tz) .... ieren ....
c) Gr(eu/äu) .... el ....
d) nu(m/mm) .... erieren ....

Wo findet man abgeleitete Wörter? (Eintrag Aufgabe 3 - ❸)

④ Geschlecht von Hauptwörtern

Stellen Sie das Geschlecht folgender Hauptwörter fest.

a) _____ Butter c) _____ Geisel e) _____ Liter g) _____ Meter
b) _____ Filter d) _____ Gummi f) _____ Schild h) _____ Puder

Wie wird das Geschlecht von Hauptwörtern angegeben? (Eintrag Aufgabe 3 - ④)

⑤ Groß- und Kleinschreibung

Ermitteln Sie die richtige Schreibweise.

a) Ich erwartete das (ä/Ä) _____ußerste.
b) Sie nahm den (e/E) _____rsten (b/B) _____esten.
c) Sie trennten sich im (g/G) _____uten.
d) Wir gehen (h/H) _____eute (a/A) _____bend weg.
e) Sie nahm ihn an (k/K) _____indes (s/S) _____tatt an.
f) Kein (e/E) _____inziger kam ans Ziel.

Wie lässt sich die Groß- oder Kleinschreibung feststellen? (Eintrag Aufgabe 3 - ⑤)

A 3 Merksätze formulieren

① Die Wörter sind angeordnet Buchstabe für Buchstabe nach *dem Alphabet.*

Die Umlaute ä, ö und ü werden behandelt wie _____

② Zusammengesetzte Wörter stehen unter _____

oder _____

③ Abgeleitete Wörter findet man unter _____

oder _____

④ Das Geschlecht von Hauptwörtern wird angegeben mit _____

⑤ Die Groß- oder Kleinschreibung lässt sich feststellen durch _____

A 4 Wortschatz erweitern

① Kreuzen Sie die richtige Bedeutung an. Schlagen Sie im Wörterbuch nach, wenn Ihnen eine Bedeutung unklar ist.

a) **Analogie**
☐ Zusammenfassung
☐ Hintergedanke
☐ Entsprechung
☐ Zergliederung

b) **integriert**
☐ vollständig
☐ eingearbeitet
☐ abgeschlossen
☐ unabhängig

c) **Terminal**
☐ Abfertigungshalle
☐ Homecomputer
☐ Arbeitsbegrenzung
☐ EDV-Abfragestation

d) **Trendsetter**
☐ Hunderasse
☐ Meinungsforscher
☐ Schrittmacher
☐ Platzeinweiser

Wörterbücher auf PCs und im Internet

Textverarbeitungen verfügen über ein **integriertes Wörterbuch,** das allerdings nur einen begrenzten Wortschatz aufweist. Sie können weitere Wörter, die Sie häufig gebrauchen, in ein **Benutzerwörterbuch** aufnehmen. Sie müssen dieses Benutzerwörterbuch aber immer wieder sorgfältig überprüfen.

Günstig ist es, wenn Sie ein **vollständiges Rechtschreib-Lexikon** von einer **CD-ROM** auf Ihren Rechner kopieren. In diesem Lexikon können Sie mühelos am Bildschirm nachsehen. Solche Wörterbücher verfügen meist auch über einen **Rechtschreib-Konverter,** der Texte auf häufig vorkommende Schreibweisen durchsucht und Ihnen Verbesserungsvorschläge vorlegt.

Sie können auch im **Internet** auf Wörterbücher zugreifen, z. B. über folgende Adressen:

www.neue-rechtschreibung.de/Wörterlisten ↕ www.duden.de/Textprüfung [Suchen]

© Holland+Josenhans

Gruppenarbeit

In vielen Betrieben wird Gruppenarbeit praktiziert. Eine Gruppe plant aufgrund von vorgegebenen Zielen Arbeiten, führt sie aus und kontrolliert die Qualität der Ergebnisse. Wenn die Mitglieder der Gruppe gut zusammenarbeiten, erreicht man damit höhere Produktivität, bessere Qualität der Produkte und eine höhere Zufriedenheit der Mitarbeiter mit ihrer Arbeit.

Damit Gruppenarbeit funktioniert, müssen die Gruppenmitglieder zuhören können, sich einsetzen, kompromissbereit sein, einander helfen, einander ernst nehmen.

Im Unterricht soll u. a. in Gruppen gearbeitet werden, damit Sie sich auf die Arbeitswelt vorbereiten. Sie üben damit auch Fähigkeiten, die für Sie ein Gewinn sind.

Empfehlungen zu Gruppenbildung und Sitzordnungen
Mindestens drei, höchstens sechs Schülerinnen/Schüler bilden eine Gruppe.
Die Gruppen sollen längere Zeit beibehalten werden (Stammgruppen).
Alle Gruppenmitglieder müssen sich gut sehen und ansprechen können. Muss geschrieben und gezeichnet werden, benötigt man genügend große Tischflächen.

Vorgaben für Gruppenarbeit
Alle Formen der Gruppenarbeit benötigen eindeutige, aber dennoch offene Arbeitsaufträge, Zeitvorgaben und Hinweise auf die Ergebnisdarstellung, z. B. mit Folie, Pinnbild, Merkblatt ...

Empfehlungen zu Phasen in der Gruppenarbeit
<u>Eröffnungsphase</u>
Orientieren Sie sich über die Arbeitsmittel, die Zeitvorgabe und die Art der erwarteten Ergebnisse.
Legen Sie die Sprecherin/den Sprecher fest. Wechseln Sie sich bei dieser Aufgabe laufend ab.

<u>Arbeitsphase</u>
Bearbeiten Sie die Aufgabenstellungen. Beherzigen Sie dabei gesprächsförderndes Verhalten.
Erfassen Sie die Ergebnisse der Gruppe.

<u>Präsentationsphase</u>
Die Sprecherinnen/Sprecher referieren über die Ergebnisse möglichst frei. Setzen Sie dabei Präsentationsmedien ein. Beantworten Sie am Schluss Rückfragen der Zuhörer.

A 1 Empfehlungen vertiefen

❶ Warum soll eine Gruppe mindestens drei und höchstens sechs Mitglieder haben?

❷ Beschreiben Sie zwei Sitzordnungen, die ohne großen Umbau möglich sind.

❸ Nennen Sie einige gesprächsfördernde Verhaltensweisen.

zuhören, andere Meinungen gelten lassen,

❹ Warum sollen die Gruppensprecher(innen) gewechselt werden?

❺ Welche Vorteile hat der Einsatz von Pinnwänden bei Gruppenarbeit?

Besondere Formen der Gruppenarbeit

Ideenwerkstatt

<u>Zielsetzungen</u>
- Ideen aller Schüler der Klasse berücksichtigen
- viele Ideen rasch sammeln und bewerten

<u>Vorgehen</u>
Jeder Schüler schreibt seine Ideen, Vorschläge ... zu dem Thema auf *Pinnkarten*. Jeder Vorschlag erhält eine eigene Karte. Alle Pinnkarten werden in *Cluster* (Haufen/Gruppen) geordnet an eine Pinnwand geheftet. Macht die Zuordnung Schwierigkeiten, dann entscheidet der Schreiber, zu welchem Cluster sein Beitrag gehören soll.
Jeder Schüler erhält z. B. drei Klebepunkte. Er heftet an die Cluster, die er für wichtig hält, einen oder zwei Punkte. Die Cluster mit den meisten Punkten werden in Gruppen weiter bearbeitet.

Beraterwerkstatt

<u>Zielsetzungen</u>
- schwache, aber auch starke Schüler fördern
- zum gezielten Fragen und Erklären befähigen

<u>Vorgehen</u>
Stellen Sie die Schüler in der Klasse fest, die Inhalte aus dem Unterricht nicht verstanden haben. Bilden Sie Gruppen mit mehreren *Ratsuchenden*, einem oder zwei *Ratgebern* und einem *Protokollführer*, der die behandelten Probleme mitschreibt. Er ist zugleich Moderator, der bei Schwierigkeiten weiterhilft.
Die unsicheren Schüler formulieren ihre Probleme, die die Berater erklären. Die Protokollführer schreiben mit. Am Schluss stellen sie die Probleme ihrer Gruppen der Klasse vor.

Gruppenpuzzle

<u>Zielsetzungen</u>
- Inhalte arbeitsteilig rasch erfassen
- Markieren, Exzerpieren und Referieren üben

<u>Vorgehen</u>
Die Mitglieder der *Stammgruppe* verteilen sich auf die *Expertengruppen*, die einzelne Aspekte eines Themas bearbeiten. Jede Expertengruppe macht sich mit den Inhalten ihrer Arbeitsunterlage vertraut (markieren, exzerpieren, diskutieren, einander erklären, Lehrer fragen ...). Die Teilnehmer werden zu Experten.
Die Experten gehen in ihre Stammgruppe zurück. Jede Stammgruppe besteht nun aus Experten zu jedem Teilthema. Die Experten referieren in ihrer Stammgruppe über ihre Themen und beantworten Fragen.

A 2 In der Ideenwerkstatt Ideen sammeln, bewerten und ausarbeiten

<u>Beispiel</u>: Ihre Schule hat sich vorgenommen, in der Vorweihnachtszeit möglichst viel Geld zur Unterstützung einer Ausbildungswerkstätte in Peru zusammenzubringen.
Mit welchen Aktionen können Sie Ihr Ziel erreichen?

❶ Sammeln Sie in der Klasse möglichst viele (originelle, auch ungewöhnliche) Vorschläge zum Thema. Bilden Sie Cluster an einer Pinnwand.

❷ Bewerten Sie die Cluster z. B. mit Klebepunkten.

❸ Diskutieren Sie die drei am höchsten bewerteten Cluster in Gruppenarbeit.

❹ Stellen Sie die Ergebnisse der Klasse vor. Sie können die Ergebnisse auch in einen Text fassen.

A 3 Mit der Beraterwerkstatt Mitschüler fördern

<u>Beispiel</u>: Vor einer Klassenarbeit in Mathematik zum Umstellen von Formeln und zum Berechnen von zusammengesetzten Flächen ist eine Reihe von Schülern sehr unsicher.
Wie kann diesen Schülern / Schülerinnen geholfen werden?

❶ Stellen Sie die unsicheren Schüler in der Klasse fest. Bilden Sie Gruppen als Beraterwerkstätten.

❷ Die Beraterwerkstätten bearbeiten die aufgeworfenen Probleme.

❸ Die Protokollführer stellen die Probleme ihrer Gruppe der Klasse vor.

A 4 Mit dem Gruppenpuzzle arbeiten

<u>Beispiel</u>: Aus den Texten „Gedächtnis", „Lerntypen", „Lernregeln" und „Lernhemmungen" (Seite 14 und 15) sollen Sie Anregungen zum Lernen erhalten.
Wie kann der umfangreiche Stoff den Schülern / Schülerinnen rasch vermittelt werden?

❶ Erarbeiten Sie die Inhalte der Texte in Expertengruppen. Stellen Sie Merkblätter, Folien o. Ä. her.

❷ Tragen Sie diese Inhalte in Ihrer Stammgruppe vor. Beantworten Sie Fragen aus der Gruppe.

A 5 Weitere Themen bearbeiten

❶ Suchen Sie weitere Themen, die Sie entsprechend den Aufgaben 2 bis 4 bearbeiten können.

A

Präsentationsmedien

Wozu	zur Veranschaulichung, als Gedächtnisstütze oder zur Auflockerung
Wann	bei der Ergebnisdarstellung nach Gruppenarbeit oder bei der Präsentation von Facharbeiten, im späteren Berufsleben ggf. vor Arbeitsgruppe, vor Chef oder Kunden
Wie	genügende Größe der Projektionen bzw. Medien Stoff auf wesentliche Inhalte beschränken freie Sicht, kein Gegenlicht, keine Reflexionen von Fenstern oder Lichtquellen vor dem Einsatz von der Stelle der Zuhörer aus kontrollieren

Um wirkungsvoll aufzutreten, müssen Sie vor allem möglichst frei sprechen und Kontakte zu Ihren Zuhörern schaffen. Das ist genauso wichtig wie der Einsatz von Präsentationsmedien.

A 1 Präsentationsmedien benennen

❶ Benennen Sie die oben dargestellten Präsentationsmedien (vgl. folgende Übersicht).

A 2 Einsatz von Präsentationsmedien beschreiben

❶ Ergänzen Sie die fehlenden Angaben.

Medium	Einsatzmöglichkeiten	Gruppengröße
Flipchart	*Inhaltsübersichten, Skizzen …*	*5 bis 15 Personen*
Schultafel		
Gegenstand + Modell	*Vorführung von Vorgängen, Darstellung eines Aufbaus,*	
Diaprojektor + Dias	*Fotos von*	*10 bis 50 Personen*
Overheadprojektor	*Übersichten, Tabellen, umfangreiche Zeichnungen,*	
Pinnwand		*5 bis 15 Personen*
PC-Präsentation	*Einführung in Themenbereiche,*	
Video-Film + Fernseher oder Datenprojektor	*Rollenspiele, Arbeitsabläufe an Maschinen oder Geräten, Versuche …*	

A 3 Schriften für Präsentationsmedien erproben

❶ Erproben Sie die Lesbarkeit von Geschriebenem (Größe, Art, Farbe)
 a) auf Pinnkarten aus 3 bis 5 m Entfernung
 b) auf der Schultafel oder auf Projektionen (Folie oder PC-Präsentation) aus 5 bis 8 m Entfernung

A 4 Kommaregeln in Baumdiagramm und Mindmap darstellen

Struktur von Mindmaps

Struktur von Baumdiagrammen

Hinweis: Baumdiagramme können auch um 90° gedreht dargestellt werden.

Wichtige Regeln zur Kommasetzung

a) Das Komma trennt gleichrangige Hauptsätze. Vor und nach eingeschobenen Hauptsätzen steht ein Komma.

b) Das Komma trennt Nebensätze von Hauptsätzen. Die Nebensätze können nach oder vor Hauptsätzen stehen oder in Hauptsätze eingeschoben sein.

c) Das Komma trennt die Glieder von Aufzählungen. Solche Glieder können gleichrangige Wörter oder gleichrangige Wortgruppen sein.

d) Das Komma trennt abgesetzte Wörter vom Hauptsatz. Solche Wörter können betonte Ausrufe, Anreden oder abgesetzte Satzteile sein.

❶ Stellen Sie diese Regeln zur Kommasetzung als Baumdiagramm oder Mindmap dar.

❷ Gestalten Sie daraus eine Folie oder ein Pinnbild. Referieren Sie anhand dieser Medien.

A 5 Wesentliche Inhalte markieren, Folie zu Konjunkturschwankungen entwickeln

Konjunkturschwankungen in einer Marktwirtschaft

Die wirtschaftliche Lage eines Landes, die Konjunktur, ist einem ständigen Auf und Ab unterworfen. Der normale Konjunkturverlauf ist wellenförmig und wiederholt sich ungefähr alle fünf Jahre.

Ein Aufschwung (Expansion) wird ausgelöst, wenn in einzelnen Wirtschaftsbereichen die Nachfrage steigt. Dadurch erhöht sich die Produktion und die Wirtschaft braucht mehr Arbeitskräfte. Das lässt die Löhne, Preise und Aktienkurse steigen. Die Betriebe erwirtschaften Gewinne und vergrößern sich (expandieren). Allmählich entsteht eine Hochkonjunktur.

In einer Hochkonjunktur (Boom) erreichen die Lohnsteigerungen und die Nachfrage ihren Höhepunkt. Es herrscht Vollbeschäftigung. Die Aktien erzielen Höchstwerte. Die gestiegenen Betriebskosten werden auf die Preise abgewälzt. Viele Unternehmen rationalisieren und automatisieren, um Kosten zu sparen. Unter dem Kostendruck müssen einzelne Betriebe Konkurs anmelden. Die Produktion wird verringert, da die Nachfrage nachlässt. Der Abschwung (Rezession) setzt ein. Es kommt zu weiteren Betriebsschließungen und zur Entlassung von immer mehr Arbeitskräften. Ein Tiefstand kündigt sich an.

Während des Tiefstands (Depression) haben die Unternehmen zu geringen Absatz. Die Produktion nimmt weiter ab. Die Investitionen gehen zurück, da die Aktienkurse fallen. Die Löhne und Einkommen steigen nicht mehr oder fallen. Es herrscht Massenarbeitslosigkeit.

❶ Markieren Sie in dem Text die wesentlichen Inhalte.

❷ Entwickeln Sie anhand der markierten Inhalte eine Folie.

❸ Veranschaulichen Sie z. B.
- Auf und Ab: Sinuslinie
- Löhne, Preise, Aktien: Münzstapel (groß/klein)
- Arbeitskräfte: Strichmännchen (viel/wenig)
- Wirtschaft, Betriebe: Fabrikgebäude
- Produktion: Rauch (lang/kurz)
- Nachfrage: Buchstabe N (groß/klein)
- Eintrag von Begriffen an geeigneten Stellen
- Entwicklungen: Pfeile an der Sinuslinie und den Symbolen

❹ Referieren Sie anhand der Folie. Die Reihenfolge des Referierens können Sie mit Zahlen andeuten.

A 6 Pinnbild für eine Präsentation zu Konjunkturschwankungen entwickeln

❶ Schreiben Sie die markierten Inhalte des oben stehenden Textes auf Pinnkarten.

❷ Erproben Sie eine mögliche Struktur durch Auslegen der Pinnkarten auf einem Tisch.

❸ Diskutieren Sie mögliche Veranschaulichungen für Konjunkturschwankungen.

❹ Gestalten Sie ein Pinnbild. Referieren Sie anhand dieses Pinnbildes.

A

Effektives Lernen

Sie wollen effektiv auf Klassenarbeiten und Prüfungen lernen. Dazu müssen Sie Verschiedenes beachten:

- Sie müssen Ihre Zeit richtig einteilen: Terminplanung, rechtzeitig beginnen, genügend Zeit vorsehen, Pausen ...
- Sie müssen sich eine geeignete Lernumgebung schaffen: ausreichend große Tischfläche, gute Beleuchtung, wenig Störungen ...
- Sie müssen zum Lernen die richtige Einstellung mitbringen: wozu lernen? Erfolg und Spaß am Lernen haben ...

Hilfreich sind Kenntnisse über Gedächtnis, Lerntypen, Lernregeln und Lernhemmungen (siehe folgende Texte).

Text 1 Gedächtnis

In das **Ultra-Kurzzeitgedächtnis** gelangen Sinneswahrnehmungen über das Auge, das Ohr oder die Hand, durch Schmecken oder Riechen. Die aufgenommenen Informationen werden nach rund 20 Sekunden vergessen, wenn sie nicht gefestigt werden. Viele Informationen bleiben nur so lange erhalten, wie sie für das Wahrnehmen unserer Umgebung notwendig sind. Sie fahren z. B. mit dem Auto: Sie müssen an einer Ampel anhalten, Sie erfassen ein Verkehrsschild usw. Die Erinnerungen an diese Informationen werden rasch wieder vergessen, d. h. im Ultra-Kurzzeitspeicher gelöscht.

Informationen, die durch Interesse, Gefühle oder durch Lernen hervorgehoben werden, gelangen in das **Kurzzeitgedächtnis.** So werden Sie sich z. B. als Autofahrer noch mehrere Minuten an ein gefährliches Bremsmanöver erinnern. Allerdings kann im Kurzzeitspeicher nur eine begrenzte Menge an Informationen gespeichert werden. Enthält er zu viele Inhalte, werden alte Informationen überschrieben und damit vergessen. Eine Aufgabe des Kurzzeitgedächtnisses ist es auch, Informationen für das Langzeitgedächtnis auszuwählen.

Bei starker Motivation, z. B. bei Hobbys oder interessanten Themen, gelangen Informationen in das **Langzeitgedächtnis.** Im Alltag ist der Lernstoff nicht immer interessant. Das Lernen muss deshalb durch geeignete Lernverfahren unterstützt werden. Einmal ins Langzeitgedächtnis übernommene Informationen werden für immer gespeichert. Scheinbar vergessene Informationen sind nur momentan verschüttet und sind damit nur noch **passives Wissen.** Durch Verknüpfen mit anderen Gedächtnisinhalten, Wiederholen und Anwenden kann passives Wissen wieder **aktives Wissen** werden.

Text 2 Lerntypen

Es gibt Menschen, die mit Gebrauchsanleitungen einfach nicht zurechtkommen, oder Schüler, die Lernstoffe nur durch angestrengtes Pauken in den Kopf bekommen. Mit mangelnder Intelligenz hat das nichts zu tun, sondern mit der Art, wie der Einzelne Informationen aufnimmt, im Gedächtnis behält und sich später wieder daran erinnert. Man unterscheidet drei Lerntypen.

Lernen durch Sehen (visueller Lerntyp): Jan nimmt seine Umwelt vor allem mit den Augen wahr. Er muss etwas gesehen haben, damit er es behalten kann. Er lernt besonders gut über Texte und Bilder (Folien, Dias, Videofilme), Demonstrationen an Geräten ...

Lernen durch Hören (auditiver Lerntyp): Petra muss etwas hören, damit sie es begreift. Das kann dadurch geschehen, dass sie Vorträge hört, sich etwas erklären lässt oder sich den Lernstoff selbst vorsagt.

Lernen durch Tun (haptischer Lerntyp): Roman lernt etwas, wenn er sein Wissen anwendet, Aufgaben löst oder Dinge in die Hand nimmt um sie zu begreifen. Er handelt nach dem Grundsatz „Learning by doing".

Finden Sie Ihre Fähigkeiten und Vorlieben, wie Sie am leichtesten lernen.

Günstig ist es aber, wenn Sie möglichst gleichzeitig durch Sehen, Hören und Tun lernen. Sie können für die Vorbereitung auf eine Klassenarbeit z. B. so lernen:

- Sie gestalten Stoffübersichten als Baumdiagramme (Lernen durch Tun).
- Sie sehen diese Baumdiagramme an und prägen sie sich als Bild ein (Lernen durch Sehen).
- Sie sprechen sich die Inhalte laut vor und hören sie damit (Lernen durch Hören).

Text 3 Lernregeln

Mit Motivation lernen: Je mehr Lust man am Lernen hat, umso größer ist der Erfolg. Machen Sie sich also klar, warum Sie etwas lernen wollen. So eignen Sie sich z. B. Computerkenntnisse an, um Ihre Praktikumsberichte rasch und ansprechend gestalten zu können oder Sie trainieren sich auf einem Gebiet der Mathematik, damit Sie Ihrer Freundin helfen können.

Alle Sinne einsetzen: Beteiligen Sie beim Lernen möglichst viele Sinne. Sie müssen z. B. in Wirtschaftskunde die Vorgänge bei Konjunkturschwankungen erfassen. Sie können dazu in Ihrem Buch Textmarkierungen anbringen, Textauszüge anfertigen, die Textauszüge wiederholen und sich dabei vorsprechen und Aufgaben lösen. Sie setzen bei diesem Vorgehen Sehen, Hören und Tun ein.

Eselsbrücken nutzen: In der Werkzeugausgabe Ihres Betriebs gibt es einen Meister, mit dem Sie nur ab und zu etwas zu tun haben, dessen Name Ihnen daher immer wieder entfällt. Sie können sich den Meister gut vorstellen, weil er sehr klein ist und weil Sie ihn schon mehrmals gesehen haben, wie er eine Leiter hochsteigen musste, um an die oberen Fächer eines Regals zu gelangen. Sein Name ist Sprosser. Sie verknüpfen nun eine Leiter-Sprosse mit dem Namen Sprosser. Bei Bedarf stellen Sie sich Herrn Sprosser auf einer Leiter-Sprosse vor.

Gelerntes wiederholen: Wissen, das ungenutzt im Langzeitgedächtnis lagert, entzieht sich im Lauf der Zeit unserem Zugriff. Nach 24 Stunden erinnern wir uns durchschnittlich nur noch an die Hälfte des Lernstoffs, nach einem Monat nur noch an ein Fünftel, wenn wir das Gelernte nicht aktiv nutzen durch Wiederholen oder Anwenden.

Ohne Stress lernen: Zeitdruck, z. B. „Morgen ist Prüfung und ich habe noch nichts gelernt!" verursacht Stress. Stresshormone im Gehirn können Denkblockaden verursachen. Um Stress zu vermeiden, sollte man sich also einen Zeitplan zurechtlegen und rechtzeitig mit dem Lernen beginnen. Auch mit Entspannungsübungen kann Stress abgebaut werden.

Pausen einlegen: Über längere Zeit ununterbrochen konzentriert arbeiten kann niemand. Je nach Übung und Verfassung oder Interessantheit des Stoffs erlahmt die Konzentration nach rund 15, 30 oder 45 Minuten. Legen Sie also rechtzeitig kurze Pausen ein, sehen Sie zum Fenster hinaus, stehen Sie auf und gehen Sie ein paar Schritte.

Text 4 Lernhemmungen

Beim Aufnehmen von Informationen gibt es Lernhemmungen, die sich auf das Behalten störend auswirken. Im Folgenden lernen Sie vier Arten von Lernhemmungen kennen.

Psychische Lernhemmungen: Hier spielen Gefühle wie Erregung, Angst und Stress eine Rolle und können Denkblockaden bewirken. Mit Entspannungsübungen, Pausen, genügend Schlaf, einer angemessenen Zeitplanung und einem ökonomischen Vorgehen beim Lernen lassen sich solche Hemmungen abbauen.

Ähnlichkeitshemmungen: Sie treten auf, wenn sehr ähnliche Stoffe unmittelbar hintereinander gelernt werden. Das geschieht, wenn man z. B. Inhalte des Gesetzes zum Schutz der Jugend in der Öffentlichkeit und gleich danach Inhalte des Jugendarbeitsschutzgesetzes aufnehmen will. Zu empfehlen ist hier, Pausen einzulegen oder andersartige Arbeiten dazwischenzuschieben.

Gleichzeitigkeitshemmungen: Sie können auftreten, wenn man beim Lernen zusätzlich etwas anderes tut. So kann sich z. B. das Hören von Musik (unterbrochen durch Werbung) beim Lernen auf eine Klassenarbeit hemmend auswirken. Man sollte sich deshalb trainieren, in einer ungestörten Umgebung in Ruhe lernen zu können.

Erinnerungshemmungen: Hier erinnert man sich z. B. plötzlich kurz vor einer Klassenarbeit nicht mehr an das zuvor Gelernte. Solche Hemmungen können u. a. durch falsches Lernverhalten verursacht werden. So kann das rasche Durchlesen des gesamten Stoffs direkt vor einer Klassenarbeit bewirken, dass man sich an nichts mehr erinnert. Zu empfehlen ist deshalb, sich Stichworte zu merken, die jederzeit einen leichten Zugang zu dem Gelernten ermöglichen, und sich unmittelbar vor einer Prüfung zu entspannen.

A 1 Inhalte erfassen und weitergeben (Gruppenpuzzle)

1. Orientieren Sie sich über das Gruppenpuzzle (Seite 11).
   Stellen Sie den Schüleraustausch zwischen Stamm- und Expertengruppen schematisch dar. (Es sollen z. B. 26 Schüler zwischen vier Stammgruppen und vier Expertengruppen wechseln.)
2. Die Mitglieder einer Stammgruppe gehen in verschiedene Expertengruppen (z. B. vier Gruppen bei vier Texten), die jeweils einen der Texte bearbeiten.
3. Markieren Sie in Ihrer Expertengruppe wichtige Textinhalte. Diskutieren Sie die Inhalte. Schreiben Sie eine Zusammenfassung.
4. Gehen Sie in Ihre Stammgruppe zurück. Referieren Sie über Ihren Text und beantworten Sie Fragen.

A 2 Präsentationsmedien gestalten

1. Gestalten Sie in Ihrer Expertengruppe ein Präsentationsmedium zu Ihrem Text, z. B. als Folie, Pinnbild oder PC-Präsentation.
   Hinweis: Ordnen Sie die Inhalte übersichtlich. Lockern Sie Ihr Präsentationsmedium mit grafischen Elementen (Skizzen, Karikaturen, Diagrammen ...) auf.

A 3 Inhalte referieren und präsentieren

1. Referieren und präsentieren Sie anhand der Medien, die in Aufgabe 2 erstellt wurden.
2. Diskutieren Sie die Brauchbarkeit der einzelnen Medien.

A 4 Poster gestalten

1. Gestalten Sie zu den Texten Poster, die Sie im Klassenzimmer aufhängen.

Schaubilder

Zahlenwerte aus **Wertetabellen** können anschaulich in **Schaubildern** (Diagrammen) dargestellt werden. Damit lassen sich Zusammenhänge und Entwicklungen rasch erfassen. Aus den Angaben der Wertetabelle werden mit geeigneten **Umrechnungszahlen** die Größen der Diagrammelemente ermittelt.

Einige Typen von Schaubildern (Diagrammen)

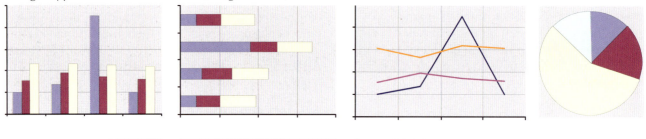

A 1 Diagrammtypen benennen, weitere Typen suchen

❶ Benennen Sie die oben abgebildeten Diagrammtypen.

❷ Suchen Sie weitere Typen z. B. in Microsoft-Word oder Microsoft-Excel.

A 2 Diagramm zu Ausbildungsbetrieben in Deutschland auswerten

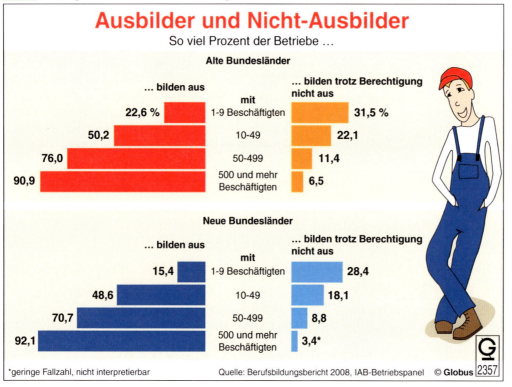

Hinweis

Für dieses Diagramm gilt:

$$\text{Balkenlänge (in mm)} = \frac{\text{Betriebszahl (in \%)}}{2}$$

❶ Welcher Diagrammtyp liegt vor?
Wie sind die Balkenlängen ermittelt worden?
Wie ist das Diagramm waagrecht gegliedert? Wie ist es senkrecht gegliedert?

❷ Warum nimmt die Zahl der Ausbildungsbetriebe mit der Betriebsgröße zu?
An welchen Stellen sind Unterschiede festzustellen? Wie erklären Sie sich diese Unterschiede?

❸ Überlegen Sie sich den Aufbau einer Wertetabelle (Zeilen, Spalten).
Übertragen Sie die Zahlen aus dem Schaubild in die Tabelle.

❹ Verfassen Sie eine Beschreibung des Diagramms in fortlaufendem Text.
- Was wird dargestellt? Was wird miteinander verglichen?
- Wie ist das Schaubild grafisch aufgebaut? Wie sind die Zahlenangaben veranschaulicht?
- Welche Aussagen werden verdeutlicht und dem Betrachter nahegebracht?

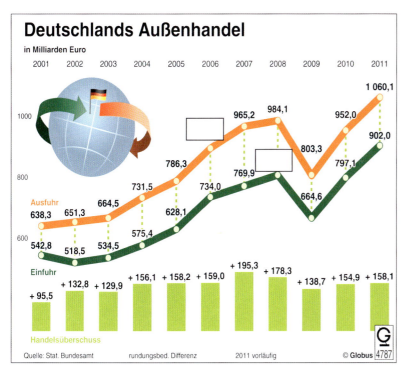

2008/2009 erfolgte ein drastischer Einbruch der Ausfuhren und Einfuhren. Die stark vom Export abhängige deutsche Wirtschaft litt besonders unter der weltweiten Absatzflaute. Die Ausfuhren brachen von 2008 auf 2009 um 18,4 Prozent ein. Das ist der stärkste Rückgang seit 1950. Ausgeführt wurden Waren im Gesamtwert von 803,3 Milliarden €. Wichtigste Handelspartner blieben die Mitgliedstaaten der EU. In der Rangliste der weltweit größten Exportnationen wurde Deutschland von China überflügelt, wie die Statistiker bilanzierten. Die Ausfuhren Chinas beliefen sich nach Angaben des chinesischen Handelsministeriums im Jahr 2009 auf 1.201,7 Milliarden US-Dollar, die deutschen Ausfuhren auf umgerechnet 1.121,3 Milliarden US-Dollar. Die deutsche Außenhandelsbilanz – der Saldo von Importen und Exporten – stieg ab 2009 stetig und schloss im Jahr 2011 mit einem Überschuss von 158,1 Milliarden € ab. Im Vorjahr hatte der Saldo 154,9 Milliarden € betragen.

A 3 Wertetabelle zum Globus-Schaubild 4787 erstellen

❶ Überlegen Sie den Aufbau einer Wertetabelle für 2001 … 2011 (Zeilen, Spalten). Übertragen Sie die Zahlen aus dem Schaubild in die Tabelle.

❷ Berechnen Sie die fehlenden Werte für 2006 und 2008.

❸ Wie war der Umrechnungskurs US-Dollar zu Euro im Jahr 2009?

❹ Um wie viel Prozent nahmen die Einfuhren von 2008 auf 2009 ab?

A 4 Begriffe des Begleittextes erklären

Export

Import

Außenhandel

Handelsbilanz

Saldo — *Unterschied zwischen Soll und Haben bei einem Konto*

Trend

Absatzflaute

A 5 Schaubild Globus 4787 zu Deutschlands Außenhandel interpretieren

❶ Beschreiben Sie die Entwicklung von Einfuhr, Ausfuhr und Ausfuhr-(Handels-)überschuss. Wo gab es Rückgänge bei Ausfuhr und Einfuhr?

❷ Nennen Sie Gründe für den Anstieg der Exporte in den Jahren 2001 bis 2008 und ab 2009.

❸ Woher rührte der starke Einbruch 2008/2009?

❹ Ist es vorteilhaft, wenn die Bundesrepublik laufend einen hohen Ausfuhrüberschuss hat?

A 6 Globus-Schaubild 4787 beschreiben

❶ Verfassen Sie eine Beschreibung des Diagramms in fortlaufendem Text.
- Was wird dargestellt? Was wird miteinander verglichen?
- Wie ist das Schaubild grafisch aufgebaut? Wie sind die Zahlenangaben veranschaulicht?
- Welche Aussagen werden verdeutlicht und dem Betrachter nahegebracht?

Sprechsituationen

Jan kommt in vielen Situationen gut an: bei seinen Bekannten und Freunden, bei seiner Freundin, im Betrieb bei Mitarbeitern und Vorgesetzten, in der Schule bei seinen Mitschülern und Lehrern ... Ein Grund liegt sicher darin, dass Jan „das richtige Wort am richtigen Platz" sagt. Das bedeutet: Er geht auf seine Gesprächspartner ein, er engagiert sich beim Sprechen, er achtet seine Gesprächspartner, er bringt sich selber in das Gespräch ein, er ist über die Sache, über die gesprochen wird, informiert ....

Es ist vorteilhaft, wenn wir mit anderen Menschen angemessen umgehen und sprechen können. Zusätzlich bereichern wir uns gegenseitig durch einen verständnisvollen Umgang miteinander.

A 1 Sprechsituationen untersuchen

Äußerungen können nach dem Vier-Seiten-Modell auf Seite 30 vier Botschaften übermitteln: Sachinhalt, Beziehung, Appell und Selbstkundgabe.

Jan scherzt mit seinem Sohn.   Frau Berger tritt ihre neue Stelle an.   Herr May erklärt einem Kollegen Pläne.

❶ Welche Botschaft steht in den Äußerungen der genannten Personen im Vordergrund?

bei Jan   *die Beziehung („Ich mag dich.")*

bei den Chefs

bei Herrn May

❷ Nennen Sie die Botschaften, die in einem Verkaufsgespräch im Vordergrund stehen.

Bei einer Verkäuferin in einem Bekleidungsgeschäft

Bei einer Kundin in einem Bekleidungsgeschäft

A 2 In verschiedenen Situationen sprechen

In den folgenden Aufgaben steht meist die Sachinformation im Vordergrund. Vergessen Sie aber auch hier nicht, Ihre Zuhörer durch Ihr Auftreten für sich zu gewinnen.

❶ Fluchtweg vorstellen

Beschreiben Sie einem neuen Mitschüler den Fluchtweg aus dem Klassenzimmer zum Sammelplatz vor der Schule. (Folienkopie des ausgehängten Fluchtwegs)

❷ Auskunft erteilen

Sie werden auf der Straße angesprochen und nach dem Weg zum Bahnhof gefragt. Erklären Sie möglichst einfach und fassen Sie zum Schluss Ihre Ausführungen nochmals zusammen. (Folienkopie eines Ausschnitts des Stadtplans)

❸ Sich der Klasse vorstellen

a) Sie können Ihre Angaben auf einem A5-Blatt festhalten und auch versuchen Ihr Passbild zu zeichnen. (Siehe S. 19)
Alle Blätter der Klasse können auf einer Pinnwand im Klassenzimmer ausgestellt werden.

b) Welche der Begrüßungen (siehe S. 19) halten Sie für angemessen?

④ Produkte vorstellen

a) Fertigen Sie von den Bildern der Produkte vergrößerte Folienkopien.
   Alternative: Legen Sie die Gegenstände auf den Overheadprojektor.
b) Nennen Sie bei Ihrer Produktvorstellung zunächst das Einsatzgebiet des Produkts.
c) Beschreiben Sie dann die Teile ① … ⑥
d) Geben Sie zum Schluss die Funktionsweise an.

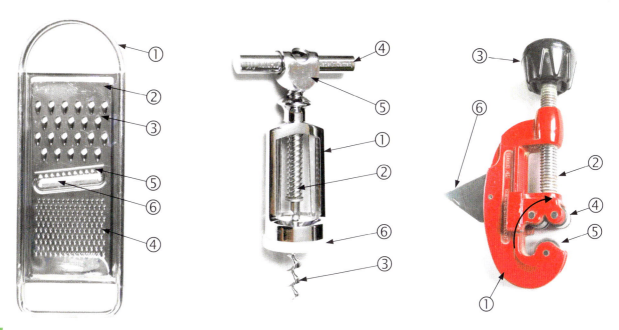

A 3   Telefongespräche planen und durchführen

❶ Sie rufen als Schüler Ihren Klassenlehrer an, da Sie wegen Krankheit nicht zur Schule kommen können (Begrüßung – Art der Krankheit – Behandlung bei …. – Bitte um … – Verabschiedung …).

❷ Sie beobachten einen schweren Verkehrsunfall und rufen die Polizei an (Name, Ort, Unfall, Beteiligte, Verletzte …).

❸ Bearbeiten Sie telefonisch die Fälle 1 bis 4 zu den Geschäftsbriefen auf Seite 67.

- Legen Sie die Inhalte fest (Stichwortzettel).
  Entnehmen Sie Telefonnummern aus dem Telefonbuch oder aus dem Internet.
  Halten Sie Schreibzeug bereit.
- Mehrere Paare führen Telefongespräche vor. Vermeiden Sie Sichtkontakt mit Ihrem Partner, Sie reagieren sonst zwangsläufig auf seine Mienen und Gesten.
  Benutzen Sie Handys oder Telefonapparate.

Klassenlehrer Keller   Sabine

Verkaufsgespräch

Verkaufen und Kaufen von Waren und Dienstleistungen ist in unserer Konsumgesellschaft an der Tagesordnung. Angemessene Verhaltensweisen als Verkäufer(in) oder Käufer(in) sind also wichtig.

Loriot (Vicco von Bülow) überzeichnet unpassendes, verkehrtes Verhalten von Frau Constanze K., die als Verkäuferin in einem führenden Geschäft der Sportartikelbranche tätig ist.

„Bei unseren Preisen haben Sie Anspruch auf gepflegte Bedienung."

„Badeanzüge trägt man im Herbst nicht mehr so knapp, meine Dame."

„Um 20 Uhr wird geschlossen, sonst kriege ich Ärger!"

Aus Loriot Gesammelte Bildergeschichten
© 2008 Diogenes Verlag AG Zürich

A 1 Absichten in Verkaufsgesprächen erkennen

❶ Welches unpassende, verkehrte Verhalten zeigt Constanze K. als Verkäuferin?

❷ Wie sollte sie sich in diesen Situationen verhalten?

In einem Verkaufsgespräch sollte eine Verkäuferin / ein Verkäufer den Kunden/die Kundin
- zunächst über die Ware informieren und sie / ihn sachlich beraten
- dann dem Kunden / der Kundin bei der Kaufentscheidung behilflich sein

A 2 Verkaufsgespräche untersuchen

(K: Kunde,   V: Verkäuferin)

Beispiel 1

K: Guten Tag!
V: Guten Tag, was darf es sein?
K: In Ihrem Fenster ist eine blaue Krawatte ausgelegt. Was kostet die bitte?
V: Die blaue mit den weißen Tupfen? Die kostet 48 €. Aber sie ist aus reiner Seide.
K: Oh, das ist mir doch zu teuer. Vielen Dank! Ich wollte mich auch nur mal erkundigen.
V: Bitte schön! Aber vielleicht darf ich Ihnen eine andere ...
K: Nein danke, auf Wiedersehen!

Beispiel 2

K: Guten Tag!
V: Guten Tag! Kann ich Ihnen behilflich sein?
K: In Ihrem Fenster ist eine blaue Krawatte ausgelegt. Was kostet die bitte?
V: Meinen Sie die mit den weißen Tupfen, vorn links?
K: Ja.
V: Da haben Sie sich aber eines unserer schönsten Stücke ausgesucht! Wir haben sie erst vor zwei Stunden ins Fenster gelegt. Augenblick bitte, ich hole sie Ihnen. Am besten gehen wir damit vor die Tür. Dann kommt das Königsblau noch besser zur Geltung.
K: Danke, ich habe sie ja schon draußen gesehen. Und was ...
V: Ja, wenn Sie die Krawatte so in der Hand halten, dann spüren Sie erst, was das für ein Material ist! Reine Seide! Fühlen Sie nur!
K: Und was kostet sie?
V: 48 €. Wir haben nur zwei Stück davon bekommen. Die eine hat der Chef sich gleich reservieren lassen. [...] Wollen Sie bitte dort drüben an der Kasse zahlen?

Springmann, Werbetexte / Texte zur Werbung

❶ Kennzeichnen Sie in Beispiel 1 den Wendepunkt des Gesprächs mit ⟳.
Warum verlässt der Kunde das Geschäft, ohne eine weitere Krawatte anzusehen?

❷ Nach dem Vier-Seiten-Modell auf Seite 30 kann eine Äußerung vier Botschaften aufweisen.
Untersuchen Sie die entscheidenden Gesprächsphasen in Beispiel 2.
Warum kauft der Kunde die teure Krawatte? Welche Botschaften übermittelt die Verkäuferin an den Kunden?

A 3 Tätigkeiten einzelnen Gesprächsphasen zuordnen

❶ In Verkaufsgesprächen lassen sich verschiedene Phasen unterscheiden. Vergleichen Sie dazu Beispiel 2. Nennen Sie die drei wichtigen Phasen.

A *Eröffnungsphase: auf den Kunden/die Kundin zugehen, freundlich begrüßen*

B ....

C ....

❷ Ordnen Sie die folgenden Tätigkeiten diesen drei Phasen zu.

☐ den Kunden sachgerecht beraten	☐ ggf. Preisnachlass gewähren
☐ Kundenwünsche erfragen	☐ Unterschiede bei den Waren herausstellen
☐ Warenangebot für Auswahl eingrenzen	☐ vorsichtig Rat bei der Entscheidung geben
☐ keine Ware aufdrängen	☐ Kunden nicht unbeachtet stehen lassen
☐ den Kunden genau beobachten	☐ geheime Wünsche des Kunden erfassen
☐ Warenangebot bereitwillig vorführen	☐ gute Wahl des Kunden bestätigen
☐ den Kunden offen und freundlich begrüßen	☐ gelockerte Atmosphäre schaffen

A 4 Kaufmotive feststellen

❶ Das Elektrogeschäft Georg Leucht KG möchte für seine Monteure einen neuen Firmenwagen (Kombi) kaufen.
Welche Gesichtspunkte bestimmen die Wahl?

....

....

❷ Herr Wallner hat einen großen Bekanntenkreis, in dem er gerne eine Starrolle einnimmt. Nun hat er 100.000 € geerbt, die er z. T. in ein neues Auto anlegen will.
Welche Gesichtspunkte können seine Wahl beeinflussen?

....

....

❸ In welche zwei Gruppen lassen sich die Kaufmotive, die in ❶ und ❷ genannt wurden, einteilen?

❹ Wie verhält sich ein erfolgreicher Verkäufer / eine erfolgreiche Verkäuferin gegenüber den Kaufmotiven eines Kunden?

Man kann   *sachbezogene*   Kaufmotive

....   Kaufmotive unterscheiden.

Ein erfolgreicher Verkäufer/eine erfolgreiche Verkäuferin muss die Kaufmotive eines Kunden

....

A 5 Verkaufsgespräche als Rollenspiele planen und durchführen

❶ Beschaffen Sie sich zu einer Warenart ein Sortiment verschiedener Fabrikate und Ausführungen.
Beispiele: Schultaschen, Werkzeuge, Handys, Armbanduhren, Taschenmesser, Klipse ...

❷ Planen Sie ein Verkaufsgespräch als Rollenspiel in Partner- oder Gruppenarbeit.
Hinweise: Befassen Sie sich als Verkäufer / Verkäuferin mit Ihrem Warensortiment, damit Sie den Kunden beraten können. Was wollen Sie zu den einzelnen Waren sagen? Wie wollen Sie auf den Kunden eingehen? Wie wollen Sie ihn gewinnen?

❸ Überlegen Sie sich als Kunde Fragen und Verhaltensweisen, die den Verkäufer / die Verkäuferin zum Erklären und Argumentieren herausfordern.

❹ Mehrere Paare führen der Klasse Verkaufsgespräche vor.
Die Klasse beurteilt die Gespräche.

Referieren und Präsentieren

Nicht nur Politiker und Prominente müssen vor einem Publikum frei reden können. Jeder sollte dazu in der Lage sein. Als Jugendlicher können Sie das in Schule und Ausbildung üben.
- Sie berichten als Klassensprecher Ihrer Klasse über eine SMV-Sitzung.
- Sie tragen in einer Fortbildungsveranstaltung Ihres Betriebs die Ergebnisse einer Gruppenarbeit vor.
- Als Jugendsprecher legen Sie Ihre Vorstellungen zu einer Urlaubsregelung dar.
- Sie führen in Ihrer Betriebsabteilung einer Besuchergruppe eine neue Vorrichtung vor.
- In Ihrem Sportverein stellen Sie ein Wochenendprogramm vor.

A 1 Sprachliche und nichtsprachliche Mittel erfassen

Wilhelm Busch illustriert in seinen Bildern zur Jobsiade u. a. die Prüfungspredigt eines Pfarramtskandidaten. Bilder und Text glossieren eine oberflächliche Scheinmoral.

❶ Tragen Sie die Verse auf Ihre persönliche Art vor. Reden Sie engagiert und halten Sie Blickkontakt zu den Zuhörern.

W. Busch (1832-1908)
Bilder zur Jobsiade

„Erstens, Geliebte, ist es nicht so?
Oh, die Tugend ist nirgendwo!

Zweitens, das Laster dahergegen übt man mit Freuden allerwegen.

Wie kommt das nur? So höre ich fragen. Oh Geliebte, ich will es euch sagen.

Das machet, drittens, die böse Zeit. Man höret nicht auf die Geistlichkeit.

Wehehe denen, die dazu raten, sie müssen all in der Hölle braten!"

❷ Welche sprachlichen und nichtsprachlichen Mittel haben Sie eingesetzt?

Sprachliche Mittel *Tonfall (hier: fragend, belehrend, drohend),*

Nichtsprachliche Mittel

A 2 Über das Thema „Konjunkturschwankungen" referieren

Sie haben im Fach Wirtschaftskunde das Strukturbild „Konjunkturschwankungen" (siehe Seite 13) auf Folie entwickelt. Als Gruppensprecher sollen Sie nun den Inhalt dieser Folie vortragen.

❶ Halten Sie Ihr Referat zunächst in der Gruppe, wobei die Zuhörer konstruktive Kritik üben.
  Hinweise:
  • Arbeiten Sie das Referat nicht wörtlich aus. Lernen Sie den Text nicht auswendig.
  • Beachten Sie auch die weiteren Empfehlungen zum Referieren auf der folgenden Seite.

❷ Referieren Sie anhand der Folie vor der Klasse.

A 3 Über das Thema „Effektives Lernen" referieren

❶ Markieren Sie in den Texten auf Seite 14 und 15 wichtige Stellen.

❷ Entwerfen Sie in Partner- oder Gruppenarbeit Präsentationsmedien (Folien, Pinnbilder, Flipcharts oder ggf. PC-Präsentationen).

Hinweise:
- nicht zu viel Text in die Präsentationsmedien aufnehmen
- Inhalte strukturiert darstellen
- einfache selbst gezeichnete Bilder einfügen
- PC-Präsentationen mit Cliparts (computerisierten Zeichnungen) auflockern

❸ Halten Sie Ihr Referat zunächst in der Gruppe, wobei die Zuhörer konstruktive Kritik üben.

Hinweise:
- Arbeiten Sie das Referat nicht wörtlich aus. Lernen Sie den Text nicht auswendig.
- Beachten Sie die unten stehenden Empfehlungen zum Referieren.

❹ Referieren Sie anhand Ihrer Präsentationsmedien vor der Klasse.

A 4 Anhand von Vorlagen referieren

Dieses Buch enthält eine Reihe von Vorlagen für Präsentationsmedien, z. B.

- Beheben einer Reifenpanne (Seite 62)
- Erste Hilfe bei Schock (Seite 63)
- Die Bügelmaschine HB 313 (Seite 61)
- Kurzgeschichte 2: Platzwahl für das Schild (Seite 89)

❶ Stellen Sie Folien oder andere Präsentationsmedien her.

❷ Halten Sie Ihr Referat zunächst in der Gruppe und dann vor der Klasse.

Referate sollten nicht länger als 15 bis 20 Minuten dauern. Wichtigstes Ziel ist, dass Sie bei den Zuhörern „ankommen". Dabei können Ihnen die folgenden Empfehlungen helfen.

Empfehlungen zum Referieren

a) Machen Sie sich die Ziele Ihrer Ausführungen klar.

b) Achten Sie zu Beginn auf einen guten Auftritt.

c) Gewinnen Sie die Zuhörer durch einen interessanten, knappen Einstieg.

d) Gestalten Sie den Hauptteil Ihres Referats verständlich und anschaulich. Setzen Sie Präsentationsmedien ein.

e) Sprechen Sie frei. Lernen Sie Ihren Text nicht auswendig. Verwenden Sie als Leitfaden Präsentationsmedien oder einen Stichwortzettel.

f) Achten Sie auf Ihre Stimmführung. Sprechen Sie deutlich und mit Pausen.

g) Kontrollieren Sie Ihre Körperhaltung, Ihre Gesten und Ihre Mimik.

h) Halten Sie zu Ihren Zuhörern Blickkontakt.

i) Gehen Sie am Schluss (ggf. auch während) Ihres Referats auf Fragen der Zuhörer ein.

A 5 Fachreferat ausarbeiten und halten

Sie sollen ein längeres Referat über eines Ihrer Interessengebiete halten.

Anregungen:
a) Bildbearbeitung auf dem Computer (Teilnehmer eines Computerkurses)
b) Verhalten bei Bade- und Bootsunfällen (DLRG-Mitglied)
c) Die Tropfsteinhöhle in ... (Mitglied eines Höhlenvereins)
d) Straßenkinder in Brasilien
e) ....
f) ....

❶ Sprechen Sie Ihr Thema mit Ihrem Deutschlehrer / Fachlehrer / Klassenlehrer ab.

❷ Stellen Sie für Ihr Referat geeignete Präsentationsmedien her.

❸ Beachten Sie die Empfehlungen zum Referieren.

B

Sprachebenen

Aus Loriot Gesammelte Bildergeschichten
© 2008 Diogenes Verlag AG Zürich

Monika Gewandt ist Auszubildende in einem Schuhgeschäft. Je nach Situation drückt sie sich in der Schriftsprache, in der Umgangssprache oder im Jargon aus.

Gespräch mit einem Kunden
'Tag Herr Schmaude, was darf's sein? ... Ah ja, die weinroten Halbschuhe rechts im Schaufenster. Leider, da ist Ihre Größe nicht mehr am Lager. ... Probieren Sie bitte den hier! ... Passt! Hab' ich mir gleich gedacht. Steht Ihnen nicht schlecht. Ich hol' Ihnen den zweiten, 'n Momentchen bitte. ...

Sprachebene ....

Telefongespräch mit dem Chef
Ja Herr Jung, die Sendung der Firma Sport & Co. ist heute Vormittag eingetroffen. Wir haben die Ware ausgepackt und mit dem Lieferschein verglichen. Jetzt zeichnen wir aus. ... Ja, Frau Braun ist heute krank. ... Bis um 15 Uhr sind wir mit dem Auszeichnen und Einsortieren fertig. ...

Sprachebene ....

Gespräch mit einer Kollegin
Mensch Gerda, guck mal! Die da, einsame Spitze. Hättest du 'nen Bock auf so'n Modell? Machen was aus'm Bein. Die hat die Chefin mit ihrem Riecher für den neuen Trend sofort kassiert. Die vergammeln uns nicht am Lager. ...

Sprachebene ....

A 1 Sprachebenen benennen und beschreiben

❶ Benennen Sie die vorherrschende Sprachebene in den drei Gesprächsbeispielen.

❷ Welche Merkmale hat jede Sprachebene?

❸ In welchen Situationen spricht man in den einzelnen Sprachebenen?

	Schriftsprache	Umgangssprache	Gruppensprache / Jargon
Merkmale	*Wörter aus gehobener Umgangssprache, keine Wort- und Satzverkürzungen*		
Situationen	*beim Schreiben, beim Sprechen mit Fremden, Vorgesetzten ...*		

A 2 Jargonausdrücke erklären

❶ Übertragen Sie die folgenden Jargonausdrücke in Umgangssprache.

❷ Wie sind diese (besonders in der Jugendsprache beliebten) Jargonausdrücke entstanden?

Umgangssprache	Jargon	entstanden aus
a)	Klappe	*rasches Sprechen: Mund auf- und zuklappen*
b)	Birne	....
c)	klauen	....
d)	cool	....
e)	bekloppt	....

A 3 Wörter in Sprachebenen einordnen

1. Tragen Sie die Wörter dort ein, wo Sie es für richtig halten (vgl. Beispiele „Gemahlin" und „essen").
2. Suchen Sie die entsprechenden fehlenden Wörter der anderen Ebenen.

	Schriftsprache	Umgangssprache	Gruppensprache/Jargon
Pferd			
Haupt			
Gemahlin	*Gemahlin*	*(Ehe)Frau*	*bessere Hälfte Alte Hausdrache*
Boss			
essen		*essen*	
bescheißen			
entwenden			
sterben			
heruntergekommen			
cool			
bombig			
bekloppt			

A 4 Sprachverhalten im Dialekt beurteilen

Im Kino. Dunkel
Hierlinger: Herrgottzaggerament – zaggera!
Diener: Stufä!
Hierlinger: Ja, Stufä! Z'erscht lasst er oan abirumpeln! Was glaab'n denn Sie? Eine solchene Gehirnerschidderung!
Ein Münchner im Dunkel: Gar so vui werd si net erschiddern –
Hierlinger: Wos werd net? Wer redt denn da überhaupts? So a Zigeuna!
Stimmen: Bsst! Ruhä!
Hierlinger: So a Pfundhammi, so a unappetitlicha!
Der Münchner im Dunkel: Geh, tua di schleicha und schaug, daß d'dein Gipskopf aus da Platt'n außa bringst, sonst werd's ma unwohl! Du auftrieb'na Wassasüchtling!
Hierlinger: Ah! Ah! Da …
Frau Hierlinger: Sei ruhig, Xaver! Gib dich doch mit einem soichen ordanären G'sindel nicht ab …
Der Münchner im Dunkel: Jäh! G'sindel! Sie möcht aa was sag'n, de g'scherte Heubod'nspinna!
Frau Hierlinger: Also so was Gemeins … !
Stimmen: Bsst! Ruhä! Sätzen! *Die Familie Hierlinger setzt sich. Ein Landschaftsfilm wird abgehaspelt. Schwedische Wasserfälle, dazu weiche Walzermelodien. Hierlinger schaut sich immer wieder nach seinem Feinde um, der im Dunkeln sitzt.*
Hierlinger: Der hat mi aufg'warmt, der ung'hobelte Laggl, der!
Frau Hierlinger: Ich bitt dich, Xaver! Du mußt dich beruhigen, Xaver! *Es wird hell. Hierlinger dreht sich wieder um und schaut drohend hin, der Feind schaut drohend her, da verklärt ein Lächeln das Gesicht eines jeden.*
Der Münchner: Jetz is recht! Da Hierlinga!
Hierlinger: Da Söllhuaba Beni!
Söllhuber: Hätt ma ins beinah hart g'redt …
Hierlinger: Im Dunkeln is guat munkeln, und was sich liebt, das neckt sich …
Söllhuber: Aba bei deina Frau Gemahlin muaß i mi scho no eigens entschuldigen …
Frau Hierlinger: Ja – Sie!
Söllhuber: Bitt halt vuimals – net wahr, gnä Frau! Wissen S' scho, wia's geht, wenn man si anand net kennt. Da gibt's oft de schlimmst'n Vawechslunga …
Frau Hierlinger: Ja – Sie!
Hierlinger *lacht*: Du hast di scho a wengl weit außa lass'n mit deini tiaf'n Tön, mein Liaba …
Stimmen: Bsst! Ruhä! *Es wird dunkel. Nun kommt der Film: „Am gebrochenen Herzen".*

Ludwig Thoma, Das Münchner Bilderbuch

1. Markieren Sie kennzeichnende Beispiele für die „tiaf'n Tön" der Gesprächspartner.
2. Welche Wirkung sollen diese „tiaf'n Tön" haben?
3. An welcher Stelle ändert sich der Gesprächston? Kennzeichnen Sie mit ↻. Wie ändert sich der Gesprächston? Warum?

B

Ausdruck und Stil

Jan sieht einen Mann über die Straße gehen; die Ampel zeigt Rot. Er ging bei Rot über erzählt Fred: „Ein Mann sich folgendes die Ampel."– Fred könnte lächerliche Bild vorstellen.

Petra sagt in einem Referat über Vor- und Nachteile des Autos u. a.: „Riesige Zahlen an Menschen sterben im Straßenverkehr." – Die Zuhörer könnten folgende komische Vorstellung erhalten.

Empfehlungen zur Vermeidung häufig vorkommender Mängel und Fehler

Schachtelsatz	Schachteln Sie nicht mehrere (Neben-)Sätze in einen Hauptsatz.
Klemmstil	Klemmen Sie nicht zu viele Wörter zwischen Geschlechtswort und zugehörigem Hauptwort.
Beziehungsfehler	Beziehen Sie Sätze und Satzglieder richtig aufeinander.
Sprachbildfehler	Verwenden Sie Sprachbilder richtig und nicht zu häufig.
Hauptwortstil	Bevorzugen Sie einfache, aussagekräftige Zeitwörter anstatt Hauptwörter mit beigefügten farblosen Zeitwörtern.
Modewort	Drücken Sie sich schlicht und treffend aus.

A 1 Mängel oder Fehler benennen und verbessern

❶ Die folgenden Sätze enthalten jeweils einen Mangel oder Fehler. Benennen und verbessern Sie.

a) schlecht Das Fest endete mit **einer** *von allen im Stadtjugendring vereinigten Gruppen organisierten* **Party**.

  Mangel ....

  besser *Das Fest endete mit* ....

b) schlecht Derjenige, *der den Autofahrer*, *der das Schild*, das in der Königstraße steht, *umgefahren hat*, *beobachtet hat*, **soll sich bitte melden**.

  Mangel ....

  besser *Das Schild in der Königstraße* ....

c) falsch Wir beobachteten die Katze von **Frau Maier, die** sehr gefräßig ist.

  Fehler ....

  richtig *Wir beobachteten* ....

d) falsch Am Bodensee **schießen** Campingplätze **wie Pilze ins Kraut**.

  Fehler ....

  richtig *Am Bodensee* ....

e) schlecht Diese Regel **kommt zum Wegfall**. Sie **fassen den Beschluss**.

  Mangel ....

  besser *Diese Regel* .... *Sie* ....

f) <u>schlecht</u> Er ist ein **klasse** Freund, ich stehe **voll** zu ihm.

<u>Mangel</u> ....

<u>besser</u> *Er ist ein* ....

....

A 2 Stil- und Ausdrucksmängel erkennen

❶ Benennen Sie die Mängel und Fehler. Übertragen Sie in gutes Deutsch.

a) Mein Betrieb schickt mich auf einen Fortbildungskurs in Modezeichnen, um etwas zu lernen.

<u>Fehler</u> ....

<u>richtig</u> ....

....

b) Die Klemmverbindungen, die das Materiallager, um Zeit zu sparen, telefonisch bestellt hatte, sind noch nicht eingetroffen.

<u>Mangel</u> ....

<u>besser</u> ....

....

c) Mein Ausweichen diente der Abwendung eines drohenden Zusammenstoßes mit dem Pkw.

<u>Mangel</u> ....

<u>besser</u> ....

d) Auf den Kopf jedes Bundesbürgers fallen im Schnitt 125 Eier im Jahr.

<u>Fehler</u> ....

<u>richtig</u> ....

....

e) Die von Ihnen vorgestern beauftragte, von uns gestern begonnene und schwierige Reparatur ist jetzt abgeschlossen.

<u>Mangel</u> ....

<u>besser</u> ....

....

A 3 Modewörter durch aussagekräftige Wörter ersetzen

Es ist echt schwierig, den Modewörtern zu entgehen, die uns, kaum erfunden, gleich voll im Griff haben. Was früher eine wirkliche Überraschung war, ist für den modisch aufgeschlossenen Menschen längst eine echte Überraschung; und die neue Welle der Modewörter, die uns früher mit ganzer Wucht getroffen hätte, trifft uns längst mit voller Wucht. Einen Witz findet man nicht mehr sehr gut, sondern echt gut, und über ein unverhofftes Wiedersehen ist man nicht wirklich, sondern echt erfreut. Wir sind voll in ein Projekt eingestiegen und dabei ebenso voll reingefallen.
Ich stehe voll dahinter, du bist voll dafür, er macht voll mit, wir sind voll bei der Sache, ihr könnt dem nur voll beipflichten und sie sind überhaupt voll einverstanden.

E. Ch. Hirsch, Deutsch für Besserwisser

❶ Suchen Sie klare, aussagekräftige Wörter für die Wörter in Klammern.

a) Sie ist ein (total nettes) .... Mädchen.

b) Das war ein (echt netter) .... Abend.

c) Wir müssen (echt) *wirklich / sicher / ...* etwas ändern. (Genau!) *Ja! Unbedingt!*

d) Das Lokal ist (wahnsinnig) .... teuer. (Ehrlich!) ....

e) Er muss die Situation (in den Griff bekommen) ....

f) Die Disco war (Wahnsinn / total geil / cool) ....

Fremdwörter

Der Anteil der Fremdwörter im deutschen Wortschatz ist nicht gering, was man in Fernsehen, Rundfunk und Presse beobachten kann. Der Fremdwortanteil beläuft sich in Zeitungsartikeln beispielsweise auf 8...9%. Zählt man nur die Substantive, Adjektive und Verben, so sind es 16...17%.
Man schätzt, dass auf das gesamte deutsche Vokabular von etwa 400.000 Wörtern rund 100.000 fremde Wörter kommen.
Bei einer Auszählung der Fremdwörter in einer Tageszeitung aus dem Jahr 1860 kam man zu einem Ergebnis, das nur wenig unter den aus der heutigen Tagespresse ermittelten Durchschnittswerten lag. Der Grund liegt u. a. in der relativ schnellen Vergänglichkeit vieler Fremdwörter.

nach dem Fremdwörter-Duden

Champignon??
Champion??

A 1 Herkunft untersuchen

❶ Schlagen Sie die Herkunft folgender Fremdwörter im Wörterbuch nach. Bezeichnen Sie die Herkunft mit den Abkürzungen Ihres Wörterbuchs.

Bilanz .... fair .... Monteur .... Opposition .... Phrase ....

virtuell .... Giro .... Nation .... cool .... Team ....

❷ Ab welchem Jahrhundert wurden aus fremden Sprachen Wörter übernommen?

lat. *1./2.* Jh.   griech. *15./16.* Jh.   franz. .... Jh.   engl.-amerik. .... Jh.

A 2 Sachbereiche angeben

❶ Bezeichnen Sie bei jeder Fremdwortgruppe den Sachbereich.

Atom, Physik, Reaktion	*Naturwissenschaften*
Automat, Generator, Ventil	
Impressionismus, Kapitell, Renaissance	
Cembalo, piano, Sopran	
Koalition, Fraktion, Opposition	
Jurist, Notar, prozessieren	
Bankrott, Bilanz, Manager	
Doping, fair, trainieren	
Bowle, Ketchup, Roulade	
Boutique, Jeans, Pullover	

❷ Warum wurden / werden Fremdwörter in die deutsche Sprache übernommen?

....

....

A 3 Vorsilben erklären

❶ Erklären Sie die folgenden Vorsilben von Fremdwörtern. Schlagen Sie notfalls nach.

Adverb	....	**hyper**modern	....	**Mikro**meter	....
Antithese	....	**in**diskutabel	....	**prä**historisch	*vor*
bipolar	....	**in**klusiv	....	**super**modern	....
Demontage	....	**inter**national	....	**syn**chron	....
Dissonanz	....	**kon**form	....	**Tele**skop	....
Export	....	**Ko**pilot	....	**trans**atlantisch	....

A 4 Rechtschreibung, Worttrennung und Bedeutung nachschlagen

❶ Die folgenden Fremdwörter enthalten Rechtschreibfehler. Schreiben Sie die Wörter richtig. Trennen Sie so oft wie möglich.

❷ Geben Sie die Bedeutung der Wörter an.

Atlet — *Ath-let (Wettkämpfer; kräftig gebauter Mann)*

Aperat — ....

tollerant — ....

Klicke — ....

Dieler — ....

boddybilding — ....

A 5 Wortschatz erweitern

In der Computertechnik werden häufig Fremdwörter als Fachausdrücke verwendet. Wichtige Fachausdrücke sollten Sie zur leichteren Handhabung eines Computersystems verstehen.

❶ Kreuzen Sie die richtigen Aussagen an. Geben Sie die Geschlechtswörter an.

Software ....
- ☐ Bandmaterial
- ☐ programmierte Arbeitsanweisung
- ☐ Isolationsüberzug
- ☐ Verpackungsmaterial

Syntax ....
- ☐ Programmierzeichen
- ☐ Datentransport
- ☐ spezielles Rechenprogramm
- ☐ Regeln v. Programmiersprachen

Menü ....
- ☐ Farbpalette eines Monitors
- ☐ Summe v. Teilprogrammen
- ☐ Programmauswahlbild
- ☐ Bildschirmausgabe

Diskette ....
- ☐ Programmiererin
- ☐ Datenreihung
- ☐ grafikfähiger Drucker
- ☐ magnetisches Speichermedium

Prozessor ....
- ☐ Umsetzgerät für Daten
- ☐ Systemprogrammierer
- ☐ Umsetzrechenprogramm
- ☐ Speicherbaustein

Bus ....
- ☐ Sammelleitung für Daten
- ☐ Datentransport
- ☐ Datenspeicher
- ☐ Speicherzelle

Monitor ....
- ☐ Programmersteller
- ☐ Bildschirm
- ☐ Einzelfarbe
- ☐ Dateneingang

Plotter ....
- ☐ Steuergerät für Drucker
- ☐ Zeichenstift
- ☐ gesteuerte Zeichenmaschine
- ☐ Schnelldrucker

Sensor ....
- ☐ Datenfilter
- ☐ Speichermedium
- ☐ Messwerterfasser
- ☐ Rechnerprogramm

A 6 Wortfehler in Witzen erfassen

❶ Wodurch wird in den folgenden Witzen mit Fremdwörtern die Komik verursacht?

❷ Welche Bedeutung haben die verwendeten Fremdwörter? Schlagen Sie im Wörterbuch nach.

a) Im Blumenladen: „Bitte einen Strauß **Gladiatoren**!" – „Sie meinen sicher **Gladiolen**?" – „Natürlich, das anderen sind ja Heizkörper."

Gladiatoren ....

Gladiolen — *ein Schwertliliengewächs, Siegwurz*

b) Robert Koch war der Erfinder (??) der **Tuberkulose**. Er sah die Bazillen durch das **Horoskop**.

Tuberkulose ....

Horoskop ....

c) Wie hieß bei den alten Griechen die Rachegöttin? – Sie hieß **Rachitis**.

Rachitis ....

d) Was ist eine **Epistel**? – Das ist die Frau eines Apostels.

Epistel ....

Kommunikation verstehen

Ausbilder Nord bereitet im Werkunterricht 12 Auszubildende auf die Abschlussprüfung vor. Fred, der in der zweiten Reihe sitzt, interessiert das alles nicht so recht. Er spricht immer wieder mit seinen Nachbarn und stört den Ausbilder in seinen Erklärungen. Herr Nord ermahnt Fred, der stört aber weiter. Nun wird es Herrn Nord zu viel und er sagt zu Fred gereizt: „Entweder du hältst den Mund oder du gehst raus!" – Fred nimmt diese Äußerung auf die leichte Schulter und will den Raum verlassen. Nun braust Herr Nord auf und stellt Fred zur Rede. Fred verteidigt sich: „Sie haben es mir ja freigestellt, ob ich hierbleiben oder rausgehen will."

Herr Nord ist über diese Äußerung verärgert und ermahnt Fred mit Nachdruck. – Welche Botschaft hätte Fred aus der Äußerung von Herrn Nord heraushören sollen und können?

Die vier Botschaften einer Äußerung (Nachricht)

Einer Äußerung (Nachricht) lassen sich mehrere Botschaften entnehmen, die sich überlagern. Es hängt von uns ab, auf welche Botschaft wir besonders hören und wie wir darauf reagieren.

Aus einer Äußerung lassen sich hauptsächlich vier Botschaften entnehmen.

- Welche sachliche Information will mir mein Gesprächspartner mitteilen? => **Sachinhalt**
- Was soll ich tun, denken, fühlen? Welche (versteckte) Aufforderung kann ich aus der Äußerung heraushören? => **Appell**
- Wie spricht sie / er eigentlich mit mir? Wer bin ich für sie / ihn? Was hat sie / er mir zu sagen? Wie stehen wir zueinander? => **Beziehung**
- Was kann ich aus der Äußerung meines Gesprächspartners über seine Gefühle, seine Stimmung, sein Befinden ... heraushören? => **Selbstkundgabe**

A1 Mit vier Ohren hören

Situation 1: Marion ist Mitglied im Vorstand ihres Sportvereins. An einem kalten Novemberabend erscheint sie verspätet zu einer Besprechung im überhitzten Nebenzimmer des Vereinsheims. Nach einem Blick auf das Thermometer sagt sie erstaunt zu Simone: „25 Grad! Hältst du das aus?"

❶ Welche Botschaften kann Simone aus dieser Äußerung heraushören? Orientieren Sie sich dabei an den oben stehenden Fragen.

Sachinhalt *Marion informiert mich, dass*

Appell *Marion möchte gerne, dass ich*

Beziehung *Marion hält mich für*

Selbstkundgabe *Das ist Marion viel zu heiß!*

❷ Marions Äußerung kann zu einer Verstimmung zwischen ihr und Simone führen. Warum?

❸ Wie könnte Simone vernünftig und freundschaftlich reagieren?

Situation 2: Nina fährt in ihrem Auto auf einer viel befahrenen Straße. Stefan sitzt neben ihr. Vorne taucht ein Stoppschild auf. Stefan sagt zu Nina: „Du, da vorne steht ein Stoppschild!"

❹ Welche Botschaften kann Nina aus dieser Äußerung heraushören?

Sachinhalt ....

Appell ....

Beziehung ....

Selbstkundgabe ....

❺ Stefans Äußerung kann zu einer Spannung zwischen den beiden führen. Nennen Sie Gründe.

❻ Wie kann Nina partnerschaftlich reagieren?

❼ Wie können Sie Kommunikation verbessern? Schreiben Sie Ihre Antworten in Kurzform auf Pinnkarten (weitere Verwendung in Aufgabe 4, Seite 33).

A 2 Kommunikationsmodell ergänzen

❶ Ergänzen Sie die Lücken im Vier-Seiten-Modell nach **Schulz von Thun**.

❷ Fertigen Sie von dieser Abbildung eine Folie. Erläutern Sie das Modell anhand der Folie.

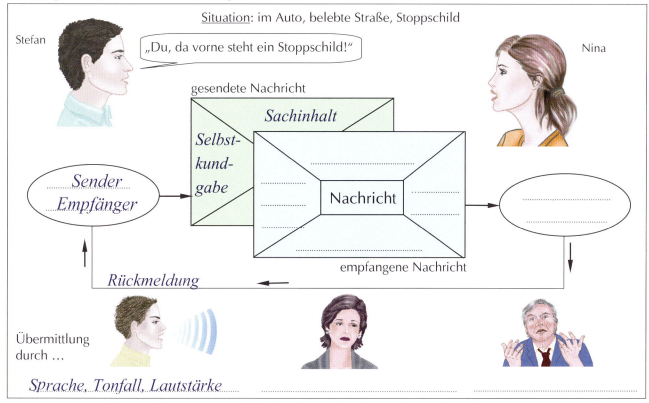

Hinweis: Gesendete und empfangene Nachricht sind nicht deckungsgleich. Sender und Empfänger verbinden jeweils eigene Vorstellungen mit der Nachricht.

A 3 Weitere Situationen beschreiben

❶ Beschreiben Sie Gesprächssituationen aus Ihrem Erfahrungsbereich.

Kommunikation verbessern

Das Vier-Seiten-Modell soll Ihnen helfen, Wünsche, Absichten, Empfindungen ... Ihrer Gesprächspartner zu verstehen. Hören Sie deshalb in Gesprächssituationen auch auf die „Zwischentöne" und achten Sie auf die Mienen und Gesten Ihrer Partner. Sie können Kommunikation verbessern, indem Sie im Gespräch störende Äußerungen vermeiden und sich möglichst gesprächsfördernd verhalten.

A 1   Gesprächsstörende Äußerungen erfassen

❶ Markieren Sie im folgenden Gespräch störende Formulierungen.

Der Facharbeiter Braun stellt bei der Montage eines Industriemotors fest, dass die Halterung, mit der die Ölwanne befestigt werden soll, nicht passt. Er beschwert sich ungehalten bei seinem Vorgesetzten, dem Meister Groß: „So eine Schweinerei! Das ist jetzt schon das dritte Mal, dass Murks aus der Fertigung geliefert worden ist!" Groß antwortet gereizt: „Das kann nicht sein, denn die Fertigung richtet sich genau nach den Konstruktionsplänen. Im Übrigen habe ich zu viel am Hals, um mich um solche Dinge zu kümmern!" Herr Walter, der für die Konstruktionspläne zuständige Ingenieur, wird eingeschaltet. Der erklärt knapp: „Das muss passen!" Braun erwidert aufgebracht: „Dann legen Sie sich doch selbst drunter und montieren Sie die Wanne!"

❷ Warum stören die geäußerten Formulierungen den Gesprächsverlauf?

❸ Wie hätten sich die Beteiligten verhalten müssen, damit das Gespräch erfolgreich verlaufen und das Problem zur Zufriedenheit von Herrn Braun gelöst worden wäre?

❹ Wie können Sie Kommunikation verbessern? Schreiben Sie Ihre Antworten in Kurzform auf Pinnkarten (weitere Verwendung in Aufgabe 4).

A 2   Mit Kommunikationsschwierigkeiten umgehen

Julia ist Auszubildende in einem Konstruktionsbüro. Sie ist schüchtern und häufig recht unsicher. Ihr Ausbilder, Herr Obermaier, hat meist wenig Zeit und verbreitet durch sein fahriges Wesen oft Hektik. Julia versteht sich mit ihrem Ausbilder nicht gut.

Heute bespricht Herr Obermaier mit Julia einzelne anstehende Arbeiten. Unter anderem wirft er Julia die Frage hin:

„Wie steht es mit den Zeichnungen für das Dosiergerät, die Sie jetzt schon über zwei Wochen in Arbeit haben?"

❶ Wie kann Julia diese Äußerung aufgrund der oben geschilderten Situation auffassen?
❷ Was empfehlen Sie Herrn Obermaier und Julia, damit ihre Beziehung besser wird?
❸ Wie können Sie Kommunikation verbessern? Schreiben Sie Ihre Antworten in Kurzform auf Pinnkarten (weitere Verwendung in Aufgabe 4).

A 3   Gesprächsfördernde Äußerungen verwenden

❶ Markieren Sie in den folgenden Äußerungen Ausdrücke, die der Angesprochene als Angriff auf sich auffassen kann. Formulieren Sie dann die Äußerungen in gesprächsfördernder Weise.

Situation 1: Der Auszubildende Späht kommt aus einem abgelegenen Ort zum zweiten Mal in dieser Woche mit dem Moped eine Viertelstunde zu spät zur Arbeit, beide Male wegen schlechter Witterungsverhältnisse. Sein Ausbilder fährt ihn an: „Schon wieder zu spät! Wie oft noch, Herr Spätaufsteher? So geht das nun wirklich nicht! Wenn jeder kommt und geht, wann er will, dann haben wir hier rasch das reinste Chaos!"

Situation 2: Bei einer Diskussion in einer Berufsschulklasse über das Thema „Rauchverbot in öffentlichen Gebäuden und Betrieben" sagt Sabine zu Peter: „Du Quassler! Musst du immer dazwischenquatschen? Du solltest einmal einen Diskussionskurs besuchen oder deine Klappe halten."

❷ Wie können Sie Kommunikation verbessern? Schreiben Sie Ihre Antworten in Kurzform auf Pinnkarten (weitere Verwendung in Aufgabe 4).

A 4 Empfehlungen zur Kommunikationsverbesserung zusammenstellen

❶ Gestalten Sie mit den Pinnkarten aus den vorherigen Aufgaben ein Pinnbild. Ergänzen Sie.

A 5 Dialog untersuchen, Empfehlungen machen

❶ Lesen Sie den Dialog (Sketch), der ein Gespräch zwischen Eheleuten glossiert, mit verteilten Rollen.

Das Ehepaar sitzt am Frühstückstisch. Der Ehemann hat sein Ei geöffnet und beginnt nach einer längeren Denkpause das Gespräch.

1	ER	Berta
	SIE	Ja ...
	ER	Das Ei ist hart!
	SIE	*schweigt*
5	ER	Das Ei ist hart!
	SIE	Ich habe es gehört ...
	ER	Wie lange hat das Ei denn gekocht ...
	SIE	Zu viel Eier sind gar nicht gesund ...
	ER	Ich meine, wie lange dieses Ei gekocht hat ...
10	SIE	Du willst es doch immer viereinhalb Minuten haben ...
	ER	Das weiß ich ...
	SIE	Was fragst du denn dann?
	ER	Weil dieses Ei nicht viereinhalb Minuten gekocht haben kann!
	SIE	Ich koche es aber jeden Morgen viereinhalb Minuten!
15	ER	Wieso ist es dann mal zu hart und mal zu weich?
	SIE	Ich weiß es nicht ... ich bin kein Huhn!
	ER	Ach! ... Und woher weißt du, wann das Ei gut ist?
	SIE	Ich nehme es nach viereinhalb Minuten heraus, mein Gott!
	ER	Nach der Uhr oder wie?
20	SIE	Nach Gefühl ... eine Hausfrau hat das im Gefühl ...
	ER	Im Gefühl? ... Was hast du im Gefühl?
	SIE	Ich habe es im Gefühl, wann das Ei weich ist ...
	ER	Aber es ist hart ... vielleicht stimmt da mit deinem Gefühl was nicht ...
	SIE	Mit meinem Gefühl stimmt was nicht? Ich stehe den ganzen Tag in der Küche, mache die Wäsche,
25		bring deine Sachen in Ordnung, mache die Wohnung gemütlich, ärgere mich mit den Kindern rum,
		und du sagst, mit meinem Gefühl stimmt was nicht?
	ER	Jaja ... jaja ... jaja ... wenn ein Ei nach Gefühl kocht, dann kocht es eben nur zufällig genau viereinhalb Minuten!
	SIE	Es kann dir doch ganz egal sein, ob das Ei zufällig viereinhalb Minuten kocht ... Hauptsache, es
30		kocht viereinhalb Minuten!
	ER	Ich hätte nur gern ein weiches Ei und nicht ein zufällig weiches Ei! Es ist mir egal, wie lange es kocht!
	SIE	Aha! Das ist dir egal ... es ist dir also egal, ob ich viereinhalb Minuten in der Küche schufte!
	ER	Nein - nein ...
35	SIE	Aber es ist nicht egal ... das Ei muss nämlich viereinhalb Minuten kochen ...
	ER	Das habe ich doch gesagt ...
	SIE	Aber eben hast du doch gesagt, es ist dir egal!
	ER	Ich hätte nur gern ein weiches Ei ...
	SIE	Gott, was sind Männer primitiv!
40	ER	*düster vor sich hin* Ich bringe sie um ... morgen bringe ich sie um ...

Aus Loriot Gesammelte Bildergeschichten
© 2008 Diogenes Verlag AG Zürich

Aus Loriot *Loriots dramatische Werke*
Copyright © 1981/2003
Diogenes Verlag AG, Zürich

❷ Warum verstehen sich ER und SIE nicht? Nennen Sie Beispiele aus dem Text.

❸ Wie könnten die Eheleute ihre Kommunikation verbessern?

D

Stellung nehmen

Im Bekannten- und Freundeskreis, in der Schule, im Betrieb ... engagieren Sie sich immer wieder in Gesprächen und Diskussionen und beziehen Stellung zu Sachverhalten und Problemen. Dabei ist es wichtig, dass Sie das Für und Wider vor Augen haben und Ihre Meinung begründen.

Auch in den Leserbriefen der Tageszeitungen wird zu aktuellen Vorkommnissen Stellung bezogen. Stellungnahmen können mündlich oder schriftlich erfolgen. Mündliche Stellungnahmen leiten zum Argumentieren und Diskutieren über, schriftliche Stellungnahmen zur Erörterung.

A 1 Meinungen in Umfragen erfassen, Stellung beziehen

❶ Welche Meinungen werden in den beiden Umfragen geäußert? Markieren Sie mit verschiedenen Farben: für **Handy** / für **Festnetz** bzw. **für** / **gegen** Pflichtjahr / für freiwilliges Jahr

❷ Fertigen Sie eine Liste der Argumente an.

❸ Vertreten Sie Ihren Standpunkt vor der Klasse.

Umfrage 1: Handy oder Festnetz?
Was noch vor wenigen Jahren undenkbar war, ist eingetreten: Wir sind ein Volk von Mobiltelefonierern. Wie sieht es mit Ihrer Art der Kommunikation aus?
Bewegen Sie sich in der schönen neuen Handy-Welt oder liegt Ihnen eher das gute alte Festnetz?

J. K., Köchin
Da ich viel unterwegs bin, wäre es nicht sehr schlimm, wenn mir das Festnetz fehlen würde. Ich nutze die Leitung ohnehin nur für den Internet-Anschluss und nicht für Telefonate. Das Handy kann man überall mitnehmen.

A. L., Maschinenarbeiter
Das Handy nutze ich sogar, wenn ich zu Hause bin. Ich bin aber auch viel unterwegs. Für sehr private und persönliche Gespräche greife ich aufs Festnetz zurück.

B. B., Personaldisponentin
Das Handy benutze ich nur, wenn ich alleine mit dem Auto unterwegs bin und im Notfall. Ansonsten versende ich SMS-Nachrichten, um Freunde zu treffen. Ich will bei privaten Gesprächen nicht auf das Festnetz verzichten.

L. L., Maschinenführer
Meist nutze ich das Handy, um meinem Sohn oder meiner Frau SMS-Mitteilungen für Treffpunkte oder Uhrzeiten zu schicken. Ich telefoniere nur, um meine Freunde anzurufen. Zu Hause nutze ich ausschließlich das Festnetz.

U. K., Verwaltungsangestellte
Beim Handy achte ich darauf, dass das Telefonat nicht zu lang dauert. Übers Festnetz telefoniere ich immer, wenn ich zu Hause bin. Trotzdem benutze ich lieber das Handy, ich kann mit ihm telefonieren, wann und wo ich will.

A. K., Schüler
Ich habe ein Handy, mit dem ich meinen Eltern sagen kann, wo ich gerade bin. Und für meine Freunde bin ich immer erreichbar, das ist auf jeden Fall wichtig. Mit dem Festnetz telefoniere ich gar nicht, zu Hause nutze ich das Internet.

J. G., Pharmawerkerin
Hauptsächlich nutze ich mein Handy für Telefonate mit meinen Kindern, wenn sie oder ich unterwegs sind. Zu Hause nutze ich das Festnetz öfter als das Handy, denn es kommt billiger und es gibt kein Funkloch.

IWZ

Umfrage 2: Pflichtjahr für Mädchen?
Die Idee eines sozialen Pflichtjahres für Mädchen wird diskutiert, weil ein akuter Mangel an Pflegepersonal in Krankenhäusern und sozialen Einrichtungen herrscht.

Ch. B., Werbefachfrau Pflichtjahr nicht gut, Beruf der Pflegerin nicht schlecht, aber schlecht bezahlt, kein Zwang, jedoch Freiwilligkeit

A. W., Student dagegen, als Zivildienstleistender selbst Schwierigkeiten im Heimdienst bei Alten erlebt, freiwillig für Mädchen, die sich dafür geeignet fühlen, kein Zwang

R. K., Gymnasiast dafür, weil Pflegekräfte fehlen, kein Zwang, viele Mädchen freiwillig dafür, in den Krankenhäusern dadurch eine gewisse Erleichterung

I.M., Kauffrau prinzipiell gut, Mädchen soll es nicht besser gehen, junge Männer können zum Bund, Mädchen entsprechend ausbilden, ein Pflichtjahr keine Zumutung, man kann viel fürs Leben lernen

B. S., Florist Notstand in Krankenhäusern wird dadurch nicht behoben, im Krankenhaus Fachleute nötig, keine Laien, sonst noch mehr Pannen, freiwillig als Praktikantenjahr mit Anerkennung bei allen Studien- und Ausbildungsgängen

B. P., Gärtnerin ein solches Jahr nicht verloren, Staat müsste ordentlich bezahlen, als Pflichtjahr ohne Geld nicht gut, auf freiwilliger Basis würden es viele machen

IWZ

A 2 Cartoons untersuchen

Wer mit Computern näher in Berührung kommt, muss sich die Verführungskraft der Technik eingestehen und man fragt sich: Beherrschen wir den Computer oder beherrscht der Computer uns?
Der Schweizer Cartoonist Hanspeter Wyss sieht den Umgang mit Computern mit Humor.

Hanspeter Wyss, Rowohlt

.... Jahre alt   .... Jahre alt   .... Jahre alt

❶ Auf welches Alter beziehen sich die Cartoons?

❷ Beschreiben Sie die Cartoons.

❸ Welche Meinung vertritt der Zeichner in seinen Cartoons?
Enthalten sie Kritik an der Computernutzung durch Kinder?

A 3 Zum Thema „Computer in Kindergärten einführen?" Stellung nehmen

<u>Befürworter</u> meinen u. a.

Viele Kindergartenkinder gehen schon zu Hause mit Computern um, andere haben zu Hause keinen Computer. Alle sollen aber möglichst gleiche Chancen haben, den Umgang mit Computern zu erlernen. Die Weichen für das Leben in einer Informationsgesellschaft können nicht früh genug gestellt werden. Deshalb ist möglichst frühzeitig der Umgang mit Computern zu üben.

<u>Gegner</u> meinen u. a.

Durch vieles Sitzen vor dem PC kommt es zu motorischen Störungen, zu Haltungs- und Augenschäden. Der Einfluss von Gewaltspielen auf das kindliche Gemüt ist bis heute nicht untersucht. Das Arbeiten mit dem PC behindert den Umgang der Kinder untereinander.

❶ Diskutieren Sie in Gruppen das Für und Wider.

❷ Bilden Sie sich Ihre eigene Meinung.

❸ Nehmen Sie vor der Klasse Stellung.

A 4 Zu weiteren Themen Stellung nehmen

❶ Fertigen Sie zunächst zu dem gewählten Thema eine Liste der Argumente dafür und dagegen an.
<u>Hinweis:</u> Hier ist Gruppenarbeit und der Einsatz von Pinnwänden zu empfehlen.

❷ Überlegen Sie Ihre eigene Meinung.

❸ Nehmen Sie vor der Klasse Stellung.

<u>Themen</u>

a) In der Schule wieder Noten für Betragen einführen

b) Ihr Betrieb beabsichtigt, die bisher starre Pausenregelung zu ändern und flexible Pausen einzuführen

c) Gewaltfilme – Auslöser von Gewalttätigkeiten

d) Videoüberwachung von öffentlichen Plätzen

e) Rauchverbot in allen Räumen Ihrer Schule und auf dem gesamten Schulgelände

f) Gewalt in der Schule eindämmen

Argumentieren

Jutta und Roman reden über das Freiwillige Soziale Jahr.

Roman Ein freiwilliges Soziales Jahr – dass ich nicht lache! Das ist was für Frauen, nichts für Männer. So ein Quatsch! Ich denke nicht daran!

Jutta Solltest du aber, Mann! Mehr als 15.000 Jugendliche machen es zur Zeit. Sei kein Drückeberger! Wenn du schon nicht zum Bund musst und der Zivildienst weggefallen ist …

Roman Ach was, hör auf! …

Sie überzeugen andere in einem Meinungsaustausch besser, wenn Sie zusammenhängend argumentieren. Argumentieren heißt, nicht nur Behauptungen oder Forderungen in den Raum stellen; man muss auch begründen, erklären und veranschaulichen. Außerdem ist es wichtig, dass man anderen zuhört und ihre Einstellung berücksichtigt.

Argumentationskette 1

a) Durch ein freiwilliges Soziales Jahr habe ich erhebliche Nachteile,

b) *weil* ich ein Jahr an Zeit mit höherem Einkommen verliere.

c) Nach meiner Ausbildung kann ich *z. B.* mit rund 1.200 € anfangen. Im FSJ bekomme ich nur ungefähr 300 €.

Argumentationskette 2

a) Deine Einstellung ist grundfalsch.

b) Im FSJ geht es *nämlich* nicht ums Verdienen, sondern ums Helfen, im Inland oder auch im Ausland,

c) *z. B.* bei der „Aktion Straßenkinder in Peru".

d) Das ist *also* auch etwas für junge Männer.

A 1 Aufbau von Argumentationsketten darstellen

Beim Argumentieren können die Argumentationsglieder **These** (Behauptung), **Argument** (Begründung), **Beleg** (Beispiel), ggf. **Folgerung** unterschieden werden. Diese Glieder lassen sich in verschiedener Folge aneinander reihen. Wichtig sind aber immer Begründungen. Am Schluss einer Argumentationskette kann man wieder auf die These zurückweisen um sie hervorzuheben.

❶ Tragen Sie die Argumentationsglieder ein.

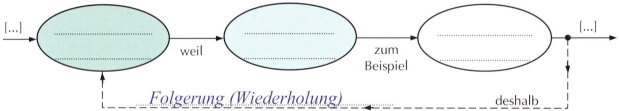

A 2 Argumentationskette vervollständigen und benennen

❶ Vervollständigen Sie die Aussagen b bis d.

❷ Benennen Sie die Argumentationsglieder a, c und d.

Klassensprecherwahl

a) Ich wähle Jutta als Klassensprecherin. (...............)

b) Sie kann *gut reden und ist sozial engagiert.* (*Begründung*)

c) Die letzte Klassenfete .... (...............)

d) Für mich ist .... (...............)

A 3 Einleitungswörter zusammenstellen

❶ Suchen Sie Einleitungswörter in Argumentationsketten für

Argumente *weil,*

Belege *zum Beispiel,*

Folgerungen *deshalb,*

Diskutieren

Die Diskussion ist im Parlament entstanden. Sie ist eine wichtige Grundlage der Demokratie. Die nebenstehenden Themen sind in verschiedenen „Parlamenten" (Redeversammlungen) diskutiert worden. Auch Sie diskutieren schon jetzt und später in einzelnen „Parlamenten", z. B. in einer der Diskussionsformen a bis c.

Ablehnung des Schlichterspruchs im öffentlichen Dienst: Fetzen geflogen
Die Chefin warnt ihre Leute, dass ein Nein Streik heißt
Die Gewerkschaftsvorsitzende ist nicht durchgedrungen und erlebt ihre erste bittere Niederlage

Einwendungen gegen Bebauungsplan vom Ortschaftsrat zurückgewiesen

44 500 Einsprüche gegen Kernkraftwerk
Standortfrage für Kühltürme steht nicht mehr zur Debatte

Gebäudevolumen noch kräftig abspecken
Kopfschütteln über Pläne für neuen Supermarkt an Karlstraße

Kultusminister weiterhin uneins über Schulreform

a) .... b) .... c) ....

und ....

A 1 Begriff „Diskussion" klären

❶ Kreuzen Sie die Wörter an, die am besten den Begriff „Diskussion" beschreiben.

☐ Erörterung ☐ Aussprache ☐ Darlegung ☐ Gespräch ☐ Meinungsaustausch

❷ Womit befassen sich Diskussionen? Was ist ihr Ziel?

A 2 Ausschnitte aus einer Diskussion in einer Berufsschulklasse untersuchen

7 Daniel *Deiner Meinung muss ich entschieden widersprechen.* Ich bin absolut gegen eine Änderung. Was soll das Ganze? Noten hat es schon immer gegeben.

8 Jutta Ich denke an unseren Ausbilder mit seinen 9 technischen und 6 kaufmännischen Auszubildenden. Er müsste dann jedes Halbjahr 30 bis 40 Seiten lesen. Die Betriebe sind gegen verbale Beurteilungen, weil man nicht auf einen Blick die Leistungen erfassen kann.

9 Jan *Dem stimme ich zu.* Ich möchte bei der jetzigen Regelung mit den Noten bleiben. Ich möchte genau wissen, um wie viel ich in einem Fach besser geworden bin. Mein Grund für die Noten ist also: genaue und einfache Information. [...]

15 Petra Ich bin für die verbalen Beurteilungen, weil wir beim Wegfall der Noten keine Klassenarbeiten schreiben müssten. Damit bliebe mehr Zeit für den eigentlichen Unterricht. Deshalb möchte ich die Zeugnisnoten abschaffen.

16 Klaus *Deine Aussagen möchte ich weiterführen.* Leistungsschwache Schüler gingen, wenn sie keine Arbeiten schreiben müssten, wieder lieber in die Schule. Dadurch könnte sich das Unterrichtsklima entspannen.

17 Daniel Du bist doch nur für die Abschaffung der Noten, weil du dir keine Zeit für die Schule nehmen willst. Du willst bloß noch mehr abends chillen.

18 Diskussionsleiter Bitte keine unsachlichen Äußerungen. Jeder soll seine Meinung vertreten können.

19 Ulrike Mir ist etwas immer noch unklar. Wie sollen solche verbalen Beurteilungen aussehen? Sollen z. B. die Leistungen in jedem einzelnen Fach beschrieben und in Worten bewertet werden? [...]

24 Diskussionsleiter Lassen sich die beiden Verfahren nicht sinnvoll verknüpfen? Was lässt sich besser in Noten und was besser in Worten bewerten? Wie ist denn das mit den viel diskutierten Schlüsselqualifikationen?

❶ Um welche Form von Diskussion handelt es sich? (vgl. die oben stehenden Bilder)

❷ Mit welcher strittigen Frage, mit welchem Problem befasst sich die Diskussion?

❸ Wie knüpfen die Beiträge 7, 9 und 16 an die vorhergehenden an? (Einträge auf Seite 38)

❹ Wie sind die Argumentationsketten in den Beiträgen 8, 9, 15 und 16 aufgebaut? Verwenden Sie Bezeichnungen wie **These, Argument, Beleg, Folgerung**. (Einträge auf Seite 38)

❺ Welcher Beitrag ist unsachlich? Welcher Beitrag enthält ungeeignete Argumente?

❻ Welche Aufgaben des Diskussionsleiters werden sichtbar?

D

Aufgaben des Diskussionsleiters

a) Bestellen Sie als Diskussionsleiter (wenn nötig) einen Protokollführer.
b) Führen Sie oder ein Experte mit einem Referat, einem Beispiel ... in das Problem ein.
c) Stellen Sie die Eingangsfrage, damit die Diskussion in Gang kommt.
d) Rufen Sie die einzelnen Redner auf. Begrenzen Sie ggf. die Redezeit von Vielrednern.
e) Greifen Sie bei Abschweifungen ordnend ein, überbrücken Sie Gegensätze, achten Sie auf Sachlichkeit. Halten Sie sich aber mit Ihrer eigenen Meinung zurück.
f) Am Schluss fassen Sie die Ergebnisse der Diskussion zusammen.

Verhalten der Diskussionsteilnehmer

a) Hören Sie den Rednern aufmerksam zu, um auf ihre Argumente eingehen zu können.
b) Reden Sie erst, wenn Sie vom Leiter aufgerufen werden.
c) Fassen Sie sich kurz und schweifen Sie nicht vom Thema ab.
d) Sprechen Sie sachlich. Vermeiden Sie gesprächsstörende und aggressive Formulierungen.

Anknüpfungsmöglichkeiten für Argumente (s. Seite 37)

Beitrag 7   *Ablehnung und Gegenaussage*

Beitrag 9   ....

Beitrag 16 ....

☞ Warum muss man bei einer Formulierung wie in Beitrag 7 besonders sorgfältig sein?

Aufbau von Argumentationsketten (s. Seite 37)

Beitrag 8   ....

Beitrag 9   ....

Beitrag 15 ....

Beitrag 16 ....

A 3 Fördernde und hemmende Beiträge unterscheiden

❶ Welche der folgenden Beiträge wirken in einer Diskussion gesprächshemmend? Kreuzen Sie an. Warum wirken sie so?

a) ☐ Wenn ich dich richtig verstanden habe, meinst du Folgendes: …
b) ☐ Du gehst wie immer von total falschen Voraussetzungen aus.
c) ☐ Deine Aussage ist völlig aus der Luft gegriffen. Was soll das?
d) ☐ Ich bin nicht ganz deiner Meinung, aber deine Begründung hat etwas für sich.
e) ☐ An deiner Stelle würde ich nochmals die Unterlagen durchsehen und dann erst wieder den Mund aufmachen.
f) ☐ Was du hier anführst, das wissen doch alle schon lange.
g) ☐ Zu deinem Argument möchte ich ein Gegenbeispiel anführen.

A 4 In Stegreifdiskussionen argumentieren

Viele müssen in Diskussionen ihre Sprechhemmungen überwinden. Eine weitere Schwierigkeit ist, Gedanken, z. B. Stichwörter auf Konzept, spontan in Sprechtext umzusetzen. Beides können Sie in Stegreifdiskussionen trainieren, die Sie in Gruppen oder vor der Klasse durchführen.

❶ Wählen Sie eines der folgenden Themen. Die Stichwörter in Klammern geben Anregungen, ohne das Thema vollständig zu erschließen.

❷ Bringen Sie eine oder zwei Argumentationsketten stichwortartig in rund 5 Minuten zu Papier, z. B. nach dem Argumentationsschema These – Argument – Beleg.

❸ Argumentieren Sie dann in Stegreifdiskussionen. Geben Sie nach Ihrem Beitrag das Wort an einen Teilnehmer weiter, der noch nicht zu Wort gekommen ist.

- Alkoholverbot für junge Autofahrer (Selbstüberschätzung, hohes Unfallrisiko, fehlende Fahrpraxis – aber keine einheitliche 0,5‰ Grenze für alle Führerscheinneulinge, hoher Kontrollaufwand ...)
- Erneuerbare Energien (Bereitstellung zu jeder Zeit, Ausbau der Netze, Kosten für die Kunden – aber Versorgung auf Dauer, Deutschland als Vorreiter, Verkauf von Anlagen im Ausland ...)
- Wahl der Fachlehrer durch die Schüler einer Klasse (interessanter Unterricht, Vorbereitungen der Lehrer und Mitarbeit der Schüler besser – aber Sympathien entscheiden, Unterrichtsorganisation schwieriger ...)

A 5 Klassendiskussion vorbereiten und durchführen

❶ Wählen Sie einen Diskussionsleiter, zwei Protokollführer und ein Thema, z. B.:
- Soll in Betrieben an jedem Arbeitsplatz ein Rauchverbot gelten?
- Soll auf Autobahnen grundsätzlich eine Geschwindigkeitsbegrenzung von 130 km/h eingeführt werden?

❷ Der Diskussionsleiter stellt zunächst die Pro- und Kontra-Stimmen zu dem gewählten Thema fest. Er teilt die Klasse in Pro- und Kontra-Gruppen auf. Jede der 4 bis 6 Gruppen erhält eine Pinnwand.

❸ Suchen Sie in Ihrer Gruppe Argumente pro oder kontra (Pinnkarten in Clustern auf Pinnwand).

❹ Der Diskussionsleiter nennt das Thema und führt in die Diskussion ein.

❺ Die Pro- und Kontra-Gruppen der Klasse sitzen sich gegenüber und diskutieren das Thema. Einer der Protokollführer schreibt die Pro-Beiträge, der andere die Kontra-Beiträge an der Tafel im Telegrammstil mit.

❻ Nach dem Abschluss der Diskussion stellt der Diskussionsleiter erneut die Pro- und die Kontra-Stimmen fest und vergleicht sie mit dem Eingangsergebnis.

❼ Die Pro-Gruppe bestimmt anhand der Mitschriebe an der Tafel die beiden überzeugendsten Argumente der Kontra-Gruppe. Entsprechend verfährt die Kontra-Gruppe mit den Argumenten der Pro-Gruppe.

A 6 Podiums- und Forumsdiskussion durchführen

In Neuburg mit rd. 85.000 Einwohnern und vielen Einpendlern aus umliegenden Gemeinden wird im Gemeinderat über das folgende Thema diskutiert: Soll der motorisierte Individualverkehr zugunsten des öffentlichen Verkehrs eingeschränkt werden? Führen Sie diese Diskussion als Podiums- und Forumsdiskussion in der Klasse. Es gibt folgende Rollen:

A **Anwohnerin** an der Zinglerstraße, verkehrsreiche Durchgangsstraße in Neuburg, tagsüber von 2.000 Fahrzeugen/Stunde und nachts von 400 Fahrzeugen/Stunde befahren

B **Arbeitnehmer** aus dem 17 km entfernten Dorf Sotzenhausen, arbeitet in Neuburg bei MOWA, Sotzenhausen hat keine öffentlichen Verkehrsmittel nach Neuburg, MOWA liegt im Industriegebiet Wanne rd. fünf Kilometer außerhalb des Stadtkerns von Neuburg

C **Inhaberin eines Bekleidungshauses** in der Neuburger Innenstadt mit vielen Kunden aus den umliegenden Landgemeinden und Städten, Neuburger Innenstadt soll weitgehend für Individualverkehr gesperrt und an ihrem Rand eine Reihe von Parkhäusern gebaut werden

D **Inhaber eines Autohauses** und einer Autowerkstätte in der Kernstadt mit rd. 50 Mitarbeitern und einem Jahresumsatz von rd. 5 Millionen €

E **Berufsschüler** im dritten Ausbildungsjahr, besitzt einen Pkw und wohnt im 12 km entfernten Altshausen ohne Bahn- und mit schlechten Busverbindungen nach Neuburg

❶ Teilen Sie die Klasse entsprechend den vorgegebenen Rollen in fünf Gruppen ein.

❷ Überlegen Sie in den Gruppen Interessen und Standpunkte (Pinnwand benutzen).

❸ Schicken Sie je einen Gruppenvertreter in die Podiumsdiskussion.

❹ Wählen Sie einen Diskussionsleiter (und ggf. einen Protokollführer).

❺ Das Thema wird zunächst als Podiumsdiskussion der Gruppenvertreter behandelt.

❻ Diskutieren Sie nach dem Übergang zu einer Forumsdiskussion mit den Zuhörern.

Erörtern in linearer Form

Durch Erörtern können Sie sich im Gruppieren von Gedanken und im Formulieren von Argumentationsketten trainieren. Sie bekommen mehr Einsichten in den Zusammenhang komplexer Stoffe und können fundierter in Diskussionen mitreden. Erörtern fördert also Ihre allgemeinen geistigen Fähigkeiten.

Erörtern können Sie mündlich (Diskussionen) und schriftlich. Erörterungen in schriftlicher Form geben Ihnen die Möglichkeit, Ihre Meinung zu einem Thema in ausführlicher und überlegter Weise darzustellen.

<u>Erläutern Sie das Motto „Das Rauchen kommt teurer zu stehen, als Sie denken!"</u>
<u>Welche Möglichkeiten zur Einschränkung des Tabakkonsums sehen Sie?</u>

A Ein Welt-Nichtraucher-Tag stand unter dem Motto „Das Rauchen kommt teurer zu stehen, als Sie denken!" Dieses Motto erinnerte mich an meinen Freund, der zwei Schachteln Zigaretten am Tag raucht. Ob er wohl die Folgen für sich und die Allgemeinheit überblickt? – Man muss sich fragen, *warum Rauchen teurer zu stehen kommt, als viele denken, und was gegen den Tabakkonsum getan werden sollte.*

B1 Viele Raucher machen sich ihre finanzielle Belastung nicht klar, weil sie die Ausgaben für das Rauchen nur für kurze Zeiträume, zum Beispiel eine Woche, sehen. Raucht jemand zehn Jahre lang täglich zwei Schachteln Zigaretten, ergeben sich $2 \times 5 € \times 365 \times 10 = 36.500 €$. Mit Verzinsung können das rund 40.000 € sein. Mit diesem Geld ließe sich z. B. eine Weiterbildung oder ein Wohnungskauf finanzieren.

B2 Für die Allgemeinheit hat das Rauchen hohe Folgekosten. Die rund 20 Milliarden €, die in Deutschland jährlich von 19 Millionen Rauchern für Tabakwaren ausgegeben werden, verursachen rund 25 Milliarden € Kosten, z. B. wegen Frühinvalidität oder für die Behandlung von raucherbedingten Erkrankungen.

B3 Rauchen schädigt vor allem aber die Gesundheit. Das belegen folgende Zahlen: Bei uns sterben jährlich 110.000 Menschen an den Folgen des Rauchens. Rauchen spielt eine große Rolle bei Herzinfarkt, Atemwegserkrankungen und vor allem bei Lungenkrebs.

B4 In Japan wurden 90.000 nicht rauchende Frauen, deren Männer Raucher sind, untersucht. Von ihnen starben rund doppelt so viele an Lungenkrebs wie Frauen von Nichtrauchern. Die Raucher schädigen also auch die Passivraucher, denn Zigarettenrauch enthält viele Schadstoffe, darunter Dioxin, Benzol, Formaldehyd und Nikotin.

C Die WHO[1] vermutet, dass sich die Zahl der Raucher-Toten ohne drastische Gegenmaßnahmen bis 2020 fast verdoppeln wird. Deshalb sind Maßnahmen gegen den Tabakkonsum nötig.

D1 In weiten Kreisen der Bevölkerung fehlt immer noch das Bewusstsein für die finanziellen und vor allem gesundheitlichen Folgen des Rauchens. Aus diesem Grund sollte man laufend in Zeitungen, im Fernsehen und in den Schulen für das Nichtrauchen werben. Zu begrüßen ist, dass die meisten Politiker und Prominenten in der Öffentlichkeit und im Fernsehen auf das Rauchen verzichten.

D2 Zur Entwöhnung sind in vielen Fällen Hilfestellungen nötig. Das können zum Beispiel Gesprächstherapien oder Nichtraucherkurse der Krankenkassen sein. Ob Pflaster oder Kaugummis helfen, ist fraglich. Für alle Entwöhnungsmaßnahmen ist aber immer der Wille zum Aufhören wichtig.

D3 Weil Appelle und Entwöhnung allein wenig bewirken, sind durchgreifende Maßnahmen nötig, z. B. ein vollständiges Werbeverbot für Tabakwaren und höhere Steuern auf Zigaretten. Auch Hilfestellungen für die Bauern bei der Umstellung von Tabakanbau z. B. auf Biolandwirtschaft können hilfreich sein.

E Meiner Meinung nach müssen den Rauchern und unserer Gesellschaft die Folgen des Rauchens noch viel deutlicher als bisher gemacht werden, auch gegen die Interessen der Tabakindustrie. Es ist deshalb gut, dass ein Rauchverbot für öffentliche Räume und Verkehrsmittel besteht. Die Initiativen gegen die legalen Drogen Nikotin und Alkohol sind zu begrüßen, auch wenn sie unpopulär sind.

[1] World Health Organization

A 1 Aufbau und Inhalt erfassen

❶ Orientieren Sie sich über die zwei Arten der Erörterung und ihre Gliederung Seite 44.

❷ Markieren Sie in jedem Abschnitt die Hauptgedanken.

❸ Was verdeutlicht die Nummerierung der Abschnitte?

❹ Vervollständigen Sie den Bauplan auf der nächsten Seite.

❺ Versuchen Sie die Textstruktur in einer anderen Form darzustellen (A4-Blatt, Pinnbild, Folie oder mit PC-Präsentation). Stellen Sie Ihre Ausarbeitung der Klasse vor.

D

Bauplan (lineare Form)

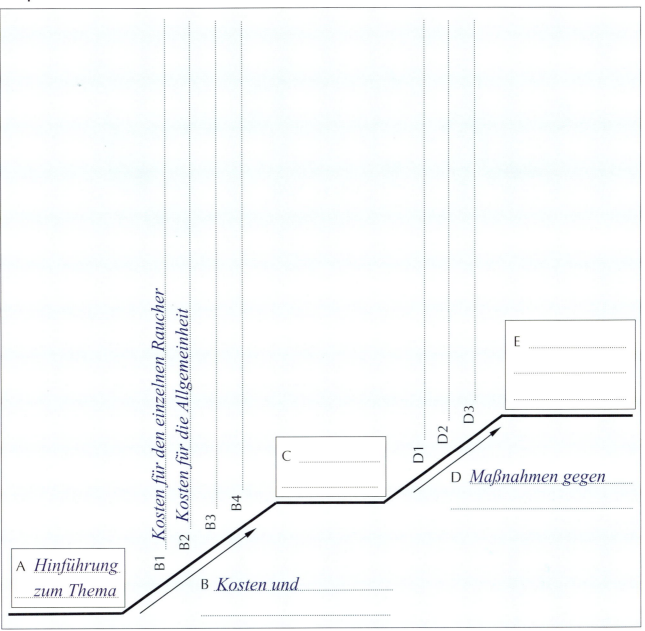

A 2 Aufbau von Argumentationsketten erfassen

❶ Orientieren Sie sich über den Bau von Argumentationsketten (Seite 36).

❷ Benennen Sie die einzelnen Schritte in den folgenden Argumentationsketten.

B4 In Japan wurden 90.000 nicht rauchende Frauen, deren Männer Raucher sind, untersucht. Von ihnen starben rund doppelt so viele an Lungenkrebs wie Frauen von Nichtrauchern (_Beleg, Beispiel_). Die Raucher schädigen also auch die Passivraucher (_____), denn Zigarettenrauch enthält viele Schadstoffe, darunter Dioxin, Benzol, Formaldehyd und Nikotin (_____).

D1 In weiten Kreisen der Bevölkerung fehlt das Bewusstsein für die finanziellen und vor allem gesundheitlichen Folgen des Rauchens (_____). Aus diesem Grund sollte man laufend in Zeitungen, im Fernsehen und in den Schulen für das Nichtrauchen werben (_____). Zu begrüßen ist, dass die meisten Politiker und Prominenten in der Öffentlichkeit und im Fernsehen auf das Rauchen verzichten (_____).

Erörtern in dialektischer Form

Michael notiert sich in einer Diskussionsrunde über das Problem des Ladendiebstahls einige Argumente:

- „Mundraub" hat jeder schon begangen
- Auszubildende haben wenig Geld, kein Wunder, dass bei diesen hohen Preisen geklaut wird
- Werbung ist schuld, Billigstangebote ...
- Wahre Gründe sind: zu viel Freizeit, Langeweile, Mutprobe, Spaß, Sport
- Klaut man, weil man zu wenig oder zu viel hat?
- Volksseuche: In einem Jahr in einem Kaufhauskonzern 27.000 Ladendiebe, sog. „Einklaufen", Verluste 2 Millionen Euro
- materialistisches Denken in Konsumgesellschaft

Beim Schreiben einer Erörterung greift Michael auf diese Gedanken zurück. Er ordnet sie in Argumente pro und kontra. Für die Hinführung nimmt er ein Erlebnis. Michaels Text bekommt folgende Form.

Ist Diebstahl zu rechtfertigen?

A Letzten Herbst wollte ich mit meinem Fahrrad an den Bodensee fahren, um dort mit meinem Freund zu segeln. Während ich in Ravensburg in einer Wirtschaft etwas zu Mittag aß, wurde mir mein Mountainbike aus dem Hinterhof gestohlen. Der Dieb war vermutlich ein junger Mann, mit dem ich mich während des Mittagessens unterhielt. Ich habe mich gefragt, warum er mich wohl bestohlen hat. – Gibt es *Gründe, die einen Diebstahl rechtfertigen*?

B1 Fast jeder hat schon irgendeine Kleinigkeit gestohlen, und seien es nur ein paar Äpfel aus Nachbars Garten. Das sieht man nicht für schlimm an und spricht höchstens von Mundraub.

B2 Viele halten aber auch schwerere Fälle von Diebstahl für gerechtfertigt. So werden z. B. im Betrieb oft Materialien oder Waren einfach mitgenommen. Man entschuldigt sich damit, dass ja genügend vorhanden sei oder dass man gerade knapp bei Kasse sei und ja nur einen Hungerlohn bekomme.

B3 Im Jahr 2011 entstand den Ladenbesitzern durch Diebstahl ein Schaden in Höhe von mindestens 3,9 Milliarden Euro. Der Hauptgrund ist wohl die Werbung, die einen durch unzählige Anzeigen verführt, die angepriesenen Dinge besitzen zu wollen.

B4 Schließlich gibt es solche, die Stehlen in einer kapitalistischen Konsumgesellschaft für gerechtfertigt halten. Sie sagen, wenige hätten viel, viele hätten wenig, und die großen Diebe säßen oben. Da Eigentum Diebstahl sei, sei Stehlen erlaubt, um die ungerechten Besitzverhältnisse zu ändern.

C Aber sind alle diese Gründe stichhaltig, rechtfertigen sie den Diebstahl?

D1 Wer stiehlt, weil er wenig Geld hat, handelt immer egoistisch. Er macht sich keine Gedanken über den Bestohlenen, der vielleicht erst durch mühevolle Arbeit zu Eigentum gelangte. Ich vermute, dass Egoismus der Grund war, warum mir der junge Mann mein Fahrrad gestohlen hat. Dass ich mir das Geld für das Rad selbst zusammensparte und in welche Situation er mich brachte, hat ihn nicht interessiert.

D2 Auch die Werbung in der Konsumgesellschaft kann keine Rechtfertigung für das Stehlen sein. Die meisten Menschen sind imstande, über ihr Handeln selbst zu bestimmen. Deshalb müssen sie auch den Verlockungen der Werbung und des Warenangebots widerstehen können. Für Kinder und Jugendliche allerdings, deren Charakter noch nicht gefestigt ist, ergeben sich hier Probleme, die durch entsprechende Erziehung und Aufklärung abgebaut werden müssen.

D3 Das Stehlen als Protest gegen ungerechte Eigentumsverhältnisse ist auf jeden Fall zu verurteilen, obwohl viele radikale Zeitgenossen nicht so denken, wie z. B. Banküberfälle oder Autodiebstähle zeigen. Für so manchen ist die politische Rechtfertigung nur ein Deckmantel für Neid oder Hass. Kann man in einer Gesellschaft nicht Eigentum gesichert besitzen, dann greift Unsicherheit um sich, zum Schaden aller.

E Meiner Meinung nach gibt es für Diebstahl keine Entschuldigung und keine Rechtfertigung, auch nicht für die leichteren Fälle von „Klauen". Jeder will zu Eigentum kommen, aber das darf nicht mit unrechten Mitteln geschehen. Damit ist natürlich nicht gesagt, dass in unserer Gesellschaft die Eigentumsverhältnisse gerecht sind. Eine maßvolle Eigentums-, Steuer- und Sozialpolitik kann dazu beitragen, die hohe Diebstahlziffer zu senken.

D

A 3 Aufbau und Inhalt erfassen

❶ Markieren Sie in jedem Abschnitt die Hauptgedanken.
Was verdeutlicht die Nummerierung der Abschnitte? Kennzeichnen Sie den Wendepunkt mit ↻.

❷ Vervollständigen Sie den Bauplan.

❸ Versuchen Sie die Textstruktur in einer anderen Form darzustellen (A4-Blatt, Pinnbild, Folie, PC-Präsentation). Stellen Sie Ihre Ausarbeitung der Klasse vor.

Bauplan (dialektische Form)

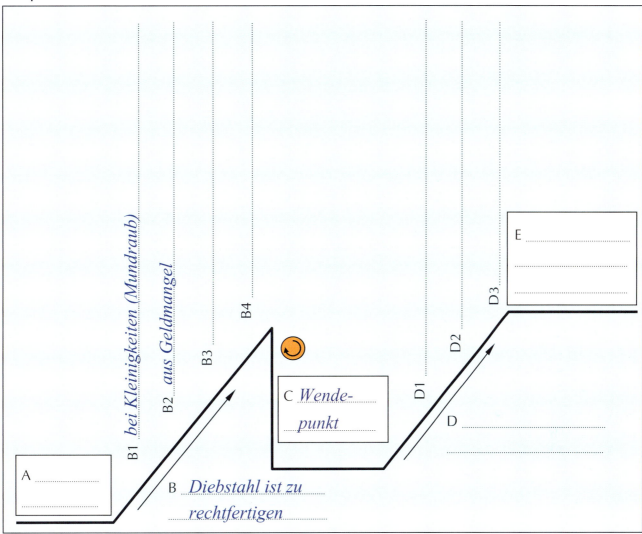

A 4 Argumentationsketten vervollständigen

❶ Zum Thema <u>Computertechnik als Unterrichtsfach an weiterführenden Schulen</u> wurden unvollständige Argumentationsketten verfasst. Vervollständigen Sie.

a) **These**   An weiterführenden Schulen soll mindestens eine Stunde pro Woche Unterricht in Computer- und Informationstechnik gegeben werden,

   Argument   *da*

   Beleg   *Dabei denke ich z. B. an*

b) **These**   Die Informationstechnik wird unser tägliches Leben verwandeln.

   Beleg   *Das geschieht z. B.*

   Folgerung *Deshalb*

D

Merkmale der Erörterung

Arten

1. In <u>linearen Erörterungen</u> werden Fragestellungen von allgemeinem Interesse dargestellt. Die Aussagen werden fortlaufend in einer Linie (= linear) angeordnet.
2. <u>Dialektische Erörterungen</u> befassen sich mit Problemen, Streitfragen oder schwierigen Entscheidungen. Es gibt Aussagen dafür (pro) und Aussagen dagegen (kontra).

Gliederung

3. Erörterungen haben drei Hauptteile.
   - <u>Einleitung</u>   Hinführung zum Thema
   - <u>Hauptteil</u>   sachliche Auseinandersetzung mit der Fragestellung, mit dem Problem ...
   - <u>Schlussteil</u>   Zusammenfassung, Stellungnahme
4. Man kann zum Thema hinführen mit einem Erlebnis, aktuellen Ereignis, allgemeingültigen Beispiel, einem Schlag- oder Sprichwort.
   Der Satz am Schluss der Hinführung nennt das Thema.
5. Die Aussagen werden zu Gruppen zusammengefasst.
6. Die Aussagen werden steigernd angeordnet; die wichtigsten stehen am Schluss.
7. Bei <u>dialektischen Erörterungen</u> wählt man i. d. R. folgende Gruppierung:
   - bei einer Stellungnahme <u>kontra</u> zunächst Aussagen <u>pro</u>, dann Aussagen <u>kontra</u>
   - bei einer Stellungnahme <u>pro</u> zunächst Aussagen <u>kontra</u>, dann Aussagen <u>pro</u>
8. Die einzelnen Aussagen sind als Argumentationsketten aufgebaut. Sie enthalten z. B. <u>Thesen</u> (Behauptungen), <u>Argumente</u> (Begründungen) und <u>Belege</u> (Beispiele, Zahlenmaterial), <u>Folgerungen</u>, <u>Fragen</u>, <u>Einwendungen</u> ...
9. Der Schluss enthält
   - bei <u>linearem Aufbau</u> eine zusammenfassende Meinungsäußerung
   - bei <u>dialektischem Aufbau</u> eine abwägende Stellungnahme

   Zusätzlich kann eine Folgerung, eine Forderung oder ein Ausblick formuliert werden.

Sprache

10. Der Verfasser will den Sachverhalt klären und den Leser von der Richtigkeit seiner Gedankengänge überzeugen. Im Mittelpunkt steht dabei die sachliche Argumentation.
11. Die Zeitstufe in der Erörterung ist die Gegenwart (außer ggf. in den Beispielen).

A 5   Lineare und dialektische Themen unterscheiden

❶ Bestimmen Sie die Art der Erörterung. Begründen Sie.

		linear	dialektisch
a)	Immer öfter verzichten Jungwähler auf ihr Bürgerrecht zu wählen. Wie erklären Sie sich diese Verweigerungshaltung?	☐	☐
b)	Hat das Lesen bei Jugendlichen noch eine Zukunft?	☐	☐
c)	Motorräder sind bei vielen Leuten, auch bei Frauen, große Mode geworden. Untersuchen Sie die Gründe.	☐	☐
d)	Soll für Führerscheinneulinge ein absolutes Alkoholverbot gelten?	☐	☐
e)	Soll die gesamte Berufsausbildung überbetrieblichen Werkstätten übertragen werden?	☐	☐
f)	Viele halten es für rückständig, wenn man nicht mit der Mode geht. Halten Sie diese Ansicht für richtig?	☐	☐
g)	Warum ist für viele junge Menschen ein eigenes Auto höchstes Ziel?	☐	☐
h)	Die Drogensucht ist unter Jugendlichen noch weit verbreitet. Welche Maßnahmen gegen den Drogenkonsum schlagen Sie vor?	☐	☐
i)	Sollen Kinder möglichst früh mit Computern umgehen können?	☐	☐
j)	Muss man seinem Freund (seiner Freundin) immer die Wahrheit sagen?	☐	☐

A 6 Stellungnahmen bei dialektischen Erörterungen beurteilen und verbessern

❶ Welche Fehler wurden bei diesen Schlussteilen gemacht? Verbessern Sie.

a) <u>Soll man für schwere Verbrechen die Todesstrafe einführen?</u>

Zu diesem Problem kann man verschiedener Meinung sein. Legt man das Gewicht hauptsächlich auf die Abschreckung, dann sollte man die Todesstrafe unbedingt einführen. Betrachtet man dagegen vor allem mögliche Justizirrtümer, dann muss man die Todesstrafe unbedingt ablehnen. So kann jeder einen eigenen Standpunkt einnehmen. Meinungsverschiedenheiten gibt es immer.

b) <u>Sollen Kinder möglichst früh mit Computern umgehen können?</u>

Wie in meinen Ausführungen dargelegt wurde, kann man zu dem Thema verschiedener Meinung sein. Da wir aber in Zukunft immer mehr mit den neuen Informationstechniken umgehen müssen, sollten Kinder möglichst früh an den Umgang mit Computern herangeführt werden.

Fehler a) ....

Fehler b) ....

A 7 Stellungnahme schreiben

<u>In den letzten Jahren hat sich die Wahlbeteiligung bei Wahlen verringert.
Berechtigt Politikverdrossenheit, Wahlen fernzubleiben?</u>

❶ Welche Argumente des Pinnbildes halten Sie für besonders stichhaltig?

❷ Schreiben Sie zu dem Thema eine Stellungnahme. Tragen Sie den Hauptgedanken der Stellungnahme in das Pinnbild ein.

A 8 Dialektische Erörterung in Kurzform verfassen

❶ Sammeln Sie in vier bis fünf Kleingruppen zu einem dialektischen Thema Argumente auf Pinnwänden.

❷ Suchen Sie (jeder Schüler für sich) aus den vier bis fünf Pinnbildern die Ihnen wichtigen Argumente. Ergänzen Sie diese Aufstellung ggf. mit weiteren Argumenten.

❸ Ordnen Sie die Argumente der Gruppen Pro und Kontra nach dem Grundsatz der Steigerung.

❹ Schreiben Sie eine Hinführung und einen Schlussteil.

Erzählen

An einem Novemberabend sitzen Fred, Uli und Jan in der mollig geheizten Bude von Jan. Sie betrachten Dias von Uli aus seinem Sommerurlaub in England. Ein Bild erregt die Neugierde von Fred und Jan, und Uli erzählt folgende Geschichte:

Mein aufregendstes Erlebnis in England

Ich wurde einmal im Park einer kleinen Stadt von einer dröhnenden Stimme auf einen freien Platz gelockt. Dort sah ich den hier abgebildeten Redner auf einer Kiste stehen. Er hielt eine Brandrede über die beklagenswerten Missstände in dem Städtchen. „An all unserem Elend sind nur die Großkopfeten auf dem Rathaus schuld", schrie er. „Wir haben kein Freibad, kein Theater" – „und keine Sporthalle", rief ein Sportbegeisterter dazwischen. „Die Eisenbahn will demnächst auch nicht mehr bei uns halten", ließ sich der Kistenredner hören.

Ein alter Mann in der ersten Reihe fragte zaghaft: „Was sollen wir aber dagegen tun?" „Ja, was sollen wir dagegen tun?", antwortete der Kistenredner. „Ich will es euch sagen: Wir sollten das Rathaus stürmen und den Großkopfeten unsere Meinung sagen!"

Ein Fanatiker in der Menge brüllte: „Mir nach, wir gehen aufs Rathaus!" Und schon begann sich ein großer Teil der Menge in Bewegung zu setzen. Ich wurde von den Menschen mitgezogen, obwohl ich gar nicht mitgehen wollte. Plötzlich tauchten drei Polizisten auf und mir wurde recht mulmig zumute.

Da griff einer der Polizisten, ein baumlanger Kerl, ein und ordnete höflich, aber energisch an: „Bitte weitergehen! Keine Verkehrsstörung! Wer das Rathaus stürmen will, geht nach rechts; wer dagegen ist, nach links! Platz machen! Weitergehen!"

Die Menschen lachten gutmütig und gingen auseinander. Ob ihr es glaubt oder nicht, es gingen nur zwei, drei Leute nach rechts. Ich finde, der Polizist war unglaublich geistesgegenwärtig. So was wäre bei uns einfach nicht möglich, oder?

A 1 Text vorlesen

❶ Lesen Sie den Text mit verteilten Rollen vor (Uli, Kistenredner, Sportbegeisterter, alter Mann, Fanatiker, Polizist). Woran erinnert die so vorgetragene Erzählung?

A 2 Merkmale der Erzählung verdeutlichen

❶ Mit welchen interessanten Einzelheiten unterhält Uli seine Zuhörer? Wo spricht er von seinen Eindrücken und Empfindungen?

❷ Suchen Sie Textstellen, die die Merkmale 3, 6 und 7 (siehe folgende Seite) verdeutlichen.

A 3 Stellungen der Sprecherangabe erfassen

❶ Stellen Sie fest, wo in den Beispielen a ... c die Sprecherangabe steht.

a) Ein alter Mann fragte: „Was sollen wir dagegen tun?"

   Die Sprecherangabe steht _____

b) „Ja, was sollen wir dagegen tun?", antwortete der Kistenredner.

   Die Sprecherangabe steht _____

c) „Und die Eisenbahn", rief ein anderer dazwischen, „will auch nicht mehr bei uns halten!"

   Die Sprecherangabe steht _____

Merkmale der Erzählung

Inhalt und Aufbau
1. Erzählungen befassen sich mit Erlebnissen, Ereignissen oder fesselnden Begebenheiten.
2. Durch interessante Einzelheiten werden Erzählungen lebendig und spannend.
3. Die Stelle mit der höchsten Spannung, der Höhepunkt, befindet sich am Schluss.

Aussageabsicht
4. Der Erzähler will den Hörer oder Leser gut unterhalten. Er darf den Erzählstoff frei behandeln.
5. Er will seine Eindrücke und Empfindungen wiedergeben.

Sprache
6. Durch direkte (wörtliche) Rede wirkt das Erzählte persönlich und lebendig.
7. Die Zeitstufe in der Erzählung ist meist die Vergangenheit. (Ausnahme: wörtliche Rede)

A 4 Satzzeichen setzen

❶ Setzen Sie im folgenden Witz die fehlenden Satzzeichen.

Ein Schüler fragte seinen Physiklehrer   Herr Katz, ich verstehe überhaupt nicht, wie ein Telefon funktioniert.   Das ist sehr einfach   antwortete der Lehrer.   Du musst dir anstelle des Drahtes einen riesenlangen Dackel vorstellen.   Und   fuhr er fort   trittst du den Dackel hinten, dann heult er vorne.   Aha   meinte der Schüler   und wie funktioniert ein drahtloses Telefon?   Genauso, nur ohne Dackel.

nach Landmann, Jüdische Witze

Empfehlungen für das Erzählen

a) Lassen Sie Ihre Phantasie spielen. Schmücken Sie Ihren Text mit Einzelheiten aus.
b) Versuchen Sie die Spannung zu steigern. Arbeiten Sie den Höhepunkt heraus.
c) Überlegen Sie sich, wo direkte (wörtliche) Rede angebracht ist.
d) Wechseln Sie nicht willkürlich die Zeitstufe.

A 5 Erzählungen schreiben

❶ Schreiben Sie Witze auf. Verwenden Sie wörtliche Rede. Arbeiten Sie den Höhepunkt, die Pointe, deutlich heraus. Tragen Sie die Witze vor.

❷ Formen Sie Kurzberichte in Erzählungen um.

Der Gangster als Weihnachtsmann
Am 6. Dezember 20.. erschien im Lohnbüro der Firma Wilhelm Lobe in Bremen ein Weihnachtsmann. Das Lohnbüro liegt im zweiten Stock eines Bürogebäudes in einem Hinterhof. Der Weihnachtsmann lobte und tadelte die Angestellten und teilte kleine Geschenke aus. Plötzlich zog er aus seinem Sack eine Maschinenpistole, hielt damit die Angestellten in Schach und räumte Lohngelder und Weihnachtsgratifikationen aus dem Tresor in seinen Sack. Anschließend entkam er über ein Seil, das er vor dem Überfall an einem Flurfenster befestigt hatte.

Der Mann auf der Münsterspitze
Am 11. Oktober 20.. beobachteten die Besucher auf dem Münsterturm in Ulm einen Mann, der über dem obersten Umgang des Turms (rund 145 m über dem Münsterplatz) auf die Turmspitze zu kletterte. Sie vermuteten, dass der Mann selbstmörderische Absichten hatte. Eine Frau rannte zur Kasse. Inzwischen erkannte ihn ein Freund durch das Fernglas. Nun wurde die Frau des Lebensmüden mit einem Hubschrauber um die Turmspitze geflogen. Sie redete mit einem Lautsprecher auf ihren Mann ein. Mitglieder der Höhenrettung der Feuerwehr versuchten mit Seilsicherungen ...

SÜDWEST PRESSE Ulm

❸ Schreiben Sie weitere Erzählungen, z. B. zu folgenden Themen:
a) Eine böse Überraschung
b) Streit im Bus
c) Ein Urlaubserlebnis
d) Wer zuletzt lacht, lacht am besten
e) Eine Fahrt an den Bodensee
f) Begegnung in der Disco

Berichten

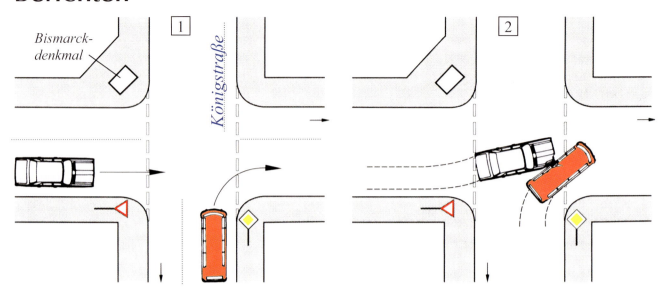

Ein Unfall-Aufnahmewagen des Polizeireviers Neuberg wird zu einem Unfall beordert. Während Wachtmeister Helferich Spuren markiert und fotografiert, vernimmt Polizeimeister Graf die Fahrer und einen Zeugen. Anschließend schreibt er einen Bericht.

Beispiel 1: Verkehrsunfall auf dem Bismarckplatz

Der Unfall ereignete sich am 1. September 20.. , um 8:45 Uhr, auf der beschilderten Kreuzung Königstraße-Karlstraße (siehe Skizze). Beteiligt waren der Audi A6 (Kennzeichen NB – Z 999, Fahrer Hans Kraft, Neuberg, Hauptstraße 21) und der VW-Multivan (Kennzeichen NB – A 111, Fahrer Hermann Grün, Neuberg, Amselstraße 5). Zur Zeit des Unfalls regnete es leicht.

Der VW-Multivan kam auf der Königstraße vom Postamt 1 her. Er wollte in die Karlstraße in Richtung Bahnhof einbiegen. Nach Aussage von Herrn Grün hatte sein Fahrzeug dabei 20 bis 30 km/h Geschwindigkeit, was nach der Bremsspur von 5 m glaubhaft ist.

Gleichzeitig fuhr der Audi auf der Karlstraße in Richtung Bahnhof. Auf Grund der Bremsspur von 15 m betrug seine Geschwindigkeit rund 60 km/h. Nach Angabe von Herrn Kraft übersah er die Vorfahrt des VW, weil die Scheiben seines Wagens beschlagen waren. Er versuchte zwar seinen Wagen abzubremsen, schlitterte aber auf dem nassen Kopfsteinpflaster in das andere Fahrzeug hinein. Sein Wagen prallte mit dem rechten vorderen Kotflügel auf die linke Seite des Multivan.

Herr Grün erlitt eine unbedeutende Platzwunde am Kopf. Herr Kraft blieb unverletzt.

Am Audi wurde der rechte vordere Kotflügel samt Scheinwerfer eingebeult. Bei dem Multivan ist die linke Tür und die linke Seite in der Mitte eingedrückt. Der Sachschaden beträgt ungefähr 6.000 €.

Beispiel 2: So eine Raserei!

Frau Wäsche beobachtete den Unfall. Am Abend erzählt sie einer Nachbarin:

War das eine Aufregung! Heute Morgen stieß auf dem Bismarckplatz ein VW-Kastenwagen mit einem nagelneuen, teuren Auto zusammen, wobei den Fahrern Gott sei Dank wenig geschah, aber ein riesiger Sachschaden entstand. Der Raser rammte den VW auf der Kreuzung mit einem lauten Rumser. Er hatte die Vorfahrt nicht beachtet und außerdem regnete es zur Zeit des Unfalls. So ein Rowdy, so rasant in eine Kreuzung einzufahren! Nach dem Zusammenstoß schrie der Fahrer: „Können Sie nicht aufpassen, Sie Hornochse! Gehen Sie nochmals in die Fahrschule!" Diese Raser können´s einfach nicht lassen!

A 1 Zeichnung beschriften

❶ Beschriften Sie die Zeichnung 1 entsprechend den Angaben in Beispiel 1.

A 2 Merkmale des Berichts verdeutlichen

❶ Für wen schreibt Polizeimeister Graf den Unfallbericht? Welche Art von Aussagen muss der Bericht deshalb enthalten?
Worum geht es Frau Wäsche in ihrer Erzählung?

❷ Verdeutlichen Sie die Merkmale 4 bis 7 (siehe folgende Seite) mit Textstellen in Beispiel 1.

Mögliche Gliederung von Unfallberichten	
a)	c) *Verlauf des Geschehens* ....
b)	d) ....

Merkmale des Berichts

Inhalt und Aufbau

1. Berichtende Texte informieren den Leser (Hörer) über zurückliegende Vorfälle, z. B. über Unfälle oder ausgeführte Arbeiten.
2. Im Mittelpunkt des Textes steht die Sache. Berichte enthalten deshalb nur Angaben, die sachdienlich sind.
3. Die Angaben werden möglichst genau, aber dennoch knapp berichtet.
4. Die einzelnen Angaben sind so angeordnet, dass eine sinnvolle Reihenfolge entsteht.

Sprache

5. Berichte werden in sachlicher Sprache verfasst. Sie enthalten keine Meinungen oder direkten (wörtlichen) Reden.
6. Man verwendet Hauptsätze oder einfache Satzgefüge.
7. Die Zeitstufe im Bericht ist meist die Vergangenheit.

A 3 Zeitwörter in die Zeitstufe der Vergangenheit setzen

Häufig treten zwei Zeitstufen auf: die **Vergangenheit** (V) und die **vollendete Vergangenheit** (vV).

Beispiel 1 Der Audi **fuhr** (V) zu schnell. Er **verursachte** (V) deshalb einen Unfall.

Beispiel 2 Weil sie den Elektrowagen **überladen hatten** (vV), **kippte** (V) er in einer Kurve um.

❶ Die folgenden Sätze beziehen sich auf die Bilderfolge Seite 50.
Setzen Sie die Zeitwörter in die richtige Zeitstufe der Vergangenheit.

a) Sie (lehnen) _____ die Leiter schräg an die Wand, (steigen) _____ nach oben und (öffnen) _____ das gekippte Fenster.

b) Einer der Einbrecher (finden) _____ eine Münzsammlung, nachdem er alle Schubladen (durchwühlen) *durchwühlt hatte. (vV)*

c) Der andere Einbrecher (sich stürzen) _____ auf den Antiquitätenhändler, der sofort nach seiner Pistole an der Wand (greifen wollen) _____

d) Nachdem seine Schwester die Lage (erkennen) _____ , (hasten) _____ sie ans Fenster und (rufen) _____ um Hilfe.

A 4 Kommas setzen, Kommasetzung begründen

❶ Die folgenden Sätze beziehen sich auf das Bild Seite 51.
Setzen Sie die fehlenden Kommas. Begründen Sie mit der jeweiligen Regel (in Kurzform).

a) Eine Kiste die mit Zahnrädern gefüllt war stand vorne links.
Regel *eingeschobener Bezugswortsatz*

b) Die Ladung begann zu rutschen weil sie nicht sorgfältig geladen hatten.
Regel _____

c) Sie hatten Folgendes geladen ein Rohr eine Kiste drei Felgen und acht Paletten.
Regel _____

d) Da der Fahrer scharf bremste fiel die Kiste beinahe um.
Regel _____

e) Herr Lehr Auszubildender im dritten Jahr schlug sich den Hinterkopf an.
Regel _____

f) Die Kiste war 1 m hoch 0,5 m breit 0,3 m lang und wog 100 kg.
Regel _____

A 5 Treffende Zeitwörter sammeln, mündlich berichten

Einbruch in das Antiquitätengeschäft Justus

❶ Nennen Sie Zeitwörter, die Vorgänge in den Bildern genau kennzeichnen.

Bild 1 ....
Bild 2 ....
Bild 3 *sich stürzen auf, niederschlagen,* ....
Bild 4 ....
Bild 5 ....
Bild 6 ....

❷ Berichten Sie mündlich anhand der Bilder. Bleiben Sie dabei sachlich.

A 6 Arbeitsbericht planen und schreiben

Sie haben als Schweifübung das nebenstehende Werkstück anzufertigen.

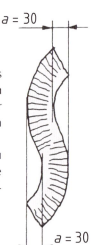

Zunächst legen Sie sich die Werkzeuge (Bügelsäge, Handhammer mit 500 g, Stahlplatte, Reißnadel, Flachfeile) und das Messgerät (Gliedermaßstab) bereit.
Dann sägen Sie von einer Rolle Bandstahl (Querschnitt 30x2 mm) ein Stück mit 300 mm Länge ab. Sie zeichnen die Mitte 150 mm mit der Reißnadel an. Nun bearbeiten Sie mit der Hammerfinne (zugespitzter Teil) des Hammers das Bandstahlstück im oberen Teil links und im unteren Teil rechts so lange, bis ein s-förmiges Werkstück mit $a = 30$ mm entsteht. Zum Schluss entgraten Sie das Werkstück mit der Flachfeile und richten es mit der Hammerbahn eben.
<u>Beachte</u>: Um eine möglichst genaue S-Form zu erhalten, müssen Sie mit der Hammerfinne möglichst gleichmäßig auf das Werkstück treffen.
<u>Zeitvorgabe</u>: 2 Stunden

❶ Überlegen Sie sich eine Gliederung.

❷ Schreiben Sie nun den Arbeitsbericht in Kurzform (Vergangenheit, Ich-Form).

Mögliche Gliederung von Arbeitsberichten	
a)	c) *zu beachtende Besonderheiten* ....
b)	d) ....

Empfehlungen für das Schreiben von Berichten

a) Suchen Sie für Ihren Bericht eine sinnvolle Gliederung. Machen Sie entsprechend dieser Gliederung in einem Kurzbericht Teilüberschriften, in einem ausführlichen Text Abschnitte.

b) Beachten Sie den Zweck und den Empfänger. Lassen Sie Überflüssiges weg.

c) Verfassen Sie ein Konzept. Korrigieren Sie es und schreiben Sie dann die Reinschrift.

A 7 Gegliederte Stoffsammlung schreiben

Arbeitsunfall in der Firma Müller & Co.

1. ....
2. ....
3. ....
4. ....
5. ....
6. ....
7. *Verkehrsschild „Vorfahrt gewähren"*

Aussagen des Herrn Wegmann
Ich bin ziemlich erschrocken zurückgesprungen, als ich einen lauten Schrei hörte und der E-Wagen plötzlich mitten auf dem Bürgersteig abbremste. Der Arbeiter auf dem Wagen konnte die oberen Paletten nicht mehr festhalten. Sie rutschten nach vorn auf den Fahrersitz. Der Fahrer sprang nach links raus.

Aussagen des Lagerarbeiters Kraft
Wir hätten uns mit dem Beladen und Sichern mehr Zeit nehmen sollen. Durch den Aufschlag im Schlagloch sprang das Betonrohr aus der Halterung und rollte gegen meine Unterschenkel. Als ich „Halt!" rief, bremste Schnell und das Betonrohr drückte meine Unterschenkel gegen den Palettenstapel. Das tat verdammt weh, und beim besten Willen konnte ich die beiden obersten Paletten nicht mehr festhalten. Wenigstens fiel die Kiste mit den Messgeräten nicht um.

Aussagen des Fahrers Schnell
Wir hatten den Auftrag, vor dem Mittagessen die Ladung ins Werk 2 in der Karlstraße zu bringen. Ich wollte gerade aus dem Werkgelände rausfahren und in die Straße links einbiegen, als ich Kraft laut „Halt" schreien hörte. Ich bremste sofort ab und schaute zurück, sah das schmerzverzerrte Gesicht von Kurt Kraft und bekam von den Paletten ein paar schöne Schläge gegen Kopf und Schultern. An allem ist das Schlagloch am Tor schuld; das hätte schon längst gerichtet gehört.

Aussagen des Auszubildenden Lehr
Mir brummt noch der Schädel! Beim Bremsen knallte mein Hinterkopf auf das vorrollende Betonrohr und mein linkes Handgelenk hab' ich mir auch ganz schön verstaucht. Der Holperer über das Schlagloch war echt hart. Dass der Peter genau da reinfahren musste! So sitz' ich nicht mehr hinten auf.

❶ Benennen Sie im Bild die Gegenstände 1 bis 7.
❷ Markieren Sie die Aussagen, die für einen Unfallbericht verwendet werden können.
❸ Schreiben Sie eine gegliederte Stoffsammlung.
❹ Zeichnen Sie eine Lageskizze in Draufsicht, wie sie häufig von Versicherungen verlangt wird.

A 8 Berichte schreiben

❶ Schreiben Sie die in Aufgabe 5 und 7 behandelten Vorfälle als ausführliche Berichte.
   a) Einbruch in das Antiquitätengeschäft Justus (<u>Verfasser</u>: Journalist einer Tageszeitung)
   b) Arbeitsunfall in der Firma Müller & Co. (<u>Verfasser</u>: Sicherheitsbeauftragter der Firma)

❷ Stellen Sie Berichte in Kurzform zusammen.
   c) Behandelte Stoffe und Übungen am Berufsschultag am ... (<u>Empfänger</u>: Ausbildungsleiter)
   d) Arbeitsbericht über ... (<u>Empfänger</u>: Meister)

❸ Schreiben Sie weitere Berichte.
   e) Unsere ...besichtigung am ... (<u>Empfänger</u>: Mitschüler)
   f) Das Spiel ... gegen ... am ... (<u>Empfänger</u>: Leser einer Schülerzeitung)

Protokollieren

Die Freiwillige Feuerwehr Altheim hielt am 5. November 20.. ihre jährliche Hauptversammlung ab. Herr Graph schrieb den Verlauf im Telegrammstil mit und ließ eine Teilnehmerliste umlaufen. Später führte er das Protokoll aus. Dann legte er es dem Vorsitzenden, Herrn Kraft, zur Unterschrift vor.

Beispiel 1: Protokoll über die Hauptversammlung 20.. der Altheimer Freiwilligen Feuerwehr

Ort: Altheim, Gasthaus „Krone"
Datum, Zeit: 5. November 20.., 20:15 bis 21:45 Uhr
Vorsitzender: Kommandant Kraft
Protokoll: Erwin Graph
Anwesende: Kreisbrandmeister Schwarz, Bürgermeister Kopf, 23 Mitglieder

1. Zunächst berichtet Kommandant Kraft über die Jahresarbeit. Er teilt mit, dass in diesem Jahr sieben Übungen durchgeführt wurden. Im Mittelpunkt der Arbeit habe der Einsatz in Neustadt am 20. Mai 20.. gestanden. Bei dem Brand im Anwesen Köpf sei ein Feuerwehrmann schwer verletzt worden.
2. Nach einer kurzen Pause verteilt Kassenführer Weiß eine vervielfältigte Übersicht über die Einnahmen und die Ausgaben (liegt bei). Die Kassenprüfer, Herr Scharf und Herr Denk, haben keine Beanstandungen gefunden; sie beantragen Entlastung. Die Entlastung erfolgt einstimmig.
3. Anschließend stellt Kreisbrandmeister Schwarz fest, dass Altheim neben dem TLF 16 und der TS 8 ein weiteres Löschfahrzeug LF 16 und einen Gerätewagen benötige.
4. Bürgermeister Kopf führt aus, die benötigten Fahrzeuge könnten in den nächsten drei Jahren beschafft werden. Zum Schluss dankt er den Feuerwehrmännern für ihren Einsatz.

Vorsitzender   Protokollführer

Am 1. Juli 20.. fand die Zeugniskonferenz für die Klassen 2BFH1a und 2BFH1b statt. Frau Schreiber, Klassenlehrerin in beiden Klassen, wurde von ihrer Chefin, Frau Haupt, gebeten, das Protokoll zu führen. Nach der Sitzung legte sie Frau Haupt das Protokoll mit den Ergebnissen zur Unterschrift vor.

Beispiel 2: Protokoll über die Versetzungskonferenz 20.. für die Klassen 2BFH1a und 2BFH1b

Ort: Hauswirtschaftliche Berufs- und Fachschule Altheim
Datum: 1. Juli 20..
Vorsitzende: Oberstudiendirektorin Haupt
Protokoll: Irma Schreiber, Hauswirtschaftsschulrätin
Anwesende: siehe Anwesenheitsliste

1. Die endgültigen Noten sind in den beiliegenden Listen enthalten.
2. Als Gesamtdurchschnitte erreichten die
   24 Schülerinnen der 2BFH1a   3,0
   26 Schülerinnen der 2BFH1b   2,9
3. Margot Stark aus der 2BFH1a erhält einen Preis (Durchschnitt 1,9). Marlies Besserer aus der 2BFH1b wird eine Belobigung zugesprochen (Durchschnitt 2,2).
4. Der Antrag von Frau Gutmann, Anna Maler aus der 2BFH1b probeweise zu versetzen, erhält 11 Ja- und 2 Neinstimmen, Anna Maler wird also probeversetzt.
5. Waltraud Klein von der 2BFH1a erreicht das Ziel der Klasse nicht (einmal ungenügend und einmal mangelhaft ohne Ausgleichsmöglichkeit).

Vorsitzende   Protokollführerin

Merkmale des Protokolls

Inhalt und Textsorte
1. Protokolle befassen sich mit Unterrichtsstunden, Sitzungen, Verhandlungen, Verhören ... (bestimmte zurückliegende Vorgänge).
2. Das Protokoll ist eine Sonderform des Berichts.
3. Man unterscheidet Verlaufsprotokolle und Ergebnisprotokolle.
4. Protokolle dienen als Gedächtnisstütze, Informationsquelle und Beweismittel.

Sprache
5. Die Zeitstufe im Protokoll ist die Gegenwart oder die Vergangenheit.
6. Gesprochenes wird meist in indirekter (nichtwörtlicher) Rede dargestellt. Die Zeitwörter stehen dabei i. d. R. in der Möglichkeitsform.

Äußere Form
7. Protokolle haben eine festgelegte äußere Form (vgl. Beispiele).
8. Durch die Unterschriften erhalten Protokolle den Wert von Urkunden.

A 1 Merkmale des Protokolls verdeutlichen

❶ Verdeutlichen Sie einzelne Merkmale mit Textstellen. Die folgenden Fragen können dabei helfen.
   a) Womit befassen sich die beiden Protokolle?
   b) Woran ist zu erkennen, dass das Protokoll eine Sonderform des Berichts ist? (vgl. Merkmale des Berichts Seite 49)
   c) Welches Protokoll ist ein Verlaufs-, welches ein Ergebnisprotokoll? Wodurch unterscheiden sich die beiden Formen voneinander?
   d) Wozu kann jedes der vorliegenden Protokolle dienen?
   e) In welcher Zeitstufe sind beide Protokolle geschrieben?
   f) Markieren Sie im ersten Beispiel Zeitwörter in der Möglichkeitsform.

A 2 „dass" und „das" richtig anwenden

❶ Unterscheiden Sie in den folgenden Sätzen zwischen „dass" und „das".

Herr Braun sagt aus, da_____ er das Klassenzimmer nicht betreten habe.
Herr Maier erwidert, da_____ könne nicht sein, da_____ der Raum offen gewesen sei.
Frau Müller fügt hinzu, da_____ Klassenzimmer sei um 12:30 Uhr geschlossen worden.
Sie behauptet, da_____ da_____ Schloss aufgebrochen worden sei.
Da_____ könne nicht sein, meint Frau Weiß, da_____ Schloss sei unbeschädigt.

❷ Welche Bedeutung haben die Wörter „das" und „dass"?

das ist _____ oder _hinweisendes Fürwort_ _____ und kann durch
_____ ersetzt werden

dass verbindet _____

A 3 Aussageweise von Zeitwörtern angeben, Satzzeichen setzen

❶ Schreiben Sie die Zeitwörter in der richtigen Aussageweise in die Lücken. Sehen Sie für die Hauptsätze die Gegenwart vor.

❷ Setzen Sie die fehlenden Satzzeichen. Begründen Sie.

   a) Herr Grau (weisen) _____ darauf hin   dass der Klassensprecher mit einfacher Mehrheit gewählt (werden) _werde_____ und dass jeder Schüler nur eine Stimme (haben) _habe._

   b) Er (beauftragen) _____ den seitherigen Klassensprecher   Fritz Weiß   die Wahl (leiten) _____

   c) Er (betonen) _____ dass ein Klassensprecher Verantwortung übernehmen (müssen)
   _____

   d) Fred Braun (anregen) _____ der Stellvertreter (können) _____ gleich mitgewählt werden.

   e) Uli Schwarz (erklären) _____ er (nehmen) _____ die Wahl an.

A 4 Ankündigungszeitwörter für Protokollaussagen sammeln

❶ Aussagen von Personen in Protokollen werden durch Zeitwörter angekündigt. Suchen Sie in Beispiel 1 und in den Aufgaben 2 und 3 solche Ankündigungszeitwörter. Finden Sie weitere.

sagt aus

meint

E

A 5 Ausdrucksmängel benennen und berichtigen

❶ Benennen Sie die Ausdrucksmängel, die durch Fettdruck gekennzeichnet sind.

a) Der Verein belegte den letzten **Platz, der** nun von Franz Wild trainiert wird. (......................)

....

b) Im vergangenen Jahr **erblickte** eine Jugendabteilung **das Licht der Welt**. (......................)

....

c) Die Turnhalle wird **baldestmöglichst** gebaut. (......................)

....

d) Sie **fassen den Beschluss**, dass der Plan **zur Ausführung gelangt**. (*Hauptwortstil*)
   Sie beschließen, dass der Plan ausgeführt wird. (... den Plan auszuführen.)

e) Frau May bemängelt, dass man die Schulden nicht **in den Griff bekomme**. (......................)

....

A 6 Protokolltext ausformulieren

❶ In einer Diskussion über das Problem <u>Sind Ladendiebstähle zu rechtfertigen?</u> entstand der folgende verkürzte Mitschrieb. Formulieren Sie ihn zu einem vollständigen Text als Verlaufsprotokoll aus.

Ulla Feiner	Hohe Preise, deshalb wird viel gestohlen
Brigitte Sachs	Viele Auszubildende haben wenig Geld, deshalb kein Wunder, wenn viele klauen oder etwas mitlaufen lassen
Hans Kunkel	Hauptschuldige: Werbung, riesiger Konsumrummel in den Kaufhäusern, Kundenfang, Überfluss der Super- und Billigstangebote
Heinz Walz	Alles noch lange kein Grund zum Stehlen wahre Gründe: zu viel Freizeit, Langeweile, Klauen nur aus Spaß oder Sport Bestimmte Jugendliche nennen diese Shopping-Methode scherzhaft „Einklaufen" (allgemeine Erregung, Gelächter, Zustimmung und Proteste)
Diskussionsleiter	verweist auf Erhebungen, wonach 20.. in den 80 Filialen eines Kaufhauskonzerns 27.000 Ladendiebe Waren im Wert von fast 2 Millionen Euro an den Kassen vorbeimogelten
Sabine Haubel	Konsumgesellschaft hat uns zu materialistischem Denken erzogen
Fritz Kleiner	Werbung kann kein Rechtfertigungsgrund für Stehlen sein man muss Verlockungen der Werbung widerstehen können

Empfehlungen für das Schreiben von Protokollen

a) Halten Sie Ort, Datum, Beginn und Ende, die Namen des Vorsitzenden, des Protokollführers und der Anwesenden fest.

b) Schreiben Sie den Verlauf und die Ergebnisse oder nur die Ergebnisse in erweiterten Stichwörtern oder verkürzten Sätzen mit.

c) Arbeiten Sie das Protokoll aus. Achten Sie dabei auf Folgendes:
   - i. d. R. Möglichkeitsform bei nichtwörtlicher Rede
   - nicht zu häufig „sagen" und „dass"

d) Unterschreiben Sie. Lassen Sie das Protokoll vom Vorsitzenden unterschreiben.

A 7 Protokolle schreiben

❶ Verkürzen Sie das Verlaufsprotokoll (Beispiel 1) auf Seite 52 zu einem Ergebnisprotokoll.

❷ Verfassen Sie ein Verlaufs- oder ein Ergebnisprotokoll über

a) eine Unterrichtsstunde   c) eine Gerichtsverhandlung   e) eine Diskussion
b) die Wahl eines Klassensprechers   d) eine Schulveranstaltung   f) einen Gruppenabend

A 8 Sprachliche Untugenden in einem Protokoll erfassen

Als mein Auto mitten auf einer Bundesstraße seinen Geist aufgegeben hatte, musste ich feststellen, dass ich weder etwas von Motoren noch vom Amtsdeutsch verstehe. Und das kam so: Während ich Hilfe geholt hatte, war mein Auto angefahren worden, sodass ich den Fall der Polizei übergeben musste. Der freundliche Beamte verfasste darüber einen Text.

„Der Geschädigte, seitens dessen bisher noch keine Anzeige erfolgte, erklärt folgende Aussage zu Protokoll: Die Entdeckung des Unfalls ereignete sich gegen 14:00 Uhr. Der Wagen des Geschädigten wurde durch denselben einer genauen Prüfung unterzogen, welche die Feststellung eines nicht unerheblichen Schadens am hinteren Kotflügel zur Folge hatte. Schädiger, dessen Identität bislang nicht in Erfahrung gebracht werden konnte, verließ die Unfallstelle, ohne sich mit dem Geschädigten ins Benehmen gesetzt zu haben. Nach den gegebenen Umständen unterliegt es kaum einem Zweifel, dass Schädiger die Folgen seines Verhaltens bemerkt haben dürfte."

Der ältere Beamte hatte sich mit mir zusammen mein zerbeultes Auto angesehen, das ich dazu extra zur Polizeistation hatte schleppen lassen. Auch das fand sich im Protokoll. „Zur Sicherstellung von gegebenenfalls nachweisbaren Schleifspuren hat Geschädigter das betr. Fahrzeug zur Vorführung gebracht. Es wurde eine Liste erstellt, die eine vollständige Schadensaufstellung beinhaltet. Bei erfolgter Abstellung der Fahrzeugschäden dürfte der Pkw jedoch wieder zulassungsfähig sein bzw. einer erneuten Inverkehrsetzung nichts entgegenstehen."

Ich wollte schon aufatmen, als sich bei mir die Vermutung verstärkte, dass die Lagerung meines Falles doch eine sehr verwickelte war. Der Beamte notierte auf einem anderen Blatt: „Den insofern getroffenen Feststellungen zufolge scheint die Annahme nicht ausgeschlossen, dass der Geschädigte sein Fahrzeug unter Außerachtlassung einschlägiger Vorschriften der StVO zum Abstellen gebracht hat und den Haltevorgang erst nach geraumer Zeit beendete."

Das traf leider zu. Um mich zu entlasten, fragte mich der Beamte noch nach Einzelheiten des Tatortes. Ich gab anschaulich Auskunft. Er schrieb: „Die Straßenverhältnisse bzw. Witterungsbedingungen zur Tatzeit können als gut ausgebaut bzw. trocken bezeichnet werden."

Zum Schluss sagte der Beamte noch: „Bitte unterzeichnen Sie das Protokoll. Sie werden von uns hören, sobald wir etwas herausgefunden haben." Wie gut, dass er das nicht schriftlich von sich gegeben hat. Sonst hätte er es sicher so ausgedrückt: „Ich darf um Ihre Unterschriftsleistung bitten. Wir werden den Vorgang in Bearbeitung nehmen und Sie in Kenntnis setzen, sobald uns Ermittlungsergebnisse vorliegen."

Eike Ch. Hirsch, Mehr Deutsch für Besserwisser

❶ Welche sprachlichen Untugenden glossiert der Autor? (vgl. Ausdruck und Stil Seite 26 und 27)

A 9 Sitzungsprotokoll einsehen

Abg. Hans Heinz CDU: […] Genauso wichtig – das möchte ich immer wieder betonen – ist die Präventionsarbeit, die wir in Baden-Württemberg mit einem Strauß von Maßnahmen leisten. […] Auf der anderen Seite höre ich, dass Kollege Dr. Noll – ich will einmal den Schlenker zur FDP/DVP machen; Kollege Dr. Noll ist gerade nicht im Saal […] nicht zustimmen kann, weil er Bürokratieabbau will.

(Unruhe – Glocke des Präsidenten – Abg. Brigitte Lösch GRÜNE: Pst!)

Er will den Krankenhäusern nicht zumuten, dass sie den Eltern, deren Kinder als „Alkoholleichen" eingeliefert worden sind, einen Brief schicken. Ich meine, das Krankenhaus sollte ihnen keinen Brief – hier ist der Bürokratieabbau falsch verstanden worden –, sondern eine Rechnung schicken.

(Abg. Karl Zimmermann CDU: So ist es!)

Dadurch kommen wir einen ganzen Schritt weiter, weil die Eltern es dann im Geldbeutel spüren, wenn die Kinder deutlich über die Stränge geschlagen haben.

(Beifall bei Abgeordneten der CDU und der FDP/DVP)

Wenn ich Prävention sage, meine ich aber auch, Frau Haußmann, dass die gesamte Gesellschaft aufgefordert ist, sich diesem Problem zu stellen – vom Elternhaus über Kindergärten, Schulen bis hin zu den Suchtberatungsstellen, die wir in Baden-Württemberg flächendeckend haben. […]

(Abg. Ursula Haußmann SPD: So ist es!)

Besorgniserregend ist für mich – das ist eine Entwicklung, die uns eigentlich nicht zufriedenstellen kann –, dass die Trinkerszene – so möchte ich sie einmal nennen – immer jünger wird. Ich denke, hier ist es schon angezeigt, dass wir entsprechend gegensteuern. Deshalb bin ich mir ziemlich sicher, dass wir mit dem, was wir jetzt vorhaben, zumindest die schlimmsten Auswüchse begrenzen. […]

Stellv. Präsident Wolfgang Drexler: Herr Kollege Heinz, gestatten Sie eine Zwischenfrage des Herrn Abg. Rust?

Abg. Hans Heinz CDU: Gern.

Stellv. Präsident Wolfgang Drexler: Bitte.

Abg. Ingo Rust SPD: Herr Kollege, Sie haben völlig recht mit dem, was Sie zum Thema Tankstellen sagen. Aber wäre es da nicht konsequent, den Verkauf von Alkohol an Tankstellen während des ganzen Tages zu verbieten? […]

Sitzungsprotokoll Landtag B-W, 4. November 2009

❶ Was ist das besondere Merkmal dieses Protokolls?

❷ Worum geht es in dieser Parlamentsdebatte?

❸ Nehmen Sie zum Thema des Protokolls in einer Diskussionsrunde Stellung.

Inhaltsangabe

Im Jugendhaus „Insel" in N. wird in einer Gesprächsreihe über den Menschen in der modernen Arbeitswelt gesprochen. Jan hat die Aufgabe, in die Satire „Es wird etwas geschehen" von Heinrich Böll (Originaltext siehe Seite 96 bis 98) einzuführen. Er fasst deshalb den Inhalt knapp mit eigenen Worten zusammen und versucht am Schluss, die Absicht des Autors anzudeuten.

Inhaltsangabe zur Satire „Es wird etwas geschehen"

Heinrich Böll lässt einen Angestellten von seinen beruflichen Erfahrungen erzählen. Der Erzähler ist ein Mensch, der nur ungern arbeitet und lieber nachdenkt. Als er Geld zum Leben braucht, lässt er sich vom Arbeitsamt zu einer Eignungsprüfung zusammen mit sieben Bewerbern in eine Fabrik vermitteln.

Zunächst bekommen die Kandidaten ein reichhaltiges Frühstück serviert. Der Erzähler isst nur wenig; deshalb wird er als Erster geprüft. Die Prüfung besteht im Beantworten von Fragen. Der Erzähler erhält die Stelle, weil er sich in seinen Antworten für einen arbeitsbesessenen Menschen ausgibt.

Gerade der Arbeitsscheue muss dauernd telefonisch Arbeitsparolen an alle durchgeben. Denn der Fabrikbesitzer Wunsiedel, sein Stellvertreter Broschek, seine Sekretärin und die übrigen Mitarbeiter sind Menschen, denen rastloses Tätigsein oberstes Lebensziel ist. Der Erzähler passt sich ihrer Hektik spielend an.

Eines Morgens, kurz nach Arbeitsbeginn, stürzt Wunsiedel in das Zimmer des Erzählers und bricht tot zusammen. Wunsiedel wird begraben. Der Erzähler trägt die Blumen hinter Wunsiedels Sarg her. Da er diese Aufgabe glänzend ausführt, wird er von einem Beerdigungsinstitut als berufsmäßig Trauernder angestellt. Diese Tätigkeit entspricht seiner Veranlagung: Der Erzähler hat seinen richtigen Beruf gefunden.

Heinrich Böll will eine Arbeitswelt anprangern, in der Leistung und Erfolg alles sind. Gefragt sind handlungsstarke Persönlichkeiten mit imponierendem Lebenslauf, andere Fähigkeiten zählen nicht. Menschliche Beziehungen gibt es nicht im mechanischen Leerlauf des Büroalltags. Der Tod und das Begräbnis des Chefs sind die einzigen Geschehnisse, die etwas verändern. Durch sie findet der Erzähler endlich den ihm entsprechenden, sinnvollen Beruf – mit anderen Menschen mitzufühlen und zu trauern.

A 1 Inhalt des Textbeispiels erfassen

❶ Lesen Sie das Textbeispiel. Markieren Sie wichtige Angaben in den ersten vier Abschnitten.

❷ Was wird im fünften Abschnitt wiedergegeben?

Merkmale der Inhaltsangabe

Inhalt und Textsorte

1. Inhaltsangaben werden von Erzählungen, Kurzgeschichten, Filmen, Romanen ... angefertigt. Sie dienen dem Leser zur raschen Information über den Originaltext.
2. Die Inhaltsangabe ist eine Sonderform des Berichts.
3. Der Inhalt des Originals wird
   - auf das Wesentliche beschränkt
   - sachlich in eigenen Worten wiedergegeben
4. Am Schluss der Inhaltsangabe <u>kann</u> die Absicht des Autors gedeutet werden.

Sprache

5. Im Gegensatz zu Berichten schreibt man Inhaltsangaben meist in der Zeitstufe der Gegenwart.

A 2 Merkmale der Inhaltsangabe verdeutlichen

❶ Verdeutlichen Sie die Merkmale mit Textstellen. Überlegen Sie hierzu:
   a) Wozu dienen Inhaltsangaben?
   b) Woran ist zu erkennen, dass die Inhaltsangabe eine Sonderform des Berichts ist?
   c) Vergleichen Sie Original und Inhaltsangabe. (Seite 96 bis 98)
      Welche Textabschnitte des Originals gibt z. B. der Abschnitt 2 der Inhaltsangabe wieder?
   d) Der fünfte Abschnitt deutet die Absicht des Autors.
      Vergleichen Sie damit Ihre beruflichen Erfahrungen.
   e) Warum schreibt man Inhaltsangaben in der Zeitstufe der Gegenwart?

Empfehlungen für das Schreiben von Inhaltsangaben

a) Markieren Sie, wenn möglich, im Originaltext die wesentlichen Textstellen.
b) Machen Sie sich die Eigenart und das Handeln der auftretenden Personen (Tiere ...) klar.
c) Schreiben Sie die Inhaltsangabe in eigenen Worten.

A 3 Inhaltsangabe zu einer Fabel schreiben

Der propre[1] Ganter

Es war einmal – und sehr lange ist das noch gar nicht her – ein wunderschöner Ganter. Er war groß und stark, glatt und sauber und beschäftigte sich vorwiegend damit, für seine Frau und die Kinder zu singen. „Was für ein proprer Ganter", bemerkte jemand, der ihn singend im Hof auf und ab stolzieren sah. Das hörte eine alte Henne, und sie erzählte es abends auf der Hühnerstange ihrem Gemahl. „Von Propaganda war da die Rede", zischelte sie.

„Ich habe dem Burschen nie getraut", versetzte der Hahn, und tags darauf ging er im Hof umher und sagte jedem, der es hören wollte, der schöne Ganter sei ein höchst gefährlicher Vogel, aller Wahrscheinlichkeit nach ein Habicht im Gänserichgewand.

Eine kleine braune Henne erinnerte sich, dass sie einmal von weitem beobachtet hatte, wie der Ganter im Walde mit einigen Habichten sprach. „Die führen irgendwas im Schilde", versicherte sie. Eine Ente berichtete, der Ganter habe einmal zu ihr gesagt, er glaube an gar nichts. „Und er hat auch gesagt, dass er Fahnen hasst", fügte die Ente hinzu. Ein Perlhuhn entsann sich, einmal gesehen zu haben, wie jemand, der dem Ganter auffallend ähnelte, etwas warf, was einer Bombe auffallend ähnelte. Schließlich bewaffneten sich alle mit Stöcken und Steinen und zogen vor des Ganters Haus. Er stolzierte gerade im Vorgarten auf und ab und sang für Weib und Kinder. „Da ist er!", schrien alle. „Habichtfreund! Atheist! Fahnenhasser! Bombenwerfer!" Damit fielen sie über ihn her und jagten ihn aus dem Lande.

Moral[2]: Jeder, den du und deine Frau für einen Landesverräter halten, ist selbstverständlich auch einer.

Aus: James Thurber, 75 Fabeln für Zeitgenossen
© 1967 Rowohlt Verlag GmbH, Reinbek bei Hamburg

[1] proper, propre (frz.) sauber, ordentlich, hübsch
[2] Moral hier: lehrreiche Nutzanwendung einer Geschichte

❶ Markieren Sie wichtige Angaben.

❷ In der Moral steckt die Aussageabsicht des Autors. Sie ist ironisch formuliert. Kann man die Fabel auch anders deuten?

❸ Schreiben Sie eine kurze Inhaltsangabe mit Ihrer eigenen Deutung (Moral).

A 4 Inhaltsangaben zu Texten verfassen und vortragen

❶ Schreiben Sie Inhaltsangaben über
  a) Kurzgeschichte 1 (Neapel sehen) Text Seite 86, Schaubild und Tabelle Seite 87
  b) Kurzgeschichte 2 (Saisonbeginn) Text Seite 88 bis 89, Zeichnung und Tabelle Seite 89 und 90
  c) Ballade 1 (Die Füße im Feuer) Text Seite 106, Bild und Lexikontext Seite 107
  d) Gedicht (Bewaffneter Friede) Text und Bild Seite 105
  e) Filme oder Bücher, die Ihnen gefallen haben

❷ Tragen Sie anhand einer Folie von den Bildern und Tabellen Ihre Inhaltsangabe vor.

Beschreiben

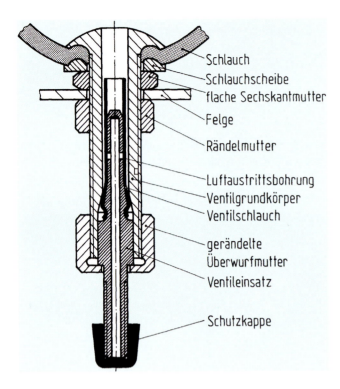

Gegenstandsbeschreibung

Der jüngere Bruder von Jan hat das Vorderrad seines Fahrrads ausgebaut, den Schlauch herausgenommen und wieder halb aufgepumpt. Jetzt will er von Jan wissen, wie das Ventil die Luft zwar hinein-, aber nicht mehr herauslässt.

<u>Aufgabe, Aufbau und Funktion eines Fahrradventils</u>

Das Ventil hat die <u>Aufgabe</u>, einseitig Luft von der Luftpumpe in den Schlauch durchzulassen, aber den Luftaustritt aus dem Schlauch zu verhindern.

Das Ventil ist wie folgt <u>aufgebaut</u>: Es hat einen Grundkörper mit Flachrundkopf, damit der aufgepumpte Schlauch in der Felge Platz findet und nicht beschädigt wird. Am Grundkörper ist außen über die ganze Länge ein Gewinde angebracht, das drei Aufgaben erfüllt:
1. Einklemmen des Grundkörpers in den Schlauch mit einer Schlauchscheibe und einer Sechskantmutter
2. Befestigen in der Felge mit einer Rändelmutter
3. Eindrücken des Ventileinsatzes und des Ventilschlauchs in den Grundkörper

Der Grundkörper hat eine durchgehende Bohrung mit einem kleinen und einem großen Durchmesser und einem kegeligen Übergang dazwischen. Dieser kegelige Übergang ist die Dichtstelle zwischen Grundkörper und Ventileinsatz.

Der Ventileinsatz steckt im Grundkörper. Er hat ein dünnes zylindrisches Stück, ein kegeliges Gegenstück zur Grundkörperbohrung, ein zylindrisches Führungsstück und ein Gewindestück. Beinahe durch das ganze Teil läuft eine Sacklochbohrung mit zwei seitlichen Querbohrungen für den Luftdurchlass.

Über das dünne zylindrische Stück und den kegelförmigen Teil des Einsatzes ist ein Ventilschlauch gezogen. Der Ventileinsatz mit dem Ventilschlauch wird mit der Ventilüberwurfmutter in den Grundkörper gedrückt und dichtet so.

Auf das Gewindestück des Ventileinsatzes kann eine Schutzkappe aufgeschraubt werden.

Das Ventil <u>funktioniert</u> auf folgende Weise: Bei einem Kolbenhub der Luftpumpe weitet die verdichtete Luft aus der Luftpumpe den Ventilschlauch auf, die Luft gelangt durch die Querbohrungen zwischen dem Ventilschlauch und dem dünnen zylindrischen Teil des Einsatzes in den Schlauch. Wird der Kolben der Luftpumpe zurückgezogen, legt sich der Ventilschlauch wieder an den Einsatz an und wird zusätzlich von der verdichteten Luft im Schlauch angedrückt.

A 1 Merkmale der Beschreibung verdeutlichen

❶ Wozu können die Texte im Beispiel oben und im Beispiel auf Seite 62 dienen?

❷ Verdeutlichen Sie die Merkmale 3 bis 7 mit Textstellen.

Merkmale der Beschreibung

Inhalt und Aufbau

1. Beschreibungen informieren den Leser (Hörer) zweckdienlich über einen <u>Gegenstand</u>, eine Funktion, einen <u>Vorgang</u> ...
2. Im Mittelpunkt des Textes steht die Sache; der Schreiber tritt in den Hintergrund. Beschreibungen enthalten deshalb nur zweckdienliche Angaben.
3. Die Angaben sind möglichst genau, aber dennoch knapp. Das wird u. a. durch Fachausdrücke erreicht.
4. Die Angaben sind so geordnet, dass eine sinnvolle Reihenfolge entsteht.

Sprache

5. Beschreibungen werden in sachlicher Sprache abgefasst.
6. Man verwendet bevorzugt Hauptsätze oder einfache Satzgefüge.
7. Beschreibungen werden meist in der Zeitstufe der Gegenwart geschrieben.

A 2 Gliederung von Gegenstandsbeschreibungen erfassen

❶ Die Beschreibung des Fahrradventils ist eine Gegenstandsbeschreibung. Wie ist sie gegliedert?

❷ Welche Gliederung schlagen Sie für Gegenstandsbeschreibungen vor?

Mögliche Gliederung von Gegenstandsbeschreibungen	
a)	c) ....
b)	d) *ggf. Besonderheiten*

A 3 Wörter mit ähnlicher Bedeutung sammeln

❶ Beim Beschreiben der Bügelmaschine in Aufgabe 8 sollten Sie nicht jede Einzelheit so angeben:
Der Hauptschalter <u>befindet sich</u> am Motorsockel. Am Gestell <u>befinden sich</u> Griffaussparungen. Suchen Sie treffende Zeitwörter, die die Lage genauer bezeichnen.

Wortfeld „sich befinden" *stehen, sitzen auf,* ....

....

❷ Beim Beschreiben des PC-Arbeitsplatzes in Aufgabe 8 dürfen Sie nicht jedes Merkmal angeben mit:
Die Augenhöhe <u>sollte</u> etwas über der Bildschirm-Oberkante sein. Die Unterarme <u>sollten</u> waagrecht gehalten werden.

Wörter mit ähnlicher Bedeutung *wählt man,* ....

....

A 4 Zusammengesetzte Eigenschaftswörter bilden

Eine Beschreibung soll genaue Angaben enthalten, z. B. statt „gelb" genauer „zitronengelb".

Bestimmungswort	+	**Grundwort**	=	**neues Wort**
(Hauptwort)		(Eigenschaftswort)		(Eigenschaftswort)
Zitrone	+	*gelb*	=	*zitronengelb*

❶ Bestimmen Sie die folgenden Grundwörter mit Zusätzen näher.

a) Teile des Ventileinsatzes   ....förmig   ....förmig

b) Bürostuhl   ....sicher   ....verstellbar

c) Walze der Bügelmaschine   ....durchlässig   ....bespannt

A 5 Satzzeichen setzen, Zeichensetzung begründen

❶ Setzen Sie in den folgenden Sätzen die Satzzeichen. Begründen Sie.

a) Hauptteile sind Oberteil Unterteil Zwischenring und Druckvorrichtung

b) Die Druckfeder die über das Vorderteil gestülpt ist bewegt die Mine nach hinten

c) In der Mine einem 3 mm dicken Messingröhrchen steckt vorn das Kopfteil

d) Das matte Oberteil hat an der Trennstelle ein Außengewinde das angegossen wurde

e) Um die Mine einzufahren muss man auf die Druckvorrichtung drücken

A 6 Gegenstände in Telefongesprächen beschreiben

Sie übernachteten vom 15. auf den 16. August 20.. im Jugendgästehaus in Neustadt, Ringstraße 15. Dort haben Sie Ihren Anorak (Ihre Sandalen, Ihren Schlafsack, Ihren Regenschirm ...) vergessen. Nun wollen Sie nach dem vergessenen Gegenstand fragen.

❶ Schreiben Sie eine Gliederung, die Ihnen als Gedächtnisstütze dient. Sie kann enthalten:
Übernachtungsdaten, einzelne Angaben zum Aussehen des Gegenstandes, Dank u. a.

❷ Prägen Sie sich Einzelheiten zu jedem Gliederungspunkt ein.

❸ Fragen Sie in einem Rollenspiel telefonisch nach dem vergessenen Gegenstand.

E

A 7 Bedienungshinweise formulieren

In einer Bedienungsanleitung für einen CD-Player finden sich diese Bilder und Hinweise in Englisch.

- Avoid high temperatures.
- Allow for sufficient heat dispersion when installed on a rack.

- Handle the power cord carefully.
- Hold the plug when unplugging the cord.

For sets with ventilation holes:
- Do not obstruct the ventilation holes.

- Do not let insecticides, benzene and thinner come in contact with the set.

- Keep the set free from moisture, water and dust.

- Unplug the power cord when not using the set for long periods of time.

- Do not let foreign objects in the set.

- Never disassemble or modify the set in any way.

to allow – ermöglichen	dispersion – Abstrahlung	hole – Loch, Öffnung	to obstruct – versperren
to avoid – vermeiden	dust – Staub	insecticide – Insektenmittel	set – Gerät
benzene – Benzol	foreign – fremd	to modify – verändern	sufficient – ausreichend
to disassemble – zerlegen	heat – Wärme, Hitze	moisture – Feuchtigkeit	thinner – Verdünnungsmittel

❶ Schreiben Sie zu den Bildern Bedienungshinweise (Kurzform oder ganze Sätze) in Deutsch. Bringen Sie Ihre Hinweise in eine sinnvolle Reihenfolge.

❷ Sie wollen diese Hinweise neben dem Gerät gut lesbar anbringen. Gestalten Sie Ihre Hinweise auf einem A4-Blatt (Druckschrift oder Ausdruck).

A 8 Gegliederte Stoffsammlungen schreiben

❶ Benennen Sie in den folgenden Beispielen die Teile 1 bis 10 (11). Beachten Sie die Zusatzfragen.

❷ Wie können die Teile jeweils sinnvoll angeordnet werden?

❸ Schreiben Sie gegliederte Stoffsammlungen.

Empfehlungen zur Gestaltung eines PC-Arbeitsplatzes

① _Zentraleinheit_
②
③
④
⑤
⑥
⑦
⑧
⑨
⑩

Anordnung der Teile in der Beschreibung

Zusatzfragen
a) Wie erreicht man eine aufrechte Haltung?
b) Wie müssen die Unterarme gehalten werden, um die Tastatur ohne Verkrampfung zu erreichen?
c) Wovon hängt es ab, ob Teil 10 verwendet wird?
d) Wie soll die Augenhöhe sein?
e) Wie sind Reflexionen auf dem Bildschirm zu vermeiden?

Aufbau und Funktion der Bügelmaschine HB 313

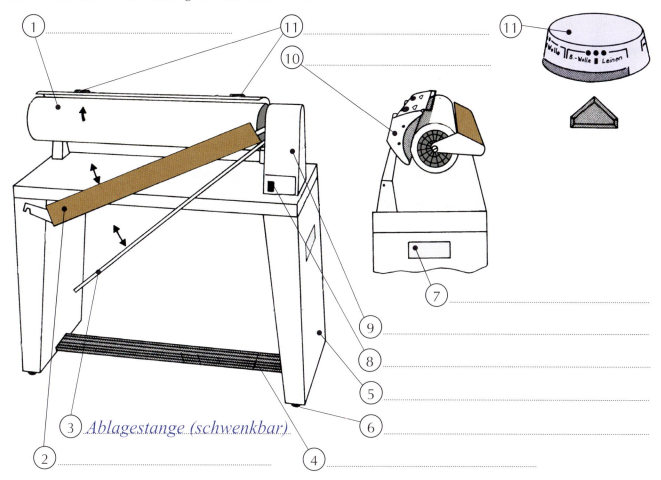

Anordnung der Teile in der Beschreibung: ....

Zusatzfragen

a) Wie lässt sich die Maschine im Raum verschieben?
b) Woher kommt die Bügelwärme?
c) Welche drei Schalter hat die Maschine?
d) Warum ist die Walze mit Stoff bezogen und innen hohl?
e) Wozu dienen die Teile 2 und 3?
f) Wo sitzt der Antriebsmotor?

Empfehlungen für das Beschreiben

a) Legen Sie eine Gliederung fest.
b) Schreiben Sie Einzelheiten (z. B. Werkstoffe, Maße, Vorgänge) in erweiterten Stichwörtern oder verkürzten Sätzen zu den Gliederungspunkten.
c) Verfassen Sie bei schriftlichen Beschreibungen ein Konzept und überprüfen Sie es hinsichtlich Rechtschreibung, Zeichensetzung, Ausdruck und Abschnitte.

A 9 Gegenstände beschreiben

❶ Stellen Sie zu den Zeichnungen „PC-Arbeitsplatz" und „Bügelmaschine" Folien her. Beschreiben Sie anhand dieser Folien vor der Klasse.

❷ Verfassen Sie Beschreibungen.
   a) Empfehlungen zur Gestaltung eines PC-Arbeitsplatzes (Berufsgenossenschaft)
   b) Aufbau und Funktion der Bügelmaschine HB 313 (Bedienungsanleitung)
   c) Der/Die/Das .... (Werkzeug, Werkstück, Produkt ....) Ihres Berufs (Beschreibung für Auszubildende)
   d) Meine Armbanduhr / Mein Anorak / Mein Regenschirm / Mein Mountainbike (Verlustanzeige)
   e) Mein Zimmer (Brief an eine Freundin, einen Freund)

E

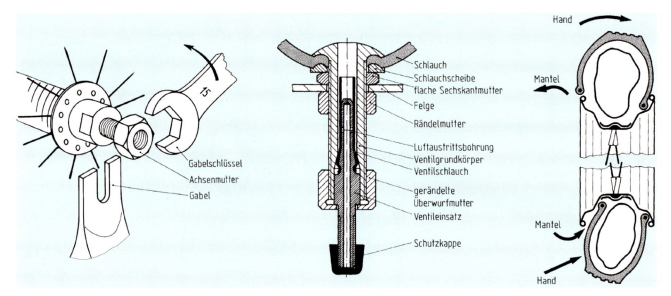

Vorgangsbeschreibung

Sabine möchte mit ihrer Freundin eine Radtour machen. Sie sagt sich, dass sie eine Reifenpanne beheben können sollte. Deshalb lässt sie sich die Reparatur von ihrem Freund Peter vorführen und erklären.

<u>Beheben einer Reifenpanne am Vorderrad eines Fahrrads (Arbeitsbeschreibung)</u>

Zunächst legt man sich die Werkzeuge und Hilfsmittel zurecht: einen Gabelschlüssel mit 15 mm Schlüsselweite, einen beschichteten Gummiflicken, ein Stück Schmirgel- oder Glaspapier und Gummilösung.

Das Fahrrad wird auf Sattel und Lenkstange gestellt. Nun sind die beiden Achsmuttern mit einem Gabelschlüssel zu lösen und das Rad aus der Gabel zu heben. Man lässt die Luft ab und schraubt die Ventilüberwurf- und die Ventilbefestigungsmutter ab. Die Ventilhülse ist aus dem Loch der Felge zu schieben. Dann wird der Mantel an einer Stelle in die Mitte der Felge gedrückt, damit er an der gegenüberliegenden Stelle auf einer Seite abgehoben werden kann. Dabei ist der Mantel mit beiden Händen quer zur Laufrichtung zu drehen. Jetzt kann der Schlauch herausgenommen werden.

Anschließend erfolgt die eigentliche Reparatur: Man setzt das Ventil ein und pumpt den Schlauch auf. Zunächst wird versucht, die schadhafte Stelle mit dem Auge oder dem Ohr zu finden. Gelingt das nicht, ist der Schlauch in ein mit Wasser gefülltes Becken zu halten. Wo Luftbläschen auftauchen, ist das Loch im Schlauch. Man kennzeichnet die Stelle mit einem Bleistift oder Kugelschreiber, trocknet sie ab und raut sie dann mit Schmirgel- oder Glaspapier auf. Die aufgeraute Stelle wird mit Gummilösung bestrichen. Sie muss genügend trocknen. Nun nimmt man einen Gummiflicken, entfernt die Deckfolie und drückt die gummierte Seite des Flickens fest auf die zu reparierende Stelle. Er haftet beim ersten Kontakt.

Nun legt man den geflickten Schlauch wieder auf die Felge und steckt die Ventilhülse in das Loch der Felge. Jetzt ist der Mantel entsprechend dem Ausbau wieder auf die Felge zu ziehen. Dann schraubt man die Ventilbefestigungsmutter auf, steckt das Ventil ein und schraubt die Ventilüberwurfmutter auf. Schließlich wird das Rad wieder eingebaut und der Schlauch vollends aufgepumpt.

Bei den Arbeiten ist auf Folgendes zu achten: Nachdem der Schlauch etwa halb aufgepumpt worden ist, muss untersucht werden, ob er nicht zwischen Mantel und Felge eingeklemmt ist, sonst besteht die Gefahr, dass der Schlauch platzt. Außerdem muss der Mantel überall gleichmäßig auf der Felge sitzen.

A 10 Gliederung von Arbeitsbeschreibungen erfassen

❶ Wie ist der oben stehende Text gegliedert?

Mögliche Gliederung von Arbeitsbeschreibungen	
a)	c) ....
b)	d) *ggf. Unfallgefahren*

A 11 Ersatz für die Leideform suchen

In Vorgangsbeschreibungen stehen die Zeitwörter häufig in der Leideform (Passiv), weil der Handelnde unwichtig, ja sogar auswechselbar ist. Die Leideform in jedem Satz wirkt aber schwerfällig.

<u>Beispiel für die Leideform:</u> Das Fahrrad **wird** auf Sattel und Lenkstange **gestellt**.

❶ Geben Sie Satzkonstruktionen an, die im oben stehenden Text die Leideform ersetzen.

❷ Übertragen Sie den folgenden Satz in die Ersatzkonstruktionen.

a) Leideform   Das Rad **wird** schließlich wieder **eingebaut**.

b) Tatform mit „man"   ....

c) Satz mit „ist ... zu"   ....

A 12 Umstandsbestimmungen sammeln

In Vorgangsbeschreibungen werden Einzelvorgänge meist so angeordnet, wie sie aufeinander folgen. Es wirkt ermüdend, wenn Sie jeden Satz mit „dann" oder „nun" an den vorhergehenden anhängen.

❶ Erfassen Sie alle Umstandsbestimmungen der Zeit im Text gegenüber. Notieren Sie weitere.

....

....

A 13 Vorgänge mündlich beschreiben

❶ Fertigen Sie von den Bildern eine Folie an.

❷ Beschreiben Sie Erste-Hilfe-Maßnahmen bei Schock anhand der Folie vor der Klasse.

A 14 Arbeitsanleitung in Kurzform schreiben

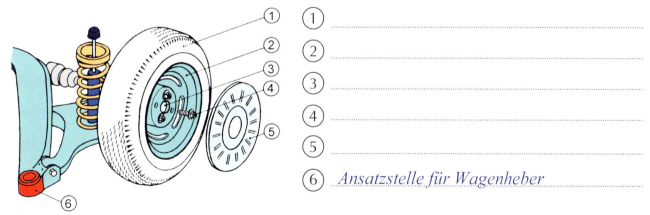

6) *Ansatzstelle für Wagenheber*

❶ Benennen Sie in der Zeichnung die Teile 1 ... 5 mit Fachausdrücken.

❷ Welche Werkzeuge werden für das Wechseln des Hinterrades benötigt? Wie lange dauert ein Wechsel? Wie verhindert man, dass sich das Rad nach 50 bis 60 km Fahrt löst?

❸ Schreiben Sie eine Arbeitsanleitung zum Wechseln eines Hinterrades beim Pkw in Kurzform.

A 15 Vorgangsbeschreibungen verfassen

a) Wechseln eines Hinterrades beim Pkw (Bedienungsanleitung als ausführlicher Text)

b) Bedienen der Bügelmaschine HB 313, Seite 61 (Bedienungsanleitung als ausführlicher Text)

c) Mensch ärgere dich nicht (Spielanleitung)

d) Das Anfertigen eines Herrenhaarschnitts (Arbeitsbeschreibung für Auszubildende)

Geschäftsbrief von Privatpersonen

Heinz Frühauf hat als Werkzeugmacher gelernt. Nun hat er den schriftlichen Teil der Gesellenprüfung abgelegt. Eine Woche vor dem praktischen Teil der Prüfung verunglückt er mit dem Moped. Er kann deshalb den vorgesehenen Termin für den praktischen Teil nicht wahrnehmen. Er teilt der Handwerkskammer sein Missgeschick mit und bittet um einen Nachtermin.

Merkmale des Geschäftsbriefs

Inhalte

1. Geschäftsbriefe befassen sich mit Mitteilungen, Benachrichtigungen, Anfragen, Bestellungen, Mängelrügen, Mahnungen, Bewerbungen u. a.
2. Geschäftsbriefe von Privatpersonen werden auf blankes Papier und nicht auf Briefvordrucke geschrieben.
3. Sie haben folgende Teile
   - Kopfteil mit Absender, Datum, Empfänger, Betreff und Anrede
   - eigentlicher Text, ggf. mit Einrückung
   - Fußteil mit Grußformel und ggf. Anlagen
4. Die Anrede lautet

bei bekanntem Empfänger	bei unbekanntem Empfänger
• Sehr geehrte Frau Dr. Mai,	• Sehr geehrte Damen und Herren,

5. Mögliche Grußformeln
   - Freundlicher Gruß
   - Mit freundlichem Gruß
   - Freundliche Grüße
   - Mit freundlichen Grüßen
   - Hochachtungsvoll (ist veraltet, wirkt sehr distanziert)

Sprachliche Gestaltung

1. Im Mittelpunkt des Schreibens steht der Geschäftsvorgang, d. h. die Sache, um die es geht. Geschäftsbriefe werden deshalb in sachlicher Sprache verfasst.
2. Die Inhalte stellt man berichtend oder beschreibend der Reihe nach in einfachen Sätzen dar.

Formale Gestaltung

1. Bei der Gestaltung der Briefe ist nach DIN 5008 zu beachten:
   - Zwischen den Teilen und Abschnitten werden Leerzeilen eingeschoben (vgl. Muster).
   - Man stellt z. B. folgende Ränder ein   oben 2,0 cm   links 2,5 cm (Heftrand)
        unten 2,0 cm   rechts 1,0 ... 2,0 cm
2. Es eignen sich Schriften mit und ohne „Füßchen" der Schriftgrade (Größen) 11 oder 12 Punkt.
3. Einzelne Stellen im Text können durch unterschiedliche Schriftstile (unterstreichen, kursiv oder fett) hervorgehoben werden. Diese Mittel sollten aber zurückhaltend eingesetzt werden.
4. Längere Texte schreibt man als Blocksatz und Fließtext mit automatischer Silbentrennung.
5. Datums- und Zeitangaben werden in normierter Darstellung angegeben.
   Datumsangaben   • ausführlich   14. Oktober 2013   • kurz   2013-10-14
   Zeitangaben   • ausführlich   15:30 Uhr   • kurz   15:30

A 1   Gestaltung der Geschäftsbriefe von Privatpersonen beschreiben

❶ Fertigen Sie von dem Geschäftsbrief Seite 64 eine Folie an.
Verdeutlichen Sie die Merkmale des Geschäftsbriefs mit dieser Folie vor der Klasse.

A 2   Zweck einzelner Teile des Geschäftsbriefs begründen

❶ Begründen Sie den Zweck der einzelnen Teile.

a) Absender +Empfänger

b) Datum   *Einordnung nach Datum in der Ablage, Einhalten von Fristen, Rekonstruktion von Vorgängen,*

c) Betreff

d) Unterschrift

e) Anlagen

F

Schreibweise häufig verwendeter Wörter in Geschäftsbriefen

<u>klein</u>	dank, laut, trotz, falls u. a. (Hauptwörter als Verhältniswörter verwendet)
<u>groß</u>	Sie, Ihr, Ihre, Ihres, Ihnen (Fürwörter der höflichen Anrede)
<u>zusammen und klein</u>	anhand, infolge, infolgedessen, keinesfalls, derzeit, neuerdings, probeweise, umständehalber, andererseits, allerfrühestens, zuallerletzt u. a.
<u>getrennt und klein</u>	vor allem, am meisten, gar kein, fertig / vorhanden sein u. a.
<u>getrennt und groß</u>	im Allgemeinen, mit (in) Bezug auf, im Fall, das Folgende, im Folgenden, auf dem Laufenden, im Nachhinein, im Übrigen, im Voraus, alles Weitere u. a.
<u>beide Formen</u>	außer Stande oder <u>außerstande</u> (sein) im Stande / <u>imstande</u> (sein)
	in Frage oder <u>infrage</u> (stellen) zu Grunde oder <u>zugrunde</u> (legen)
	zu Gunsten oder <u>zugunsten</u> zu Lasten oder <u>zulasten</u>
	von Seiten oder <u>vonseiten</u> mit Hilfe oder <u>mithilfe</u>
	auf Grund oder <u>aufgrund</u> an Stelle oder <u>anstelle</u>
	seit <u>Neuestem</u> oder neuestem bis auf <u>Weiteres</u> oder weiteres u. a.

unterstrichen: vom Duden bevorzugte Form

A 3   Wörter und Wendungen richtig schreiben

❶ Setzen Sie die richtigen Buchstaben in die Lücken. Beachten Sie die oben stehenden Angaben.

a) Die Tastatur Nr. 5731 kostet ....aut Katalog € 19,-. Liefern ....ie bitte acht Stück davon, ...alls ....ie noch lieferbar ist.

b) In ....ezug auf ....hre Anzeige bestelle ich ....olgendes: ....

c) Die Ware ist im ....oraus zu bezahlen. Die Preise gelten bis auf ....eiteres.

d) Wir empfehlen ....hnen auf ....rund des besseren Kundendienstes die Nr. 2345.

e) Ich habe die Mappen erhalten und schicke ....ie ....hnen an ....telle der alten.

f) Sollten ....ie ....ich noch nicht entschieden haben, bin ich ....hnen gerne behilflich.

g) Die Bildschirme sind in ....olge eines Streiks nicht lieferbar. Wir werden ....ie jedoch möglichst bald an ....ie ausliefern.

A 4   Zeichensetzung üben

❶ Setzen Sie Kommas und an einer Stelle einen Doppelpunkt. Begründen Sie.

a) Dem Auszug ist zu entnehmen dass die Rechnung noch nicht beglichen ist.

b) Wir nehmen an dass Sie übersehen haben den Betrag zu überweisen.

c) Herr Frank Ausbildungsleiter der Firma Lang ist bereit mich zu unterstützen.

d) Die Lieferung umfasst Folgendes 1 PC 1 Tastatur 1 Maus und ein Handbuch.

e) Der Bildschirm den Sie uns am 12. August 20.. geliefert haben hat einen Rotstich.

A 5   Stil- und Ausdrucksmängel benennen und verbessern

❶ Benennen Sie die Stil- und Ausdrucksmängel. Übertragen Sie in gutes Deutsch.

a) Wir **sind im Stande**, Ihnen die Artikel bis 20..-12-10 liefern **zu können**. (........................)

   Wir können ....

b) Die **in Rechnung gestellten** Verpackungskosten sind **in Abzug zu bringen**. (........................)

....

c) **Auf den Kopf** eines jeden Mitarbeiters **fallen** 75,- € Zusatzkosten. (........................)

....

d) **Den Artikel**, *der den Mangel,* oben beschrieben, *enthält,* **sende ich zurück**. (........................)

....

Fälle für Geschäftsbriefe

Fall 1 Am 15. Januar 20.. verunglückten Sie mit dem Moped und brachen sich dabei das linke Wadenbein. Eine Bescheinigung von Herrn Dr. med. Binder, Unfallarzt in Ulm, legen Sie diesem Schreiben bei. Da Sie nicht gehen können, ist es Ihnen nicht möglich, vom 22. bis 29. Januar am Unterricht teilzunehmen. Sie bitten für Ihr Versäumnis um Entschuldigung.
Richten Sie Ihr Schreiben an: Robert-Bosch-Schule Ulm, zu Händen von Herrn StD Mayer, Egginger Weg 30, 89077 Ulm.

Fall 2 Sie spielen in der Handballmannschaft des TSV Altenburg. Ihre Mannschaft spielt am Freitag, 20. 03. 20.. um den Aufstieg in die A-Jugend der Landesliga. Zuvor findet ein Trainingslager vom Dienstag 17. 03. 20.. bis Freitag 20. 03. 20.. statt. Sie bitten um Befreiung vom Unterricht am Mittwoch und Freitag in dieser Woche.
Richten Sie Ihr Schreiben an: Robert-Bosch-Schule Ulm, zu Händen von Herrn StD Mayer, Egginger Weg 30, 89077 Ulm.

Fall 3 Sie organisieren für Ihre dreitägige Abschlussfahrt die Übernachtung vom 24. auf den 25. Juni 20.. im Jugendgästehaus in Neuberg. Sie fragen nach freien Plätzen und Preisen. Ihre Klasse hat 22 junge Männer und drei junge Damen. Begleitet wird sie von einer Lehrerin und einem Lehrer. Sie reisen mit dem Bus. Die Ankunft am 24. Juni 20.. ist voraussichtlich um 17:00 Uhr. Die Abreise am 25. Juni 20.. soll um 9:30 Uhr sein. Sie bestellen die Übernachtung.
Richten Sie Ihr Schreiben an: Jugendgästehaus Seeblick, Uferpromenade 7, 73992 Neuberg.

Fall 4 Sie haben vom Versandhaus Alltextil in Karlstein am 22. November 20.. Folgendes bestellt: einen Pullover (Artikel Nr. 11.7213) Größe 40 für € 29,90 und eine Jeanshose (Artikel Nr. 12.3311) Größe 40 für € 39,90. Die Ware und die Rechnung erhielten Sie am 30. November 20.. über den Paketdienst DPD. Sie stellen fest, dass die Artikel stimmen, dass aber für die Hose € 59,90 statt € 39,90 berechnet wurde. Sie bitten um Richtigstellung der Rechnung. Außerdem kündigen Sie an, dass Sie dann den berichtigten Betrag überweisen werden.
Richten Sie Ihr Schreiben an: Firma Alltextil GmbH, Textilstraße 1-5, 89200 Karlstein.

A 6 Geschäftsbriefe schreiben

❶ Machen Sie Gliederungen für die Fälle, die Sie bearbeiten wollen.

Beispiel für Fall 3
1. Abschlussfahrt meiner Klasse nach ...
2. Übernachtung geplant vom ... auf den ...
3. Klassenstärke ..., Begleitpersonen ...
4. Ankunft und Abfahrt mit Bus
5. Preise
6. wenn frei, bitte reservieren
7. Bitte um baldige Benachrichtigung, da ...
8. Dank für Bemühungen

❷ Schreiben Sie die Briefe. Stellen Sie zunächst die Fakten der Reihe nach dar und schließen Sie dann erst Ihre Bitte, Ihren Widerspruch ... an.

z. B. nicht

Ich bitte Sie, mich am ... vom Unterricht zu befreien, weil meine Schwester am ... in NN heiratet, das von hier ... km entfernt ist, und die Trauung um ... Uhr stattfindet. (1 Satz)

sondern besser

Meine Schwester heiratet am ... in NN. NN ist von hier ... km entfernt. Ich möchte an der Trauung um ... Uhr teilnehmen, habe aber an diesem Tag Unterricht. Deshalb bitte ich Sie ... (4 Sätze)

Geschäftsbriefe als E-Mail

Geschäftsfälle können über E-Mails abgewickelt werden.
- Die Regeln für die Gestaltung von Geschäftsbriefen gelten auch hier.
- Anschrift, Verteiler und Betreff stehen im E-Mail-Kopf
- Der Text wird als Fließtext ohne Zeilenumbruch und Worttrennungen geschrieben.
- Absenderangaben stehen am Schluss nach dem Text.

An ...	s.mayer@srb.schule.ulm.de
Cc ...	sekretariat@srb.schule.ulm.de
Betreff	Entschuldigung wegen Unfall

Sehr geehrter Herr Mayer,
..... (Text)
Freundliche Grüße

Heinz Frühauf
Auf der Ebene 5
89079 Ulm-Egginingen
Telefon: (07305) 30 21
E-Mail: heinz.fruehauf@t-online.de

A 7 Geschäftsfälle in Telefongesprächen behandeln

Die Fälle 1 bis 4 können auch in Telefongesprächen bearbeitet werden. Sie benötigen für ein Gespräch einen Partner, der Fragen, Einwände und weitere Feststellungen bereithalten muss. Bei der Durchführung ist es günstig, wenn die Gesprächspartner keinen Sichtkontakt haben und wenn sie Telefonapparate oder Handys benutzen.

❶ Schreiben Sie für den Fall, den Sie bearbeiten wollen, eine Gliederung (vgl. Beispiel oben).

❷ Führen Sie das Gespräch. Machen Sie dabei ggf. Notizen.

Stellenangebot, Bewerbungsschreiben, Lebenslauf

a Wir sind in unserem Raum ein führender Metallbaubetrieb und planen, fertigen und montieren Fenster, Türen und Fassaden aus Aluminium.
Für unseren Kundendienst suchen wir eine/n

b **Konstruktionsmechaniker/in**
Baukaufmann/-frau ①

c Wir erwarten eine entsprechende oder verwandte Ausbildung. Sind Sie dazu noch lernbereit und flexibel, können Sie unser/e Mitarbeiter/in sein.
Auch Berufsanfängern geben wir eine Chance.

d Es erwartet Sie bei uns eine interessante und selbstständige Tätigkeit, ein gutes Betriebsklima, leistungsgerechte Bezahlung und die Sozialleistungen eines modernen Unternehmens.

e Ihre Bewerbung richten Sie bitte an Herrn Rolf Schneider.

Schuler Wintergarten GmbH
Postfach 1944, 23401 Neustadt,
Tel. (0 45 32) 23 45 21
E-Mail r.schneider@be.schuler.com

Zur Ergänzung unseres Teams suchen wir für unsere Klinik in der Abteilung Rheumatologie eine

Krankenschwester ②

Wir wünschen uns eine verantwortungsbewusste engagierte Mitarbeiterin, die sich den vielfältigen Aufgaben der Pflege und Betreuung stellt.
Wir bieten
• geregelte Arbeitszeit
• Schichtdienst (38-Stunden-Woche)
• Vergütung u. Sozialleistungen nach BAT

Bitte richten Sie Ihre Bewerbung an

Novapark AG
Uffweg 13, 98077 Bad Schwarzach
☎ (0 99 94) 5 67 89 Frau Hosch
E-Mail novapark@t-online.de

Die Told-Firmengruppe ist einer der führenden Hersteller zahnärztlicher Instrumente und Einrichtungen.
Für unsere Versuchsabteilung suchen wir eine

Zahnmedizinische
Fachangestellte ③

zu selbstständigen Arbeiten in Versuchsreihen zu unserem zahnärztlichen Praxis-Einrichtungsprogramm.
Wir erwarten eine Mitarbeiterin mit einigen Jahren Berufserfahrung und der Bereitschaft zur Teamarbeit.
Bitte senden Sie Ihre Bewerbungsunterlagen an

Told-Sommer Innovations-Gesellschaft mbH
Personalabteilung, Postfach 1357, 78092 Althausen 1
☎ (0 67 23) 34 45 12

Wir sind Hersteller von Hydraulik-Systemen und Steuerblöcken. Für unseren Betrieb suchen wir einen

Maler oder Lackierer (m/w) ④

Wir bieten
• abwechslungsreiche Tätigkeit
• leistungsgerechte Bezahlung
• gute soziale Absicherung
Wir erwarten
• Erfahrung im Lackieren von Geräten
• Teamgeist und Einsatzbereitschaft
Einstellungstermin: möglichst bald
Senden Sie Ihre Bewerbungsunterlagen bitte an

  FGH Hydraulik GmbH
Im Weidach, 20200 Neuenburg
☎ (0 41 22) 44 55 23

---

mondal zählt in der Region zu den führenden Herstellern von Werkzeugen, Vorrichtungen und Lehren.
Das Engagement und das Können unserer Mitarbeiter haben zu diesem Erfolg beigetragen und sind Garant für zukünftige Aufträge.
Für die Verstärkung unseres Teams im Bereich Lehrenbau suchen wir eine/n

Werkzeugmechaniker/in ⑤

Kenntnisse im CNC-Fräsen und Erfahrungen im Lehrenbau oder in verwandten Bereichen sind von Vorteil.
Wir bieten gute Aufstiegsmöglichkeiten.
Bitte senden Sie Ihre vollständige Bewerbung an unsere Personalabteilung.

Mondal KG Werkzeuge+Vorrichtungen
Steinbeisstraße 11, 99670 Grünstadt
☎ (0 74 32) 4 56 11

A 1 Stellenangebote im Internet suchen

❶ Suchen Sie im Internet z. B. unter folgenden Adressen Stellenangebote, die zu Ihrem Beruf und Ihrer Region passen.

• www.arbeitsagentur.de   • www.stepstone.de
• www.cesar.de   • www.jobscout.de
• www.jobpilot.de   • www.karriere.com

A 2 Aufbau von Angeboten untersuchen

❶ Stellen Sie fest, welche Aussagen in Stellenangeboten enthalten sind. Vergleichen Sie dazu die Abschnitte a bis e in Beispiel ①.

a) *Vorstellung der Firma (Arbeitsgebiet, Branche, Marktstellung …)*
b)
c)
d)
e)

Heinz Frühauf hat die Stellenanzeige ⑤ Seite 68 studiert. Da ihm die Tätigkeit in seiner jetzigen Firma zu einseitig erscheint und er praktisch keine Möglichkeiten sieht, eine höherwertige Tätigkeit mit mehr Verantwortung und besserer Bezahlung zu erhalten, bewirbt er sich um die angebotene Stelle. Sein Brief umfasst das eigentliche Bewerbungsschreiben, einen tabellarischen Lebenslauf und zwei Zeugniskopien (Facharbeiterbrief, Berufsschulabschlusszeugnis).

Heinz Frühauf
Auf der Ebene 5
89079 Ulm-Eggingen
☎ (0 73 05) 30 21

30. April 20..

Mondal KG Werkzeuge+Vorrichtungen
Steinbeissstraße 11
99670 Grünstadt

Bewerbung um eine Stelle als Werkzeugmechaniker

Sehr geehrte Damen und Herren,

auf Ihre Anzeige vom 27. April 20.. in den Neustadter Nachrichten hin bewerbe ich mich um die Stelle als Werkzeugmechaniker.

Im letzten Jahr meiner Berufsausbildung bei der Firma Michaelis KG konnte ich kleinere Schneidwerkzeuge weitgehend selbstständig nach Zeichnung fertigen und erproben. Außerdem besuchte ich zwei einwöchige Kurse zum CNC-Fräsen und CNC-Drehen. Seit meinem Wehrdienst bin ich bei der Maschinenbaugesellschaft Eisler GmbH im Vorrichtungsbau tätig. Hier befasse ich mich schon über zwei Jahre lang mit dem Bau von Vorrichtungen zum Biegen von Rohren. In der Firma Eisler werden Vorrichtungen in Partnergruppen selbstständig nach Zeichnung oder nach Muster gefertigt und eigenverantwortlich Qualitätsprüfungen vorgenommen. Ich fühle mich aufgrund meiner bisherigen Tätigkeiten den Anforderungen der angebotenen Stelle gewachsen.

Um meine Kenntnisse zu erweitern und Aufstiegsmöglichkeiten zu gewinnen, möchte ich meine Arbeitsstelle wechseln. Da ich in einer ungekündigten Stellung arbeite, kann ich erst nach einer ordnungsgemäßen Kündigung eine neue Arbeit aufnehmen.

Über ein Vorstellungsgespräch würde ich mich freuen. Hierzu stehe ich Ihnen nach telefonischer Vereinbarung gerne zur Verfügung.

Freundliche Grüße

Heinz Frühauf

Anlagen
2 Zeugniskopien
Tabellarischer Lebenslauf mit Lichtbild

F

Heinz Frühauf		30. April 20..	1+2
Auf der Ebene 5			
89079 Ulm-Eggingen			
☎ (0 73 05) 30 21			

			4
Lebenslauf			
Geburtstag, Geburtsort	17. Juli 1988 in Kleindorf		6
			(a)
Eltern und Geschwister	Max Frühauf, Meister im Werkzeugbau und Martha Frühauf, Sekretärin		(b)
	zwei Geschwister		
Schulbesuch	1994 - 1998	Grundschule in Kleindorf	(c)
	1998 - 2004	Realschule in Altheim	
Berufsausbildung	2004 - 2007	Ausbildung zum Werkzeugmacher bei der Firma Michaelis KG in Altheim	(d)
		hier vor allem praktische Erfahrungen im Schneidwerkzeugbau	(e)
		Gesellenprüfung: in beiden Teilen sehr gut	(f)
Facharbeitertätigkeit	seit 2007	Maschinenbaugesellschaft Eisler GmbH in Burghausen, Vorrichtungsbau für Vorrichtungen zum Rohrbiegen	(g)
Wehrdienst	2007 - 2008	Augsburg	(h)
Kurse und Lehrgänge	2006	CNC-Lehrgänge Fräsen und Drehen bei der Handwerkskammer Ulm (zweimal eine Woche)	(i)
Fremdsprachen	1998 - 2004	Englisch an der Realschule	(j)
	2008	Technisches Englisch (zwei Monate Zusatzkurs bei der Bundeswehr)	

Heinz Frühauf

9

A 3 Merkmale von Bewerbung und Lebenslauf verdeutlichen

❶ Fertigen Sie von dem Bewerbungsschreiben und dem tabellarischen Lebenslauf Folien an. Verdeutlichen Sie die Merkmale der Schreiben mit diesen Folien vor der Klasse.

A 4 Lebenslauf verfassen

Bei einer Bewerbung erwartet man meist einen tabellarischen Lebenslauf. In seltenen Fällen wird ein handschriftlicher Lebenslauf als fortlaufender Text verlangt.

❶ Verfassen Sie Ihren Lebenslauf
- in tabellarischer Form (z. B. mit Textverarbeitung)
- handschriftlich als fortlaufenden Text

Merkmale des Bewerbungsschreibens

Inhalte

1. Der eigentliche Text des Schreibens enthält
   - immer   Bewerbungssatz, Qualifikationen für die Stelle, möglicher Arbeitsbeginn
   - ggf.   Herkunft des Angebots, Grund für den Wechsel, Vorstellungstermin(e), Referenzen, Lohn- oder Gehaltsvorstellungen
2. Als Bewerber müssen Sie auf die im Stellenangebot verlangten Qualifikationen eingehen.
3. Lohn- oder Gehaltsvorstellungen führt man nur auf, wenn sie ausdrücklich verlangt werden.
4. Ihre Angaben müssen der Wahrheit entsprechen.

Formale und sprachliche Gestaltung

1. Bewerbungsschreiben haben in der Regel die Form der Geschäftsbriefe von Privatpersonen.
2. Ihrer Sprache nach sind sie sachliche Texte wie Geschäftsbriefe und Beschreibungen. Zugleich wirbt der Bewerber für sich in eigener Sache (Qualifikationen, sorgfältige äußere Gestaltung, gewandte sprachliche Darstellung).

Merkmale des tabellarischen Lebenslaufs

Inhalte

1. Ein tabellarischer Lebenslauf enthält: Datum, Name des Bewerbers, Geburtstag und -ort, Familienstand, Schulbildung, beruflichen Werdegang, berufliche Tätigkeiten und Unterschrift.
2. Zusätzlich können aufgeführt werden: Lehrgänge, Auslandsaufenthalte, Fremdsprachenkenntnisse, Führerschein und bei jüngeren Bewerbern Eltern und Geschwister.
3. Der schulische und berufliche Werdegang sollte keine Lücken aufweisen.
4. Die Datumsangaben im Bewerbungsschreiben und im Lebenslauf müssen übereinstimmen.
5. Durch seine Unterschrift beglaubigt der Bewerber die Richtigkeit seiner Angaben. Unwahre Angaben können zu einer fristlosen Kündigung führen.

Formale Gestaltung

6. Der Kopfteil des Lebenslaufs kann wie ein üblicher Geschäftsbrief mit Absender und Datum gestaltet werden. Denkbar ist aber auch, dass die Absenderangaben wie die übrigen Angaben in die Tabelle eingearbeitet sind. In diesem Fall steht das Datum unten bei der Unterschrift.

A 5 Ausdrucksfehler erfassen und verbessern

❶ Benennen Sie die markierten Ausdrucksmängel (vgl. Seite 26 und 27). Verbessern Sie die Fehler.

a) Ich möchte mich **für** Ihr Stellenangebot vom 11. Juni 20.. **bewerben**. (*Beziehungsfehler*)

   Ich bewerbe mich um

b) Sobald ich das polizeiliche Führungszeugnis erhalten habe, werde ich es **baldestmöglichst** nachreichen. (   )

c) Ich **bin im Stande**, nächsten Monat bei Ihnen beginnen **zu können**. (   )

d) Nach **Beendigung** der **Wehrpflicht** trat ich bei Mondal eine Stelle an. (   )

F

A 6 Bewerbungsschreiben zu einem Stellenangebot verfassen

❶ Untersuchen Sie ein Stellenangebot, das zu Ihrer Ausbildung passt. (Stellenangebote aus der Tageszeitung, von Seite 68 oder aus dem Internet)

❷ Verfassen Sie ein Bewerbungsschreiben zu diesem Stellenangebot. Korrigieren Sie es sorgfältig.

A 7 Empfehlungen für Bewerbungen aus dem Internet holen

❶ Suchen Sie im Internet z. B. unter den Suchbegriffen „Bewerbungen" und „Vorstellungsgespräche" Hilfestellung zu diesen Gebieten.

Empfehlungen für Bewerbungen

a) Bewerbungsschreiben und Lebenslauf sollen je eine Seite nicht überschreiten. Längere Texte werden ungern gelesen.

b) „Mit den üblichen Unterlagen" bedeutet für einen Berufsanfänger
   - Bewerbungsschreiben und tabellarischer Lebenslauf mit Lichtbild (vom Fotografen)
   - Kopien von Facharbeiter-, Gesellen- oder Gehilfenbrief, Abschlusszeugnis der Berufsschule und ggf. Bescheinigungen von Kursen

   Später können hinzukommen
   - Kopien von Arbeitszeugnissen, Handschriftprobe, Übersichten zu geleisteten Arbeiten u. a.

c) Legen Sie keine Originalzeugnisse bei (Verlust!). Saubere (unbeglaubigte) Kopien genügen.

d) Versehen Sie die Unterlagen nicht mit Lochungen.

e) Alle Unterlagen einer Bewerbung sollen möglichst nicht oder höchstens einmal geknickt werden. Verwenden Sie deshalb eine Briefhülle C4, C5 oder B5.

A 8 Bewerbungsschreiben mit einer Textverarbeitung gestalten

Wenig Erfahrene schreiben Bewerbungsschreiben am besten in der Form von privaten Geschäftsbriefen. Denkbar sind aber auch Abwandlungen in der Gestaltung, die einen Personalchef neugierig machen sollen. Hierzu muss man aber sprachlich und gestalterisch gewandt sein.

Im Folgenden ist dargestellt, wie man einen privaten Geschäftsbrief mit einer Textverarbeitung (hier MS-WORD 6) gestaltet.

❶ Seite einrichten über *Pulldown-Menü, Schaltfläche*
   - Menüleiste => Datei => Seite einrichten... => Papierformat A4, Hochformat (voreingestellt)
     Seitenränder oben 2 cm unten 2 cm
     links 2,5 cm rechts 2 cm OK
   - Funktionsleiste =>Schaltfläche „¶ einblenden/ausblenden" EIN => leichte Kontrolle der gesetzten Tabulatoren und Leerzeilen

❷ Formatierungen vornehmen mit *Schaltflächen*
   - Schriftart z. B. Arial   • Zeilenabstand einzeilig
   - Schriftgrad z. B. 11 pt   • Blocksatz

❸ Silbentrennung einschalten über *Pulldown-Menü*
   Menüleiste => Extras => Sprache => Silbentrennung... => Automat. Silbentrennung EIN
   Silbentrennzone 0,25 cm OK

❹ Datei erstspeichern i. d. R. über *Pulldown-Menü*
   Menüleiste => Datei => Speichern unter...
   Pfad und Dateiname, z. B. D:\Privat\Briefe\Bewerbung_Mondal.doc

❺ Text eingeben und gestalten mit *Tastatur, Maus, Schaltflächen*
   - sich an Beispiel, Merkmalen und Empfehlungen orientieren
   - laufend speichern (nicht nochmals „Speichern unter...")

❻ Datei endspeichern, drucken und schließen mit *Schaltflächen*
   - Dokument speichern (nicht nochmals „Speichern unter...")
   - Dokument ausdrucken und Datei schließen

Vorstellungsgespräch

Im Zusammenhang mit Bewerbungen und Vorstellungsgesprächen gibt es verschiedene Anlässe, mit Firmen zu telefonieren.

Werden Sie zu einem Vorstellungsgespräch eingeladen, müssen Sie sich den möglichen Verlauf vorstellen und sich sorgfältig darauf vorbereiten.

Empfehlungen zu telefonischen Anfragen

a) Halten Sie Ihren Stichwortzettel mit Platz für Notizen und Schreibzeug bereit.
b) Bei größeren Betrieben erreichen Sie häufig zunächst die Telefonzentrale. Nun müssen Sie genau angeben, mit welcher Abteilung oder Person Sie verbunden werden wollen.
c) Nachdem Ihr Partner seinen Namen genannt hat, geben auch Sie Ihren Namen an und begrüßen Ihren Gesprächspartner.
d) Tragen Sie Ihr Anliegen knapp vor. Gehen Sie auf Fragen Ihres Gesprächspartners ein.
e) Am Schluss bedanken Sie sich und verabschieden sich von Ihrem Gesprächspartner.

A 1 Telefonische Anfragen vorbereiten

❶ Legen Sie einen Anlass, Bewerber und Personalsachbearbeiter fest. (Stellenangebote auf Seite 68, aus Tageszeitungen oder dem Internet)

- Sie werden aufgrund Ihrer **schriftlichen Bewerbung** aufgefordert, sich mit Frau Meyer aus der Personalabteilung der Firma Mondal KG ⑤ telefonisch in Verbindung zu setzen.
- Sie erfragen Näheres zu einem Stellenangebot der Klinik novapark ② aus Ihrer **Tageszeitung**.
- Sie finden im **Internet** über die **Arbeitsagentur** das Stellenangebot der Firma FGH Hydraulik GmbH ④. Sie versuchen mit der Firma ein Vorstellungsgespräch zu vereinbaren.

❷ Beide Partner bereiten sich mithilfe eines Stichwortzettels auf das Gespräch vor. Der Personalsachbearbeiter / die Personalsachbearbeiterin sollte sich auch Fragen überlegen, mit denen die sprachliche Gewandtheit und Flexibilität des Bewerbers / der Bewerberin getestet werden kann.

A 2 Telefonische Anfragen durchführen und bewerten

❶ Führen Sie Telefongespräche in mehreren Partnergruppen durch. Dabei ist es günstig, wenn Sie Telefonapparate oder Handys einsetzen und die Gesprächspartner sich nicht sehen.

❷ Eine Hälfte der Zuhörer beurteilt die Gesprächsführung des Bewerbers, die andere die Gesprächsführung des Personalsachbearbeiters (Notizen während des Gesprächs).

Empfehlungen zu Vorstellungsgesprächen

In einem Vorstellungsgespräch erhalten Sie die Gelegenheit, sich als geeignete Kandidatin / als geeigneten Kandidaten für eine offene Stelle darzustellen. Sie sollten folgende Punkte beachten:

a) Bestätigen Sie einen Gesprächstermin umgehend telefonisch oder schriftlich.
b) Verschaffen Sie sich Kenntnisse über das Unternehmen, damit Sie sich in dem Gespräch als ernsthaften und interessierten Bewerber darstellen können (z. B. über Bekannte, Firmenprospekte oder das Internet).
c) Stellen Sie zwei Listen zusammen: eine Liste mit möglichen Fragen an Sie (zu denen Sie sich Antworten überlegen) und eine Liste mit Ihren Fragen (die Sie sich einprägen sollten).
d) Ihre Kleidung soll ordentlich und der angestrebten Stelle angemessen sein.
e) Planen Sie bei der Anreise eine Zeitreserve ein. Öffentliche Verkehrsmittel können Verspätung haben, auf den Straßen kann es Staus geben.
f) Überlassen Sie Ihrem Gesprächspartner die Gesprächsführung. Stellen Sie ggf. Verständnisfragen. Im zweiten Teil des Gesprächs bringen Sie Ihre Fragen vor.
g) Kontrollieren Sie sich beim Sprechen, in Ihrer Haltung und Ihren Gesten.

A 3 Vorstellungsgespräch vorbereiten

❶ Legen Sie anhand eines Stellenangebots (Seite 68, Angebote aus Tageszeitungen oder dem Internet) einen Bewerbungsfall fest.

❷ Untersuchen Sie das Angebot sorgfältig auf Aussagen zu der Stelle, zu dem Betrieb, zu den verlangten Qualifikationen u. a.

❸ Sie haben sich um diese Stelle beworben und sind zu einem Vorstellungsgespräch eingeladen worden. Bereiten Sie in Gruppenarbeit Vorstellungsgespräche vor.

Überlegungen des Personalchefs / Sachbearbeiters

- Was ist in den Bewerbungsunterlagen unklar?
- Was will ich von dem Bewerber wissen?
- Was sage ich über die Arbeitsstelle aus?
- Worin will ich den Bewerber testen?
- Was will ich an dem Bewerber beobachten?

Ausbildung, seitherige Tätigkeiten, Erfahrungen, Qualifikationen, Lücken im Ausbildungsgang, Gehaltsvorstellungen, Grund für Wechsel, Bereitschaft zur Mehrarbeit, Weiterbildungsmöglichkeiten, Aufstiegschancen, Umgangsformen, sprachliche Gewandtheit ...

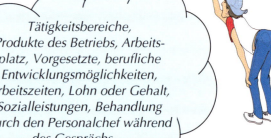

Überlegungen des Bewerbers

- Wonach kann ich gefragt werden?
- Mit welchen Äußerungen oder Fragen kann ich meine Interessen, mein Können oder meine Gewandtheit zeigen?
- Wonach möchte ich fragen?
- Wie muss ich mich verhalten, damit ich einen günstigen Eindruck hinterlasse?
- Was kann ich während des Gesprächs beobachten?

Tätigkeitsbereiche, Produkte des Betriebs, Arbeitsplatz, Vorgesetzte, berufliche Entwicklungsmöglichkeiten, Arbeitszeiten, Lohn oder Gehalt, Sozialleistungen, Behandlung durch den Personalchef während des Gesprächs ...

Unzulässige Fragen an Bewerberinnen oder Bewerber

- Sind Sie Mitglied des Betriebsrats?
- Gehören Sie einer Gewerkschaft an?
- Sind Sie Mitglied einer Partei?
- In welcher Kirche sind Sie?
- Wie sind Ihre Vermögensverhältnisse?
- Sind Sie vorbestraft?
- Sind Sie gesund?
- Sind Sie schwerbehindert?
- Sind Sie schwanger?
- Wie hoch ist Ihr bisheriger Lohn?

Weisen Sie bei solchen Fragen höflich und freundlich darauf hin, dass Sie hier keine Antwort geben wollen. Selbst unwahre Antworten können nicht zu Ihrem Nachteil ausgelegt werden.

Empfehlungen zur Durchführung von Rollenspielen

a) Setzen Sie einem Bewerber / einer Bewerberin mehrere Vertreter/-innen des Personalbüros gegenüber. Der Bewerber wird dadurch mehr gefordert.

b) Nehmen Sie die Gespräche mit Videokamera auf, wenn Sie dazu die Möglichkeit haben.

A 4 Vorstellungsgespräche durchführen und beurteilen

❶ Wählen Sie für mehrere Gespräche Bewerber und Personalchefs / Sachbearbeiter.

❷ Legen Sie Ablauf, Raum, Tisch, Sitzgelegenheiten ... fest.

❸ Mehrere Gruppen führen Vorstellungsgespräche vor. Die Zuschauer beurteilen die Bewerber z. B. nach ihren Aussagen, ihrem Sprechen, ihrem nichtsprachlichen Verhalten, ihrem Gesamteindruck, den sie hinterlassen haben.

A 5 Erscheinungsbild für Vorstellungsgespräche diskutieren

❶ Welches Erscheinungsbild (Kleidung, Schuhe, Frisur ...) halten Sie für Vorstellungsgespräche in Ihrem Beruf und in Ihrer Branche für angemessen?

A 6 Fragen eines Fragenkatalogs untersuchen

Einzelne Fragen des folgenden Katalogs erscheinen Ihnen sicher ungewöhnlich. Der Fragende verfolgt damit jedoch bestimmte Absichten.

Beispiel: Treiben Sie Sport? Welchen? => Wenn der Bewerber eine gefährliche Sportart (z. B. Drachenfliegen) treibt, sind dadurch u. U. Arbeitsausfälle zu befürchten.

❶ Suchen Sie aus dem Katalog solche ungewöhnlichen Fragen. Nennen Sie mögliche Absichten.

Das Frage- und Antwortpoker im Vorstellungsgespräch
(nach „Bewerbungsgespräche erfolgreich führen", M. Lucas, ECON, Düsseldorf, ISBN 3-612-21020-3)

Zulässige Fragen des/der Einstellenden an den Bewerber

1. Wissen Sie, wer wir sind? Wissen Sie etwas über unsere Marktbedeutung?
2. Kennen Sie unser Produktionsprogramm?
3. Können Sie einmal etwas über sich erzählen?
4. Welches sind die wesentlichen Merkmale Ihrer jetzigen Tätigkeit?
5. Warum wollen Sie Ihre Stellung wechseln?
6. Was erwarten Sie von einer Beschäftigung gerade bei uns?
7. Warum glauben Sie, dass gerade Sie für diese Stelle besonders geeignet sind?
8. Welche höherwertige Stellung möchten Sie bis in einigen Jahren erreicht haben?
9. Können Sie die von Ihnen gesetzten Ziele in Ihrer jetzigen Firma nicht erreichen?
10. Wie schätzen Sie sich als Mitarbeiter/in in Ihrer jetzigen Tätigkeit ein?
11. Was glauben Sie, wie Sie andere Mitarbeiter/innen einschätzen?
12. Welche Eigenschaften eines Vorgesetzten würden Ihnen am meisten Schwierigkeiten machen?
13. Was tun Sie, wenn Ihr Chef Ihre Vorschläge immer wieder ablehnt?
14. Worauf legen Sie besonderen Wert: auf Arbeitszufriedenheit oder auf berufliches Fortkommen?
15. Sind Sie in Ihrer Freizeit gerne allein, oder verbringen Sie Ihre freie Zeit gerne mit Bekannten?
16. Reisen Sie in Ihrem Urlaub gerne, oder verbringen Sie Ihre Zeit lieber zu Hause?
17. Welche Hobbys haben Sie? Können Sie darüber jetzt mit einem Experten ein Gespräch führen?
18. Treiben Sie Sport? Welchen? Wenn nein: Warum nicht?
19. Können Sie die in Ihren Bewerbungsunterlagen genannten Fremdsprachenkenntnisse jetzt sofort unter Beweis stellen?
20. Was haben Sie in den letzten zwei Jahren für Ihre Weiterbildung getan?
21. Erklären Sie bitte die Lücke … in Ihrem Lebenslauf.
22. Sie haben entsprechend Ihren Unterlagen häufig den Arbeitgeber gewechselt. Begründen Sie das bitte.
23. An welchen Lohn / welches Gehalt haben Sie gedacht?

Mögliche Fragen des Bewerbers an den Arbeitgeber

1. Können Sie mir bitte eine Aufgabenbeschreibung geben?
2. Wer ist mein zukünftiger Vorgesetzter?
3. Kann ich bitte den Arbeitsplatz und seine Ausstattung sehen?
4. Mit welchen Maschinen, Geräten, Arbeitsmaterialien … muss ich umgehen?
5. Welche persönlichen Entwicklungsmöglichkeiten habe ich in Ihrem Unternehmen?
6. Warum ist die Stelle, auf die ich mich bewerbe, frei geworden?
7. Wie setzt sich mein Lohn / Gehalt zusammen?
8. Welche Arbeitszeiten werde ich haben?
9. Wie viel Urlaub steht mir zu?
10. Welche sozialen Leistungen bieten Sie?
11. Wann soll ich die Arbeit aufnehmen?
12. Welche Probezeit ist vorgesehen? Gibt es eine Einarbeitungszeit? Wie lange?
13. Wie sehen die Kündigungsfristen aus?
14. Welche Nebentätigkeiten sind mir gestattet? Gibt es Wettbewerbsverbote?

Arbeitszeugnis

Roman hat eine fünfjährige Berufserfahrung als Zerspanungsmechaniker aus der Tätigkeit in drei Betrieben. Er ist seit einem halben Jahr arbeitslos. Auf seine schriftlichen Bewerbungen, die neben dem Bewerbungsschreiben einen tabellarischen Lebenslauf, zwei Schulzeugnisse, den Facharbeiterbrief und drei Arbeitszeugnisse enthielten, hat er Absagen bekommen. Obwohl ihm die Arbeitszeugnisse seiner früheren Arbeitgeber recht ordentlich erscheinen, könnten sie doch der Grund für die Absagen sein.

Können Sie Aussagen in Arbeitszeugnissen richtig deuten? Können Sie Arbeitszeugnisse so lesen, wie sie die Beurteiler gemeint haben?

Sie können sich auch im Internet zu dem Thema kundig machen.

A 1 Gesetzestexte untersuchen

Arbeitgeber sind zur Ausstellung von Arbeitszeugnissen verpflichtet. Diese Verpflichtung ergibt sich aus den folgenden Gesetzestexten.

BGB
§630 Bei der Beendigung eines dauernden Dienstverhältnisses kann der Verpflichtete von dem anderen Teile ein schriftliches Zeugnis über das Dienstverhältnis und dessen Dauer fordern. Das Zeugnis ist auf Verlangen auf die Leistungen und die Führung im Dienste zu erstrecken.

GewO
§113 (1) Beim Abgang können die Arbeitnehmer ein Zeugnis über Art und Dauer ihrer Beschäftigung fordern.

(2) Das Zeugnis ist auf Verlangen der Arbeitnehmer auch auf ihre Führung und Leistung auszudehnen.

(3) Den Arbeitgebern ist es untersagt, die Zeugnisse mit Merkmalen zu versehen, welche den Zweck haben, den Arbeitnehmer in einer aus dem Wortlaut des Zeugnisses nicht ersichtlichen Weise zu kennzeichnen.

HGB
§73 Bei der Beendigung des Dienstverhältnisses kann der Handlungsgehilfe ein schriftliches Zeugnis über Art und Dauer der Beschäftigung fordern. Das Zeugnis ist auf Verlangen des Handlungsgehilfen auch auf die Führung und Leistung auszudehnen.

❶ Was bedeuten die Abkürzungen BGB, GewO und HGB? (Einträge oben)

❷ Welche zwei Arten von Arbeitszeugnissen gibt es nach den Gesetzestexten? (Einträge unten) Wodurch unterscheiden sie sich?

❸ Welche nicht in Worte gefassten Merkmale könnten in Arbeitszeugnissen verwendet werden, um einen Arbeitnehmer näher zu kennzeichnen? Denken Sie dabei z. B. an die Unterschrift.

Arbeitszeugnis
- Name und Vorname
- Geburtstag und Geburtsort
- Art der Beschäftigung
- Dauer der Beschäftigung (von ... bis)
- ggf. Kündigungsgrund
- ggf. Bedauern über den Weggang, gute Wünsche für die Zukunft

---

Arbeitszeugnis
- Name und Vorname
- Geburtstag und Geburtsort
- Dauer der Beschäftigung (von ... bis)
- Beschreibung der ausgeführten Tätigkeiten
- Leistungsbeurteilung (Menge, Güte)
- Verhaltensbeurteilung (Verhalten gegenüber Vorgesetzten und Mitarbeitern)
- ggf. Beurteilung der Führungsqualitäten
- ggf. Kündigungsgrund
- ggf. Bedauern über den Weggang, gute Wünsche für die Zukunft

---

Arbeitszeugnisse dürfen das berufliche Fortkommen eines Arbeitnehmers nicht unnötig erschweren. Deshalb hat sich eine verschlüsselte Ausdrucksweise eingebürgert, die man kennen muss, um Arbeitszeugnisse richtig verstehen zu können.

Bewertungsstufen in Arbeitszeugnissen

Beispiel 1	Schulnote	Beispiel 2
Sie erledigte die ihr übertragenen Aufgaben		Er arbeitete im Team
... stets zu unserer vollsten Zufriedenheit	=> 1 <=	... sehr aktiv in besonderem Maße
... stets zu unserer vollen Zufriedenheit	=> 2 <=	... aktiv in besonderem Maße
... zu unserer vollen Zufriedenheit	=> 3 <=	... bereitwillig und aufgeschlossen
... zu unserer Zufriedenheit	=> 4 <=	... im Allgemeinen bereitwillig
... in etwa zu unserer Zufriedenheit	=> 5 <=	... so weit er dazu in der Lage war

Beachten Sie

- Ein einfaches Zeugnis bei qualifizierten Tätigkeiten lässt vermuten, dass der Arbeitnehmer den Anforderungen des Arbeitsplatzes nicht gewachsen war.
- Eine wohlwollende Beurteilung von Nebensächlichkeiten deutet darauf hin, dass der Arbeitnehmer als wenig qualifiziert gilt.
- Fehlt das Bedauern über den Weggang, war der Arbeitgeber vermutlich froh, dass das Arbeitsverhältnis gelöst wurde.
- Der Kündigungsgrund darf ohne Einverständnis des Arbeitnehmers nicht genannt werden. Wenn der Arbeitnehmer gekündigt hat, sollte das im Zeugnis stehen.

A 2 Möglichkeiten der Beurteilung angeben

❶ Wie werden in Arbeitszeugnissen ausgedrückt

sehr gute Beurteilungen ....

....

....

mangelhafte Beurteilungen *Aussagen zu Nebensächlichkeiten (und diese ggf. sehr positiv beurteilt),*

....

A 3 Aussagen aus Arbeitszeugnissen bewerten

❶ Beurteilen Sie Aussagen aus Arbeitszeugnissen mit Schulnoten.

a) Sie beherrschte ihr Arbeitsgebiet sehr umfassend, äußerst sicher und vollkommen.

b) Er hat sich bemüht, den Anforderungen seines Arbeitsplatzes zu genügen.

c) Ihr Verhalten gegenüber ihren Vorgesetzten war nicht zu beanstanden.

d) Er war nicht immer bereit, sachliche Kritik anzuerkennen und umzusetzen.

A 4 Arbeitszeugnisse entschlüsseln

❶ Untersuchen Sie jedes Beispiel anhand folgender Fragen:
Welche Art von Arbeitszeugnis liegt vor?
Was lässt sich aus den Textstellen (1), (2) ... schließen? Fehlen Aussagen? – siehe [???]

❷ Mit welcher Schulnote könnte jedes der Zeugnisse bewertet werden?

Beispiel 1
Frau Anna Braun, geboren am 15. März 1988 in Göppingen, war vom 1. Januar 2009 bis zum 30. September 2012 (1) bei uns als Fachverkäuferin beschäftigt.
Sie hat sich stets bemüht (2), ihre Aufgaben zufriedenstellend zu erledigen (3). Wir bestätigen Frau Braun gute Auffassungsgabe (4). Es war ihr möglich, sich verhältnismäßig rasch (5) in ihre Aufgabengebiete [???] (6) einzuarbeiten. Die ihr aufgetragenen Arbeiten erledigte sie zu unserer Zufriedenheit (7). Bei ihren Kolleginnen und Kollegen war sie wegen ihres anregenden Wesens (8) sehr beliebt. Durch ihr geselliges Wesen trug sie zum Betriebsklima bei (9).
Frau Braun scheidet in gegenseitigem Einvernehmen (10) bei uns aus.

Beispiel 2
Herr Hans Schwarz, geboren am 12. Juni 1984 in Plauen, trat am 2. April 2009 (1a) als kaufmännischer Sachbearbeiter in unsere Dienste.
Er überprüfte die eingegangenen Rechnungen hinsichtlich ihrer zahlenmäßigen Richtigkeit und überwachte die Nutzung des Skontoabzugs (2) [???] (3). Wegen Verlagerung der Abteilung (4) mussten wir Herrn Schwarz leider zum 30. Juni 2011 (1b) kündigen.
Wir wünschen ihm für die Zukunft alles Gute (5).

Beispiel 3
Herr Franz Weiler, geboren am 23. Dezember 1981 in Kirchhain, war vom 1. April 2004 bis zum 31. März 2010 bei uns tätig.
Herr Weiler war bei uns zwei Jahre in der Getriebemontage (1a) beschäftigt. Dann übernahm er die Verantwortung für die Montage von Bremsanlagen (1 b).
Er besitzt ein umfassendes, vielseitiges Fachwissen (2) und arbeitete sehr qualifiziert und völlig selbstständig (3). Unseren Erwartungen hat er in jeder Hinsicht bestens (4) entsprochen. Mit gleichbleibend großem Fleiß und sehr großem Einsatz (5) erledigte er die ihm aufgetragenen Arbeiten.
Sein Verhalten gegenüber Vorgesetzten und Kollegen war tadellos (6). In Arbeitsgruppen gliederte er sich jederzeit aktiv und sehr produktiv (7) ein.
Herr Weiler scheidet zu unserem Bedauern (8) bei uns aus, weil er studieren will (9). Wir wünschen ihm viel Erfolg und alles Gute für die Zukunft (10).

G

Zeitungstexte

In einer Demokratie ist die Staatsgewalt dreigeteilt in gesetzgebende, ausführende und richterliche Gewalt. Die drei Gewalten kontrollieren sich gegenseitig und verhindern so Übergriffe des Staates auf die Rechte des Staatsbürgers. Von der Presse wird deshalb gesagt, sie sei die vierte Gewalt im Staat neben den drei im Grundgesetz aufgeführten Gewalten.

Art. 5, Abs. 1 des Grundgesetzes Jeder hat das Recht, seine Meinung in Wort, Schrift und Bild frei zu äußern und zu verbreiten und sich aus allgemein zugänglichen Quellen ungehindert zu unterrichten. Die Pressefreiheit und die Freiheit der Berichterstattung durch Rundfunk und Film werden gewährleistet. Eine Zensur findet nicht statt.

A 1 Aufgaben der Presse feststellen

❶ Welche Voraussetzungen sind nötig, damit die Presse die vierte Gewalt im Staat sein kann?

❷ Welche drei Aufgaben hat die Presse im demokratischen Staat zu erfüllen?

- ....
- ....
- *politische Kontrolle auf Gemeinde-, Landes- und Bundesebene*

❸ Wie ist es Ihrer Meinung nach gegenwärtig um die Pressefreiheit auf der Welt bestellt?

A 2 Zeitungsarten und Lesegewohnheiten untersuchen

❶ Es gibt **Tages-** und **Wochenzeitungen**. Tageszeitungen erscheinen lokal, regional und überregional als Print- und elektronische Ausgaben. Die elektronischen Ausgaben können z. B. über Laptop, Tablet-PC oder Smartphone gelesen werden.
Nennen Sie Beispiele für jede Zeitungsart. Wodurch unterscheiden sie sich?

❷ Viele Leser haben „ihre" Zeitung abonniert, d. h. fest bestellt.
Welche Vorteile hat das für den Leser, für die Zeitung? Beachten Sie dazu folgende Information.

Im August 2011 gab es in Deutschland 18,83 Millionen Tageszeitungen. Davon waren 13,42 Millionen lokale und regionale Abonnentenzeitungen, 1,55 Millionen überregionale und 3,86 Millionen Straßenverkaufszeitungen.

Die Gesamtauflage aller Zeitungen, einschließlich Wochen- und Sonntagszeitungen, betrug 23,85 Millionen. Damit lasen 48 Millionen der Deutschen über 14 Jahren täglich eine Zeitung. BDZV
Viele Zeitungen haben zusätzlich Internetausgaben.

❸ **Boulevardzeitungen** werden in Kiosken auf der Straße (franz.: Boulevard = breite Straße) verkauft.
Warum nennt man sie auch „Regenbogenpresse"?
Welche Themen erscheinen in großer Aufmachung?
Warum kommen Boulevardblätter bei vielen Lesern so gut an?

❹ Was für eine Zeitung lesen Sie häufig?
Welcher Teil der Zeitung interessiert Sie am meisten?
Vergleichen Sie Ihre Lesegewohnheiten mit denen Ihrer Mitschüler.

Hinweis: Die meisten ihrer nicht lokalen Beiträge beziehen die Tageszeitungen über Datenleitungen von Nachrichtenagenturen. Diese überregionalen Berichte und Nachrichten aus aller Welt über Politik, Wirtschaft, Unterhaltung, Sport, Kultur und Religion müssen gesichtet, gewertet und für die Veröffentlichung bearbeitet werden.

Nachrichtenagenturen sind z. B.
(dpa). Deutsche Presse-Agentur
(AP). Associated Press
(REUTERS). Reuters (engl.)
(sid). Sport-Informationsdienst
(lsw). Landesdienst Südwest
(UPI). United Press International

A 3 Nachricht und Kommentar unterscheiden

❶ Welcher der folgenden Artikel ist eine Nachricht, welcher ein Kommentar?

❷ Markieren Sie in dem Kommentar die Aussagen, die eine Meinung oder Wertung ausdrücken.

Tödliche Sucht

Frankfurt/Main (Smi). Seit 2002 ermittelt das Centre of Drug Research der Universität Frankfurt das Rauschgiftkonsumverhalten von Jugendlichen. Regelmäßig befragt werden etwa 1500 Frankfurter Schüler aller Schultypen im Alter von 15 bis 18 Jahren.

Die unter Jugendlichen am weitesten verbreitete illegale Droge ist wie in den Vorjahren Cannabis. Jeder dritte Frankfurter Schüler zwischen 15 und 18 Jahren gab bei der Befragung an, mindestens einmal in seinem Leben Haschisch oder Marihuana geraucht zu haben, 24 Prozent auch in den vergangenen zwölf Monaten und 13 Prozent in den letzten 30 Tagen vor der Erhebung. Allerdings geht der Cannabis-Konsum seit 2002 kontinuierlich zurück.

Die Modedroge „Spice", die Ende 2008 für bundesweites Aufsehen sorgte, spielt heute nur noch eine untergeordnete Rolle. Das als pflanzliche Räuchermischung getarnte Cannabis-Derivat ist seit Anfang 2009 verboten. Bei der Befragung unter Frankfurter Schülern gaben sechs Prozent der 15- bis 18-Jährigen an, „Spice" mindestens einmal in ihrem Leben konsumiert zu haben und nur drei Prozent in den vergangenen 30 Tagen. Dagegen steigt der Konsum von harten Drogen unter Jugendlichen seit 2004 leicht an. Zwölf Prozent der 15- bis 18-jährigen Frankfurter Schüler verfügen über Erfahrungen mit mindestens einer illegalen Droge außer Cannabis. Dazu zählen Amphetamine (Speed), Kokain, Ecstasy, psychoaktive Pilze (Halluzinogene), Crack und Heroin. Sechs Prozent der Jugendlichen haben im zurückliegenden Jahr eine dieser Substanzen konsumiert, vier Prozent im vergangenen Monat.

Drogenstudie 2009

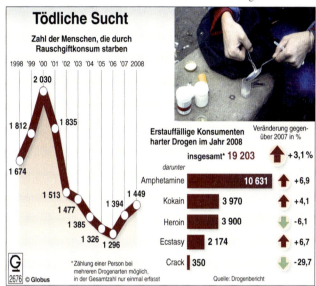

Droge Alkohol

Köln (ots). **Es gibt eine alarmierend hohe Zahl von Jugendlichen mit riskant hohem Alkoholkonsum.**

Die Zahl der Jugendlichen, die angeben, im vergangenen Monat mindestens einmal „Kampftrinken" praktiziert zu haben, liegt heute etwas unterhalb der Marke von 2004 (20,4 Prozent) – allerdings immer noch atemberaubend hoch. Jugendliche folgen Vorbildern. Leider oft den falschen. Aber woher sollen die richtigen kommen, wenn 9,5 Millionen Menschen in Deutschland Alkohol in gesundheitlich riskanter Form konsumieren? 1,3 Millionen Menschen sind alkoholkrank, 73000 sterben jährlich an den Folgen von Alkoholmissbrauch.

In der Gesellschaft herrsche eine „weit verbreitete unkritisch positive Einstellung zum Alkohol vor", heißt es. Das ist richtig. Jeder Jugendliche mit Alkoholneigung hat Eltern, Lehrer, vielleicht Vereinskameraden. Die müssen hinsehen, aber das ist nicht die Regel. Aufklärung, Erziehung, das Stärken des Selbstbewusstseins Heranwachsender – das alles ist unverzichtbar. Und Platzverbote, Verkaufsverbote, Trinkverbote? Platzverbote sind Notwehrmaßnahmen. Damit ist den Städten im Hinblick auf die öffentliche Ordnung mehr oder weniger gedient – vorausgesetzt, die Verbote lassen sich kontrollieren und durchsetzen. Nur vertreiben diese. Platzsperren die Jugendlichen in die Heimlichkeit der Gruppe. Aber Alkohol schwerer zugänglich zu machen, das kann helfen. Der Preis regelt ebenfalls die Verfügbarkeit. Das hat die Sondersteuer auf Alcopops gezeigt.

Kölnische Rundschau 2009

❸ a) Welches Ziel hat der Redakteur bei der Veröffentlichung einer Nachricht?

b) Was beabsichtigt der Verfasser eines Kommentars?

a) Der Redakteur einer <u>Nachricht</u> will ....

....

b) Der Verfasser eines <u>Kommentars</u> will ....

....

A 4 Schaubild beschreiben

❶ Beschreiben Sie den Inhalt des Schaubilds „Tödliche Sucht" in der Gruppe.

❷ Fertigen Sie von dem Schaubild eine Folie. Referieren Sie vor der Klasse.

❸ Mit welchen Mitteln macht der Grafiker das Schaubild für den Betrachter interessant?

❹ Welche Diagrammarten sind in dem Schaubild angewandt?

G

A 5 Nachrichten aus dem Internet entnehmen

❶ Entnehmen Sie Nachrichten aus dem Internet, z. B. über folgende Adressen:
www.presseportal.de   www.bundestag.de   www.heise.de

A 6 Nachricht gestalten

Dem eigentlichen Text einer Nachricht wird häufig ein **halbfett gedruckter Vorspann** vorangestellt. Er enthält eine Zusammenfassung des Wichtigen. Beinahe immer geht ihm eine **groß gedruckte Schlagzeile** voraus. Sie umreißt die Thematik des Artikels. Der Text bringt Einzelheiten.

EUROPA der 28

Das muss aber auch aussehen: Der Purkarthofer vorneweg, Schrittmacher, wie eine Maschine, stampf, stampf, Rucksack auf dem Kreuz, den tickenden Kilometerzähler auf dem Herz (eingestellt auf Schrittlänge 80 Zentimeter), Kloben am Fuß, Schiffermütze auf dem schmalen, braunen Kopf, das Mützenschild weiß vom Salz getrockneten Schweißes – und hintendrein ich. [...]
Der hat mich in seinen Bann geschlagen, dieser Don Quichotte für das „Europa der Neun", dieser Brocken Rundfunkreporter, dieser Kilometerfresser. [...]
Hans J. Purkarthofer, 36, „fester Freier" beim Saarländischen Rundfunk, sucht bei der Bevölkerung die Ansätze oder Reste einer Art „Europa-Bewusstsein" – zwischen Italien und Nordirland und dem Europa, welches links und rechts dieser Achse lebt.
In den krustigen Abruzzen, auf Hollands Radfahrerflachland, auf irischem Grün, in dänischer Weite, auf deutschem Boden, der Linie Westberlin-Frankfurt-Kehl – das Ergebnis ist deckungsgleich: Bedrückend, in Richtung Pleite für den 10. Juni, wo man das Straßburger Parlament durch Direktwahl bevölkern soll. Europäische Gemeinschaft, das ist in den Gehirnen der meisten Befragten Undurchschaubarkeit, bestenfalls noch Brüssel und Ministerrat. Er, der 4.000-Kilometer-Läufer (jetzt im letzten Viertel), meint, die EG habe es nicht verstanden, das Positive von sich zu zeigen.
Selbstredend entwickelt sich in Windeseile Public-Relations-Rummel, bei so einem Unterfangen: **Viertausend Kilometer Fußmarsch für Europa**. Jeder, schlaue Klein-stadt-Bürgermeister, joviale Landräte, natürlich auch die EG-Kandidaten jedweder Farbe, der Sauerländische Gebirgsverein, jeder von ihnen war und ist für Europa, solange er denken kann.
Vorgestriger Donnerstag, 106. Etappe, Route Karlsruhe-Bühl. Ja, von wegen 30 Kilometer. Am Abend hat der Kilometerzähler 41 gezeigt. [...] Hans Jürgen, abgeschirrt, trinkt Bier, wegen der Kalorien, und Mineralwasser hinterher, wegen des Salzhaushaltes. Jeden Tag läuft er einen Schnitt von sechseinhalb Kilometern in der Stunde. [...]

1. Europawahl 1979   C. L., Stuttgarter Zeitung

❶ Welche Länder bilden das Europa der Neun?

❷ Der Zeitungstext ist eine Reportage mit einer Mischung aus sachlichen Angaben und persönlicher Meinung.
Markieren Sie im Text Stellen für die Schlagzeile, für den Vorspann und für den Nachrichtentext.
Schreiben Sie die Schlagzeile, den Vorspann und den Text der Nachricht.

❸ Wie steht es heute mit dem Europa-Bewusstsein in der Bevölkerung?

A 7 Karikaturen untersuchen

Schulalltag   Die Welt

Faustrecht   F. Meinhardt, Stuttgarter Zeitung

❶ Welche Personen, Gegenstände, Situationen ... werden dargestellt?
❷ Durch welche Einzelheiten wird der Betrachter zum Schmunzeln und Nachdenken angeregt?
❸ Was trägt die Bildunterschrift zum Bildverständnis bei?
❹ Was ist Voraussetzung für ein Verständnis der Karikaturen?

❺ Untersuchen Sie weitere selbst gesammelte Karikaturen. Verallgemeinern Sie.
  a) Welcher Textsorte in der Zeitung gleichen Karikaturen? Was zeigen sie in Bild und Wort?
  b) Welche Wirkungen will der Karikaturist erreichen?

   a) Karikaturen zum Tagesgeschehen gleichen *Kommentaren (mit Bildern).*
      Sie zeigen *Meinungen.*
   b) Der Karikaturist will ....

   Hinweis: Die Karikatur hat deshalb auch Ähnlichkeit mit der Satire und der Glosse.

A 8 Leserbriefe vergleichen

Zur Karikatur „Faustrecht"

Tatsache ist doch – anders als es hier dargestellt wird –, dass die Arbeitslosen nicht zwischen Arbeitgebern und Arbeitenden stehen, sondern klar zu den Arbeitnehmern gehören. Es geht nicht an, dass Arbeitslose und Arbeitende in zwei Klassen gespalten werden. Verantwortlich für die Arbeitslosigkeit ist niemand anders als die Unternehmer.
Der Zeichner unterstellt, dass die Gewerkschaften die Arbeitslosen mit ihrer Forderung weiter in Bedrängnis bringen. Wie jedoch allgemein bekannt ist, schafft es dank Stress und Hektik nur ein Drittel aller Arbeitnehmer, einigermaßen gesund das gesetzliche Rentenalter zu erreichen. Nur die 35-Stunden-Woche wird spürbar mehr Arbeitsplätze schaffen. Besser 35 Stunden arbeiten als 40 Stunden arbeitslos!
K.R.+U.S., Stuttgarter Zeitung

Zum Thema „35-Stunden-Woche"

Nach meinen Erfahrungen wird mit einer Arbeitszeitverkürzung auf 35 Stunden kein einziger Arbeitsloser mehr eingestellt. Im Gegenteil, die freie Zeit wird wahrscheinlich nur für Schwarzarbeit und Nebenbeschäftigung benutzt werden.
Bei der 35-Stunden-Woche bleibt die Arbeit an den verbleibenden Beschäftigten hängen. Diese müssen halt mehr schaffen.
Liegt die Lösung vielleicht nicht in einer Arbeitszeitverlängerung? Die Umkehr der Tarifpolitik scheint unaufhaltsam. Der Trend geht zu längeren, vor allem aber flexibleren Arbeitszeiten und zur 40-Stunden-Woche. In der alternden Gesellschaft werden alle länger arbeiten müssen.
F.T.+M.S., Stuttgarter Zeitung

❶ Vergleichen Sie die beiden Leserbriefe zum gleichen Thema.
   a) Stellen Sie das Anliegen der Verfasser fest.
   b) Drücken die Schreiber ihr Anliegen klar aus, sodass die Leser angesprochen werden?
❷ Verallgemeinern Sie.
   a) Welche Möglichkeiten verschaffen Leserbriefe dem Bürger?
   b) Was will der Schreiber mit seinem Brief erreichen?
   c) Was erreicht die Zeitung mit der regelmäßigen Veröffentlichung von Leserbriefen?

   a) Leserbriefe ermöglichen dem Bürger ....
   ....
   b) Der Schreiber eines Leserbriefs will erreichen, ...
   ....
   c) Die Zeitung erreicht mit der Veröffentlichung von Leserbriefen *eine enge Verbindung*
      zwischen ....

A 9 Leserbriefe schreiben

❶ Stimmen Sie mit einer der Ansichten überein, die in den Leserbriefen in Aufgabe 8 geäußert werden, oder sind Sie anderer Meinung?
   Entwerfen Sie Ihre Antwort auf einen der Briefe.
❷ Schreiben Sie zur Karikatur „Schulalltag" einen engagierten Leserbrief.
❸ Suchen Sie weitere Leserbriefe, Karikaturen und Kommentare, die Ihre Antwort herausfordern.

Werbung, Werbetexte

„Oft erreichen mich viele Briefe von Bürgern, die sich sehr positiv für die Marktwirtschaft aussprechen. In diesem Zusammenhang wird immer wieder die Frage gestellt, ob man nicht die gewaltigen Beträge, die für die Werbung ausgegeben werden, wirtschaftlich besser einsetzen könnte. Und in der Tat hat es auf den ersten Blick etwas Faszinierendes zu sagen, statt 10 Millionen Euro Werbung sollte eine Firma nur für 5 Millionen werben. Spielend würde sich dann in Tarifkonflikten die Diskussion um Zehntelprozente erübrigen. In vielen Briefen meint man auch, dass die Werbung die Produkte verteuere und dass sie bei einem Wegfall eben billiger würden.

Diese Argumente sind übrigens zwischenzeitlich sehr populär geworden. Mancher Politiker benutzt sie in Wahlversammlungen. [...]"

F. Burda, Werbetexte/Texte zur Werbung

A 1 Bereiche der Werbung erkennen

❶ Worauf zielt die Werbung in den Beispielen 1 und 2, 3 und 4, 5 und 6?

❷ Welche drei größeren Werbebereiche kann man also unterscheiden?

Beispiel 1 und 2 | Beispiel 3 und 4 | Beispiel 5 und 6

Werbebereiche

G

A 2 Wunschbilder und Zielgruppen untersuchen

❶ Welche Wunschbilder (geheime Wünsche, Gefühle, Bedürfnisse ...) des Umworbenen werden in den Beispielen angesprochen? Welche Wunschbilder kennen Sie noch?

Wunschbilder *Sicherheit, Rauchgenuss, Freundschaft,*

Warum wird die Sache, für die geworben wird, mit solchen Wunschbildern verknüpft?

❷ An wen richtet sich die Werbung in den Beispielen 1 bis 6?

Zielgruppen *Radfahrer,*

Warum wird eine Werbeanzeige an eine ganz bestimmte Zielgruppe adressiert?

❸ Sammeln Sie Beispiele für Ideenwerbung.

A 3 Hauptteile von Werbeanzeigen ermitteln

❶ Aus welchen Hauptteilen bestehen Werbeanzeigen? Welche Wirkungen sollen sie erzielen?

Hauptteile	angestrebte Wirkungen
a)	
b)	

A 4 Merkmale der Werbesprache feststellen

<u>Hinweis</u>: Vgl. auch die Tabelle auf der nächsten Seite und das Gedicht „Reklame" auf Seite 112

❶ Benennen Sie die fett gedruckten Wörter mit treffenden Bezeichnungen.

a) **First Class Cosmetic** – **Superb Scotch** Whisky (*Fremdwörter, Superlative*)

b) Mit keiner Creme tun **Sie** mehr für **Ihre** Haut. ( )

c) Der **bessere** Mann bleibt Kanzler. – **lind, linder, zewalind** ( )

d) Der Geschmack von **Freiheit** und **Abenteuer** ( )

e) **unplattbar** – **Maultaschentyp** – **bergfrisch** ( )

❷ Welche Besonderheiten sind beim Satzbau zu beobachten?

f) Klick. Erst gurten. Dann starten. – Sofort zugreifen! – Cool bleiben und sparen!

(*verkürzte Sätze, verselbstständigte Satzteile, zwei- und dreiteilige Aufforderung*)

g) Kennen Sie den Wert von Milde Sorte? ( )

h) Lass dich nicht einwickeln ( )

❸ Ordnen Sie die Bezeichnungen **Behauptung**, **Rhythmus**, **Reim**, **wissenschaftliche Verlässlichkeit**, **witziger Einfall** und **Reihung** den folgenden Beispielen zu.

i) Alle Katzen lieben Whiskas. – Müller macht glücklich. ( )

j) Colgate Fluor (klinisch getestet). Nur der Zahnarzt kann noch wirksamer gegen Karies schützen.
( )

k) Nur 18% Fett. Da sparen nicht nur die Löcher im Käse eine Menge Kalorien.
( )

l) Karl der Große. August der Starke. Hulstkamp der Klare. – Im Falle eines Falles klebt UHU wirklich alles. ( )

❹ Welche Beispiele sind häufig verwendete einprägsame Werbesprüche? Wie nennt man sie?

G

A 5 Wirkungen der Werbesprache ermitteln

❶ Wie soll die Werbesprache wirken?

Merkmale		angestrebte Wirkungen
Wortwahl	Wortneuschöpfungen	*Verblüffung, Spaß, Konkurrenz ausstechen*
	Fremdwörter	
	Hochwertwörter	
	gesteigerte Adjektive	*Ware ... soll besser als die der Konkurrenz erscheinen*
	persönliche Fürwörter	
Satzbau	verkürzte Sätze	
	Aufforderungssätze	
	Fragesätze	*Umworbener soll angesprochen werden und nachdenken*
Besonderheiten	Behauptung wissenschaftliche Verlässlichkeit	*erweckt Vertrauen, Hoffnung, erscheint zuverlässig*
	witziger Einfall	
	Reihung	
	Rhythmus/Reim	
	Slogan	

A 6 Werbeanzeigen untersuchen

❶ Untersuchen Sie die Anzeige nach folgender Aufstellung.
  a) **Werbebereich** Zu welchem Werbebereich ist die Anzeige zu rechnen? Wer wirbt?
  b) **Zielgruppe** Welche Zielgruppe wird angesprochen? Fühlen Sie sich angesprochen?
  c) **Wunschbilder** Welche Wünsche sollen geweckt werden? Was soll der Umworbene tun?
  d) **Hauptteile** Wie sind Bild- und Textteil angeordnet? Welche Aufgaben haben sie?
  e) **Sprache** Welche Merkmale weist die Sprache auf? Welche Wirkungen werden damit angestrebt?

❷ Entwerfen Sie eine Werbeanzeige für eine Aktion oder Idee.

A 7 Werbesendungen des Rundfunks und Fernsehens untersuchen

❶ Übertragen Sie das bisher Erkannte auf Werbesendungen des Rundfunks oder des Fernsehens. Nutzen Sie dazu, wenn möglich, Aufzeichnungen solcher Sendungen.

A 8 Sinn der Werbung beurteilen

❶ Markieren Sie in den Texten Argumente für und gegen Werbung.

George Katona
Erhebungen haben ergeben, dass die meisten Amerikaner nicht an einen wesentlichen Unterschied zwischen den verschiedenen Treibstoffmarken glauben; das trifft auch dann zu, wenn jemand gewohnheitsmäßig eine bestimmte Marke bevorzugt. Allerlei andere Umstände entscheiden, z. B. günstige Lage oder freundliche Bedienung.

Ehrhard Frühsorge
Diese Informationsinflation führt zwangsläufig zu einer Reizüberflutung und damit zu einer Informationsverweigerung des Verbrauchers. Der Mensch wehrt sich bewusst oder unbewusst. Das menschliche Hirn nimmt nur so viel Reize auf, wie es effektiv speichern kann. In den USA hat man festgestellt, dass ein Mensch von 1600 Werbeanstößen nur 80 bewusst aufnimmt und davon 28 positiv registriert. Wir können davon ausgehen, dass sich die Werte weiter verschlechtern.

Ernst-Adolf Busold
Wer liest schon Anzeigen – wer achtet auf Werbung? Vor einigen Jahren streikten in New York die Elektriker in den Druckereien der Tageszeitungen. Wochenlang gab es keine Zeitungen zu kaufen und wochenlang bestand keine Möglichkeit Inserate zu veröffentlichen. Die anderen Werbemittel wie Funk, Fernsehen, Plakatanschlag konnten ungestört ihre Aufgabe erfüllen.

Weil die Möglichkeit zur täglichen Insertion fehlte, gingen in New York die Verkaufsergebnisse des Einzelhandels messbar und beängstigend zurück. Noch schlimmer war es für das Immobiliengewerbe, Kinos, Theater, Autohandel, Gastronomie und Reisebüros. Manches Unternehmen der Unterhaltungsindustrie schloss während dieser Zeit seine Pforten, weil das Publikum mangels Anzeigenunterrichtung nicht mehr in ausreichender Zahl Kinos, Theater, Varietees und Shows besuchte. Nach Beendigung des Streiks brauchte – trotz verstärkter Anzeigenwerbung – der New Yorker Einzelhandel über ein Jahr, um die Höhe der früheren Umsätze zu erreichen.

Anzeige des Kaufhauses Karstadt
Die systemkritische These vom Konsumterror durch Werbung ist falsch, denn:
1. Nur der durch Werbung über Qualität, Nutzen und Preis informierte Verbraucher hat die Möglichkeit, eine von keinerlei äußeren Zwängen beeinflusste individuelle Kaufentscheidung unter vergleichbaren Produkten zu treffen.
2. Die in einer freien Wirtschaftsordnung selbstverständliche Vielfalt des Angebots fordert die Anbieter zu einer informativen, dem Grundsatz der Wahrheit verpflichteten Werbung heraus.

Diese Herausforderung an die Konkurrenz erzwingt einen Wettbewerb, der unbestritten dem Vorteil der Verbraucher dient.

Werbetexte/Texte zur Werbung

❷ Tragen Sie in Gruppenarbeit diese Argumente auf Pinnwänden in Clustern (siehe Seite 11) zusammen. Ergänzen Sie mit weiteren Argumenten.

❸ Diskutieren Sie in einer Pro- und Kontra-Diskussion (siehe Seite 39 und 45) den Sinn der Werbung.

❹ Schreiben Sie eine Gegenüberstellung der Argumente für und gegen Werbung (Kurzform). Verfassen Sie dazu Ihre Stellungnahme.

A 9 Werbetexte schreiben und vortragen

❶ Verfassen Sie für ein Produkt, z. B. ein Erfrischungsgetränk, ein Schnellgericht oder ein Handy, einen zugkräftigen Werbetext.

❷ Schreiben Sie für einen Mitschüler, der für eine Wahl kandidiert, ein Flugblatt, eine Zeitungsanzeige, einen Wahlaufruf ...
Hinweis: Für die Bearbeitung solcher Aufgaben sind Gruppen mit 3... 5 Schülern (Werbeteams) besonders gut geeignet.

❸ Tragen Sie Ihren Text als Werbesprecher vor.

A 10 Werbeplakate montieren

❶ Suchen Sie in Zeitschriften und Zeitungen Bild- und Textteile zur Werbung für Ideen und Aktionen.
   a) gegen das Rauchen / den Alkoholmissbrauch / Drogenkonsum
   b) gegen den Fernsehmissbrauch
   c) für den Beitritt in eine Jugendgruppe / einen Motorradklub / eine Jugendmusikkapelle

❷ Montieren Sie Werbeplakate auf der Pinnwand.

Kurzgeschichte 1

Die **Kurzgeschichte** ist nicht einfach eine kurze Geschichte. Sie beschränkt sich bewusst auf einen Ausschnitt aus der Alltagswirklichkeit, um von der Überschrift an unvermittelt und zielstrebig einen Augenblick von entscheidender Bedeutung im Leben eines Menschen darzustellen. Das Ende der Kurzgeschichte ist offen, es bringt keine Lösung, sondern überlässt es dem Leser, Stellung zu beziehen.

akg-images / L. M. Peter

akg-images / Paul Almasy

Neapel sehen

Er hatte eine Bretterwand gebaut. Die Bretterwand entfernte die Fabrik aus seinem häuslichen Blickkreis. Er hasste die Fabrik. Er hasste seine Arbeit in der Fabrik. Er hasste die Maschine, an der er arbeitete. Er hasste das
5 Tempo der Maschine, das er selber beschleunigte. Er hasste die Hetze nach Akkordprämien, durch welche er es zu einigem Wohlstand, zu Haus und Gärtchen gebracht hatte. Er hasste seine Frau, so oft sie ihm sagte, heut nacht hast du wieder gezuckt. Er hasste sie, bis sie
10 es nicht mehr erwähnte. Aber die Hände zuckten weiter im Schlaf, zuckten im schnellen Stakkato[1] der Arbeit. Er hasste den Arzt, der ihm sagte, Sie müssen sich schonen, Akkord ist nichts mehr für Sie. Er hasste den Meister, der ihm sagte, ich gebe dir eine andere
15 Arbeit, Akkord ist nichts mehr für dich. Er hasste so viele verlogene Rücksicht, er wollte kein Greis sein, er wollte keinen kleineren Zahltag, denn immer war das die Hinterseite von so viel Rücksicht, ein kleinerer Zahltag. ‖ Dann wurde er krank, nach vierzig Jahren
20 Arbeit und Hass zum ersten Mal krank. Er lag im Bett und blickte zum Fenster hinaus. Er sah sein Gärtchen. Er sah den Abschluss des Gärtchens, die Bretterwand. Weiter sah er nicht. Die Fabrik sah er nicht, nur den Frühling im Gärtchen und eine Wand aus gebeizten
25 Brettern. Bald kannst du wieder hinaus, sagte die Frau, es steht alles in Blust[2]. Er glaubte ihr nicht. Geduld, nur Geduld, sagte der Arzt, das kommt schon wieder. Er glaubte ihm nicht. Es ist ein Elend, sagte er nach drei Wochen zu seiner Frau, ich sehe immer das Gärtchen,
30 sonst nichts, nur das Gärtchen, das ist mir zu langweilig, immer dasselbe Gärtchen, nehmt doch einmal zwei Bretter aus der verdammten Wand, damit ich was anderes sehe. Die Frau erschrak. Sie lief zum Nachbarn. Der Nachbar kam und löste zwei Bretter aus
35 der Wand. Der Kranke sah durch die Lücke hindurch, sah einen Teil der Fabrik. Nach einer Woche beklagte er sich, ich sehe immer das gleiche Stück der Fabrik, das lenkt mich zu wenig ab. Der Nachbar kam und legte die Bretterwand zur Hälfte nieder. Zärtlich ruhte
40 der Blick des Kranken auf seiner Fabrik, verfolgte das Spiel des Rauches über dem Schlot, das Ein und Aus der Autos im Hof, das Ein des Menschenstromes am Morgen, das Aus am Abend. Nach vierzehn Tagen befahl er, die stehen gebliebene Hälfte der Wand zu
45 entfernen. Ich sehe unsere Büros nie und auch die Kantine nicht, beklagte er sich. Der Nachbar kam und tat, wie er wünschte. Als er die Büros sah, die Kantine und so das gesamte Fabrikareal[3], entspannte ein Lächeln die Züge des Kranken. Er starb nach einigen
50 Tagen.

Kurt Marti (geb. 1921), Widerspruch

[1] abgehackter Rhythmus [2] Blüte [3] Fabrikgelände

A 1 Text kennenlernen

❶ Lesen Sie die Geschichte für sich durch. Welche Personen treten auf?

❷ Wählen Sie einen Erzähler und verschiedene Sprecher, die ihren Text vorab feststellen.

❸ Lesen Sie den Text mit verteilten Rollen.

A 2 Aufbau der Kurzgeschichte erkennen

❶ Welche Zeitangaben werden über das Leben des Arbeiters gemacht? Markieren Sie diese Angaben.

❷ Kennzeichnen Sie den entscheidenden Wendepunkt im Leben des Arbeiters mit ‖ .

❸ Markieren Sie die zwei Zeitwörter, die am häufigsten wiederholt werden. In welchen Zeitabschnitten kommen diese Zeitwörter vor?
Wodurch ist also das Leben des Arbeiters vor und nach dem Wendepunkt gekennzeichnet?

A 3 Tabelle und Blickfelder vervollständigen, Inhalt wiedergeben

❶ Tragen Sie die Antworten aus Aufgabe 2 in die Tabelle ein.

❷ Verfolgen Sie den Abbruch der Bretterwand. Zeichnen Sie dazu in die Blickfelder unter der Tabelle die verbleibenden Teile der Bretterwand und das sichtbar werdende Fabrikgelände.

❸ Wie reagiert der Kranke auf die schrittweisen Veränderungen in seinem Blickfeld?

❹ Tragen Sie den Inhalt anhand einer Folie mit der Tabelle und den Blickfeldern vor.

Neapel sehen ....

1. Zeitabschnitt	2. Zeitabschnitt	3. Zeitabschnitt	4. Zeitabschnitt	5. Zeitabschnitt
.... Jahre	.... Wochen	....	....	....
gekennzeichnet d.	gekennzeichnet durch			

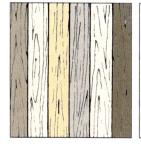    

A 4 Form und Sprache untersuchen

❶ Warum hat die Kurzgeschichte keine Einleitung und keinen eigentlichen Schluss?
Warum haben die Personen keine Namen?
Warum gliedert der Autor den Text nicht durch Absätze?

❷ Beschreiben Sie die Sprache des Autors.

A 5 Überschrift verstehen, Aussageabsicht erläutern

❶ Neapel galt einst als Traumstadt Europas wegen seiner einzigartigen Lage am Golf von Neapel, mit den Inseln Ischia und Capri und dem Vesuv in nächster Nähe. Seit Jahrhunderten wurde es von den Menschen wegen seiner Schönheit, seines Klimas und der Fruchtbarkeit seines Bodens gepriesen und oft besucht. Das Sprichwort „Neapel sehen und sterben" wurde weltbekannt.
Vervollständigen Sie die Überschrift über der Tabelle. Was besagt dieses Sprichwort?

❷ Die Überschrift „Neapel sehen" spielt auf dieses Sprichwort an. Warum verkürzt es der Autor?

❸ Der Arbeiter sieht vor seinem Tod nicht das wirkliche Neapel. Was ist sein „Neapel"?

❹ Neapel erlangte im 20. Jahrhundert eine traurige Berühmtheit. Man sagte von dieser Stadt, dass in ihr nichts mehr gedeihe als Hunger, Seuchen und Arbeitslosigkeit. Zeitweilig besaß Neapel den Rekord der Geburtenfreudigkeit und zugleich der Kindersterblichkeit in Europa.
Welche Bedeutung kann das Sprichwort also auch noch haben?

Kurzgeschichte 2

Die **Kurzgeschichte** vermag wie eine gelungene Momentaufnahme ein scharfes und aufschlussreiches Bild von der Zeit zu geben, sodass das Einzelbild zugleich Zeitbild ist. Das weist auf den Einfluss der short story hin, die in England und Amerika zu Beginn des 19. Jahrhunderts aus Berichterstattung und Reportage für Zeitungen entstanden ist. Es ist kein Zufall, dass diese Literaturform nach dem Zweiten Weltkrieg eine weite Verbreitung auch in Deutschland gefunden hat: Sie ermöglichte Zeitbilder von großer Tiefenschärfe.

Alpenverein

Foto Ullstein, Berlin

A 1 Bedeutung der Überschrift überlegen

❶ Klären Sie die Bedeutung des Wortes „Saison".

❷ Was versprechen sich Geschäftsleute, Urlauber, Sportler oder die Einwohner eines Kurorts in den Bergen von einer neuen Saison?

Saisonbeginn

1 Die Arbeiter kamen mit ihrem Schild und einem hölzernen Pfosten, auf den es genagelt werden sollte, zu dem Eingang der Ortschaft, die hoch in den Bergen an der letzten Passkehre lag. Es war ein heißer Spätfrühlingstag, die Schneegrenze hatte sich schon hinauf zu den Gletscherwänden gezogen. Überall standen die Wiesen wieder in Saft und Kraft; die Wucherblume verschwendete sich, der Löwenzahn strotzte und blähte sein Haupt über den milchigen Stängeln; Trollblumen, welche wie eingefettet mit gelber Sahne waren, platzten vor Glück, und in strahlenden Tümpeln kleinblütiger Enziane spiegelte sich ein Himmel von unwahrscheinlichem Blau. Auch die Häuser und Gasthöfe waren wie neu: ihre Fensterläden frisch angestrichen, die Schindeldächer gut ausgebessert, die Scherenzäune ergänzt. Ein Atemzug noch: dann würden die Fremden, die Sommergäste kommen – die Lehrerinnen, die mutigen Sachsen, die Kinderreichen, die Alpinisten, aber vor allem die Autobesitzer in ihren großen Wagen ... Röhr und Mercedes, Fiat und Opel, blitzend von Chrom und Glas. Das Geld würde anrollen. Alles war darauf vorbereitet. Ein Schild kam zum andern, die Haarnadelkurve zu dem Totenkopf, Kilometerschilder und Schilder für Fußgänger: zwei Minuten zum Café Alpenrose. An der Stelle, wo die Männer den Pfosten in die Erde einrammen wollten, stand ein Holzkreuz, über dem Kopf des Christus war auch ein Schild angebracht. Seine Inschrift war bis heute die gleiche, wie sie Pilatus entworfen hatte: J. N. R. J. – die Enttäuschung darüber, dass es im Grunde hätte heißen sollen: er behauptet nur, dieser König zu sein, hatte im Laufe der Jahrhunderte an Heftigkeit eingebüßt. Die beiden Männer, welche den Pfosten, das Schild und die große Schaufel, um den Pfosten in die Erde zu graben, auf ihren Schultern trugen, setzten alles unter dem Wegekreuz ab, der dritte stellte den Werkzeugkasten, Hammer, Zange und Nägel daneben und spuckte ermunternd aus.

2 Nun beratschlagten die drei Männer, an welcher Stelle die Inschrift des Schildes am besten zur Geltung käme, sie sollte für alle, welche das Dorf auf dem breiten Passweg betraten, besser: befuhren, als Blickfang dienen und nicht zu verfehlen sein. Man kam also überein, das Schild kurz vor dem Wegekreuz anzubringen, gewissermaßen als Gruß, den die Ortschaft jedem Fremden entgegenschickte. Leider stellte sich aber heraus, dass der Pfosten dann in den Pflasterbelag einer Tankstelle hätte gesetzt werden müssen – eine Sache, die sich von selbst verbot, da die Wagen, besonders die größeren, dann am Wenden behindert waren. Die Männer schleppten also den Pfosten noch ein Stück weiter hinaus bis zu der Gemeindewiese und wollten schon mit der Arbeit beginnen, als ihnen auffiel, dass diese Stelle bereits zu weit von dem Ortsschild entfernt war, das den Namen angab und die Gemeinde, zu welcher der Flecken gehörte. Wenn also das Dorf den Vorzug dieses Schildes und seiner Inschrift für sich beanspruchen wollte, musste das Schild wieder näher rücken – am besten gerade dem Kreuz gegenüber, sodass Wagen und Fußgänger zwischen beiden hätten passieren müssen.

3 Dieser Vorschlag, von dem Mann mit den Nägeln und dem Hammer gemacht, fand Beifall. Die beiden anderen luden von neuem den Pfosten auf ihre Schultern und schleppten ihn vor das Kreuz. Nun sollte also das Schild mit der Inschrift zu dem Wegekreuz senkrecht stehen, doch zeigte es sich, dass die uralte Buche, welche gerade hier ihre Äste mit riesiger Spanne nach beiden Seiten wie eine Mantelmadonna ihren Umhang entfaltete, die Inschrift im Sommer verdeckt und ihr Schattenspiel deren Bedeutung verwischt, aber mindestens abgeschwächt hätte.

4 Es blieb daher nur noch die andere Seite neben dem Herrenkreuz, und da die erste, die in das Pflaster der Tankstelle überging, gewissermaßen den Platz des Schächers zur Linken bezeichnet hätte, wurde jetzt der Platz zur Rechten gewählt und endgültig beibehalten. Zwei Männer hoben die Erde aus, der dritte nagelte rasch das Schild mit wuchtigen Schlägen auf; dann stellten sie den Pfosten gemeinsam in die Grube und rammten ihn rings von allen Seiten mit größeren Feldsteinen an.

5 Ihre Tätigkeit blieb nicht unbeachtet. Schulkinder machten sich gegenseitig die Ehre streitig, dabei zu helfen, den Hammer, die Nägel hinzureichen und passende Steine zu suchen; auch einige Frauen blieben stehen, um die Inschrift genau zu studieren. Zwei Nonnen, welche die Blumenvase zu Füßen des Kreuzes aufs Neue füllten, blickten einander unsicher an, bevor sie weitergingen. Bei den Männern, die von der Holzarbeit oder vom Acker kamen, war die Wirkung verschieden: einige lachten, andere schüttelten nur den Kopf, ohne etwas zu sagen; die Mehrzahl blieb davon unberührt und gab weder Beifall noch Ablehnung kund, sondern war gleichgültig, wie sich die Sache auch immer entwickeln würde. Im Ganzen genommen konnten die Männer mit der Wirkung zufrieden sein. Der Pfosten, kerzengerade, trug das Schild mit der weithin sichtbaren Inschrift, die Nachmittagssonne glitt wie ein Finger über die zollgroßen Buchstaben hin und fuhr jeden einzelnen langsam nach wie einen Richtspruch auf einer Tafel …

6 Auch der sterbende Christus, dessen blasses, blutüberronnenes Haupt im Tod nach der rechten Seite geneigt war, schien sich mit letzter Kraft zu bemühen, die Inschrift aufzunehmen: Man merkte, sie ging ihn gleichfalls an, welcher bisher von den Leuten als einer der ihren betrachtet und wohlgelitten war. Unerbittlich und dauerhaft wie sein Leiden würde sie ihm nun für lange Zeit schwarz auf weiß gegenüberstehen.

7 Als die Männer den Kreuzigungsort verließen und ihr Handwerkszeug wieder zusammenpackten, blickten alle drei noch einmal befriedigt zu dem Schild mit der Inschrift auf. Sie lautete: „In diesem Kurort sind Juden unerwünscht."

Elisabeth Langgässer (1899-1950)
Der Torso, 18 Kurzgeschichten

A 2 Lageskizze vervollständigen

❶ Zeichnen Sie in die Lageskizze <u>Ortsschild</u>, <u>Buche</u> und die Schilder <u>Haarnadelkurve</u> und <u>Café Alpenrose</u> ein.

❷ Kennzeichnen Sie die vorgesehenen Plätze und den endgültigen Platz für das neue Schild. Zeichnen Sie das neue Schild ein.
Geben Sie die Gründe an, die gegen die anderen Plätze sprechen.

❸ Wie wird der Bereich genannt, in dem Kreuz und Schild stehen? Markieren Sie ihn.

H

A 3 Inhalt verstehen und wiedergeben

① Warum wählte die Autorin den Titel „Saisonbeginn"? Worum geht es ihr?
② Welche Bedeutung hat die Inschrift J. N. R. J.?
③ Geben Sie den Inhalt in eigenen Worten wieder (z. B. mithilfe der Lageskizze auf einer Folie).

A 4 Verhalten der Menschen feststellen

① Welche Personen kommen in der Geschichte vor? Wie verhalten sie sich gegenüber dem neuen Schild? Charakterisieren Sie dieses Verhalten.

Menschen	Verhalten gegenüber dem neuen Schild	Charakterisierung
die drei Männer	*stellen Schild mit Inschrift unbekümmert auf, sind mit ihrer Arbeit zufrieden,*	*führen Befehle aus, fragen nicht nach dem Sinn ihres Tuns,*
Schulkinder	*helfen eifrig mit, reichen Werkzeuge,*	
einige Frauen		
zwei Nonnen	*bringen Blumen zum Kreuz, sind unsicher,*	

A 5 Aufbau erkennen

① Auf welche hintergründige Geschichte wird immer wieder angespielt? Markieren Sie die entsprechenden Textstellen.
Was gewinnt die Kurzgeschichte dadurch?
② Die Inschrift des neuen Schildes wird erst im Schlusssatz genannt. Was hat das für eine Wirkung?
③ Wie sind Anfang und Ende der Kurzgeschichte gestaltet? Welche Absicht steht dahinter?

A 6 Geschichtliche Fakten ermitteln

① Wann und wo kann sich der erzählte Vorgang abgespielt haben? Sind Ihnen ähnliche Fälle bekannt?
② In welchen Phasen vollzog sich die Judenverfolgung im Dritten Reich?
③ Welche Auswirkungen hatte die Auswanderung von Juden aus Deutschland?

In den Schrebergärten am Rand von Berlin

Foto Ullstein, Berlin

A 7 Autobiografischen Text auswerten

Wir Schüler: Ich weiß ja nicht, wie es andernorts war, aber bei uns gab es keine fanatische, keine passionierte, keine heftige Jugend Hitlers. Sie alle machten eben mit, lustlos einige, lustvoll andere, gleichgültig viele, 5 manche waren „Führer" und zierten ihre Uniform mit einer Schnur. Wenn einer aber sich schwer tat mit dem „Dienst", etwa den Heimabend schwänzte oder seinen Sonntag für sich haben wollte, dann verlor er erst sein Halstuch (weithin sichtbares Schandmal, der leere 10 Fleck), flog dann heraus aus seiner sogenannten Einheit. [...]
Was freilich „Widerstand" bedeutete, das wussten wir nicht, wollten es nicht wissen, ahnten es kaum. Und was aus ihren jüdischen Kollegen und Mitbürgern ge15 worden war, das behielten die Eltern schön für sich. Wofern die nicht auf Führers Fahne schworen, tarnten sie sich, tarnten sich so perfekt, dass die Tarnung schon kaum mehr zu unterscheiden war von der durch sie zu schützenden Substanz. [...]
20 Ob es je gelingen wird, einer späteren Generation klarzumachen, dass es ein Stück persönliche Bewährung, ja so etwas wie privates Heldentum war, wenn man in den Bäckerladen ging und „Guten Morgen!" grüßte? Denn an den Ladentüren mahnte den Kunden ein 25 Schild, das sagte: „Trittst du hier als Deutscher ein / Soll dein Gruß Heil Hitler sein!" Ein kleiner Held war auch, wer auf der Straße den Hut lüftete, statt – was aus vielen Gründen bequemer war – den rechten Arm zu recken.
30 Ich rede von meiner Schulzeit, und Schulzeit ist Kinderzeit. Auf der Universität, die im Kriege nahezu frei von Männern war, haben sich Widerstand und Aufbegehren wohl gelegentlich intelligent und moralisch artikuliert – in kleinen Zellen freilich nur. Wie klein, mag 35 man daraus erkennen, dass nach der Tat der Geschwister Scholl und ihrer Freunde „die Münchener Studentenschaft" den ekelhaften Hetzworten des triumphierenden Gauleiters blutrünstigen Beifall zubrüllte. So jedenfalls hat man es mir berichtet damals. Damals: das 40 ist nun lange her, und ist nie vorbei. Rührend fast, dass wir einmal glaubten, es lasse sich diese Art von Vergangenheit „bewältigen", solange noch die Generationen leben, die diese Vergangenheit waren, die diese Vergangenheit sind. [...]

Peter Wapnewski (1922-2012)
Es ist lange her und nie vorbei

Die Münchener Studenten Hans Scholl, Sophie Scholl und ihr gemeinsamer Freund Christoph Propst (von links nach rechts)
Hingerichtet am 22. Februar 1943

George (Jürgen) Wittenstein / akg

❶ Wie verhielten sich nach Ansicht des Autors Schüler und Eltern im Allgemeinen? Wie war „privates Heldentum" möglich? Beachten Sie die Rolle des Schildes an den Ladentüren.

❷ Im Text wird von der „Tat der Geschwister Scholl und ihrer Freunde" gesprochen.
Informieren Sie sich über den Widerstand der „Weißen Rose". Referieren Sie vor der Klasse.

❸ Soll unter die Erinnerung an diese Geschehnisse im Dritten Reich nach so langer Zeit ein Schlussstrich gezogen werden?
Sollen wir auf Gedenkveranstaltungen wie die zum 9. November 1938 oder 22. Februar 1943 verzichten?
Vergleichen Sie Ihren Standpunkt mit dem des Autors.

Kurzgeschichte 3

Spaghetti für zwei

Heinz war bald vierzehn und fühlte sich sehr cool. In der Klasse und auf dem Fußballplatz hatte er das Sagen. Im Unterricht machte er gerne auf Verweigerung. Die Lehrer sollten bloß nicht auf den Gedanken kommen, dass er sich anstrengte.

Mittags konnte er nicht nach Hause, weil der eine Bus zu früh, der andere zu spät abfuhr. So aß er im Selbstbedienungsrestaurant, gleich gegenüber der Schule. Viel Geld wollte Heinz nicht ausgeben. „Italienische Gemüsesuppe" stand im Menü. Ein schwitzendes Fräulein schöpfte die Suppe aus einem dampfenden Topf. Heinz nickte zufrieden. Der Teller war ordentlich voll. Eine Schnitte Brot dazu, und er würde bestimmt satt.

Er setzte sich an einen freien Tisch. Da merkte er, dass er den Löffel vergessen hatte. Heinz stand auf und holte sich einen. Als er zu seinem Tisch zurückstapfte, traute er seinen Augen nicht: Ein Schwarzer saß an seinem Platz und aß seelenruhig seine Gemüsesuppe! Heinz stand mit seinem Löffel fassungslos da, bis ihn die Wut packte. Zum Teufel mit diesen Asylbewerbern! Der kam irgendwo aus Uagadugu, wollte sich in der Schweiz breitmachen, und jetzt fiel ihm nichts Besseres ein, als ausgerechnet seine Gemüsesuppe zu verzehren! Heinz öffnete den Mund, um dem Menschen lautstark seine Meinung zu sagen, als ihm auffiel, dass die Leute ihn komisch ansahen. Heinz wurde rot. Er wollte nicht als Rassist gelten. Aber was nun?

Plötzlich fasste er einen Entschluss. Er zog einen Stuhl zurück und setzte sich dem Schwarzen gegenüber. Dieser hob den Kopf, blickte ihn kurz an und schlürfte ungestört die Suppe weiter. Heinz presste die Zähne zusammen, dass seine Kinnbacken schmerzten. Dann packte er energisch den Löffel, beugte sich über den Tisch und tauchte ihn in die Suppe. Der Schwarze hob abermals den Kopf. Sekundenlang starrten sie sich an. Heinz führte mit leicht zitternder Hand den Löffel zum Mund und tauchte ihn zum zweiten Mal in die Suppe. Seinen vollen Löffel in der Hand, fuhr der Schwarze fort, ihn stumm zu betrachten. Dann senkte er die Augen auf seinen Teller und aß weiter. Eine Weile verging. Beide teilten sich die Suppe, ohne dass ein Wort fiel. Heinz versuchte nachzudenken.

Vielleicht hat der Mensch kein Geld, muss schon tagelang hungern. Vielleicht würde ich mit leerem Magen ähnlich reagieren? Und Deutsch kann er anscheinend auch nicht, sonst würde er da nicht sitzen wie ein Klotz. Ist doch peinlich. Ich an seiner Stelle würde mich schämen. Ob Schwarze wohl rot werden können? Das leichte Klirren des Löffels, den der Afrikaner in den leeren Teller legte, ließ Heinz die Augen heben. Der Schwarze hatte sich zurückgelehnt und sah ihn an. Heinz konnte seinen Blick nicht deuten. In seiner Verwirrung lehnte er sich ebenfalls zurück. Er versuchte, den Schwarzen abzuschätzen. Junger Kerl. Etwas älter als ich. Vielleicht sechzehn oder sogar

schon achtzehn. Normal angezogen: Jeans. Pulli, Windjacke. Sieht eigentlich nicht wie ein Obdachloser aus. Immerhin, der hat meine halbe Suppe aufgegessen und sagt nicht einmal danke! Verdammt, ich habe noch Hunger!

Der Schwarze stand auf. Heinz blieb der Mund offen. Haut der tatsächlich ab? Jetzt ist aber das Maß voll! So eine Frechheit! Der soll mir wenigstens die halbe Gemüsesuppe bezahlen! Er wollte aufspringen und Krach schlagen. Da sah er, wie sich der Schwarze mit einem Tablett in der Hand wieder anstellte. Heinz fiel unsanft auf seinen Stuhl zurück. Also doch: Der Mensch hat Geld!

Aber bildet der sich vielleicht ein, dass ich ihm den zweiten Gang bezahle? Heinz griff hastig nach seiner Schulmappe. Bloß weg von hier, bevor er mich zur Kasse bittet!

Aber nein, sicherlich nicht. Oder doch? Heinz ließ die Mappe los und kratzte nervös an einem Pickel. Irgendwie wollte er wissen, wie es weiterging. Jetzt stand der Schwarze vor der Kasse und – wahrhaftig – er bezahlte! Heinz schniefte. Verrückt! dachte er, total gesponnen! Da kam der Schwarze zurück. Er trug das Tablett, auf dem ein großer Teller Spaghetti stand, mit Tomatensauce, vier Fleischbällchen und zwei Gabeln. Immer noch stumm, setzte er sich Heinz gegenüber, schob den Teller in die Mitte des Tisches, nahm eine Gabel und begann zu essen. Heinz' Wimpern flatterten. Dieser Typ forderte ihn tatsächlich auf, die Spaghetti mit ihm zu teilen! Heinz brach der Schweiß aus. Was nun? Sollte er essen? Nicht essen? Seine Gedanken überstürzten sich. Wenn der Mensch doch wenigstens reden würde! Die Portion war sehr reichlich. Bald hatte Heinz keinen Hunger mehr. Dem Schwarzen ging es ebenso. Er legte die Gabel aufs Tablett und putzte sich mit der Papierserviette den Mund ab. Heinz räusperte sich. Der Schwarze lehnte sich zurück, schob die Daumen in die Jeanstaschen und sah ihn an. Undurchdringlich. Heinz kratzte sich unter dem Rollkragen, bis ihm die Haut schmerzte. Wenn ich nur wüsste, was er denkt! Verwirrt, schwitzend und erbost ließ er seine Blicke umherwandern. Plötzlich spürte er ein Kribbeln im Nacken. Ein Schauer jagte ihm über die Wirbelsäule von den Ohren bis ans Gesäß. Auf dem Nebentisch, an den sich bisher niemand gesetzt hatte, stand – einsam auf dem Tablett – ein Teller kalter Gemüsesuppe. Heinz erlebte den peinlichsten Augenblick seines Lebens. Am liebsten hätte er sich in ein Mauseloch verkrochen. Es vergingen zehn volle Sekunden, bis er es endlich wagte, dem Schwarzen ins Gesicht zu sehen. Der saß da, völlig entspannt und cooler, als Heinz es je sein würde, und wippte leicht mit dem Stuhl hin und her. „Ah ...", stammelte Heinz, feuerrot im Gesicht. „Entschuldigen Sie bitte. Ich ..."

Er sah die Pupillen des Schwarzen aufblitzen. Auf einmal warf dieser den Kopf zurück, brach in dröhnendes Gelächter aus. Zuerst brachte Heinz nur ein verschämtes Glucksen zustande, bis endlich der Bann gebrochen war und er aus vollem Halse in das Gelächter des Afrikaners einstimmte.

Eine Weile saßen sie da, von Lachen geschüttelt. Dann stand der Schwarze auf, schlug Heinz auf die Schulter. „Ich heiße Marcel", sagte er in bestem Deutsch. „Ich esse jeden Tag hier. Sehe ich dich morgen wieder? Um die gleiche Zeit?" Heinz' Augen tränten, und er schnappte nach Luft. „In Ordnung!" keuchte er. „Aber dann spendiere ich die Spaghetti!"

Federica de Cesco (*1938)
Mein Erstkommunion-Geschichtenbuch
Katholisches Bibelwerk

A 1 Inhalt wiedergeben

❶ Schreiben Sie eine kurze Inhaltsangabe zum Verlauf der Geschichte.

A 2 Inhalt interpretieren

❶ Welches ist der „peinlichste Augenblick", den Heinz erlebt? Wie kommt es zu dieser Situation?

❷ Geben Sie Textstellen an, die das coole Verhalten von Marcel belegen.

❸ Auch Heinz fühlt sich cool. Ist er es wirklich?

❹ Ausländer leiden häufig unter Vorurteilen. Nennen Sie Vorurteile, die Heinz gegenüber Marcel hatte.

❺ Welche Folgerungen ziehen Sie für sich aus der Geschichte?

Unterhaltungsliteratur

Auf dem weiten Feld der Unterhaltungsliteratur ist der handliche und preiswerte **Kurzroman** nicht zu übersehen. Mit rund 60 bis 140 Seiten ist er von Thema und Handlung her leicht zugänglich und bietet vielen Menschen Entspannung. In Bahnhofsbuchhandlungen und Kiosken werden jährlich an die 450 Millionen neuer und alter Titel verkauft. Auch in den elektronischen Medien sind sie präsent.

Als „Traumfabrik, die die guten Nachrichten bringt", ist der Kurzroman gerade in Krisenzeiten besonders beliebt. Das Gute setzt sich zum guten Schluss durch, die Welt kommt wieder in Ordnung.
Kurzromane sind literarische Massenartikel, die in großen Romanserien und klein- oder großformatigen **Taschenbuchreihen** nach festem Schema von vielen Autoren fortlaufend angefertigt werden.

A 1 Romanserien und Romantitel beurteilen

Romanserie	Band	Autor(in)	Romantitel
a) Silvia-Exklusiv	869	Ina Ritter	Träume kann mir niemand nehmen
Fürsten-Roman	816	Cora von Wendt	Wenn ein Prinz aus Liebe lügt
Berg-Roman	741	Carolin Ried	Das einsamste Dirndl vom Falkeneck
Heimat-Roman	1326	Sepp Andermatt	Von einem Taugenichts geblendet
Dr. Norden	55	Patricia Vandenberg	Das Glück kam nicht von selbst
b) Jerry Cotton	1340	- -	Wer zweimal stirbt, ist wirklich tot
Ferner Westen	21	Sam Harper jr.	Treck der Gehetzten
320 PS-Jim	32	Ken Adams	Gib Gas, Mary Ann
Gespenster-Krimi	527	Jack Vernom	Kreuzfahrt in die Hölle
Perry Rhodan	1121	Kurt Mahr	Der Sonnenhammer

❶ Was verrät der Name der Romanserie dem Leser im Voraus? Welche Vorteile hat das? Welche Arten von Romanen enthalten die zwei Gruppen a und b?

❷ Wie sind die Romantitel formuliert? Stimmen sie mit der Romanserie überein?

❸ Sind alle Schriftstellernamen echt? Warum bleiben manche Autoren anonym?

❹ Nennen Sie Gründe für die Beliebtheit der Kurzromane.

A 2 Beziehung zwischen Romanheld und Leser untersuchen

Im Bereich der Science-Fiction-Romane führt Perry Rhodan, „der Erbe des Universums". Die Perry-Rhodan-Serie nennt sich „die größte Science-Fiction-Serie der Welt". Beim „Weltcon '86" feierten die Fans Perrys 25. Geburtstag und 2011 seinen 50. mit über 1 Milliarde verkaufter Hefte und Bücher.

Für die Fans gibt es nicht nur SF- und Fantasy-Feste, PR-T-Shirts und PR-Fahnen. Man kann auch Sammelmappen, PR-Lexika und Bilder bekannter Serienfiguren bestellen, außerdem Modelle und technische Zeichnungen von Weltraumschiffen und Computergehirnen.

❶ Welche Wirkungen sollen die PR-Service-Artikel bei den Käufern hervorrufen?

❷ Wie erklären Sie sich das große Interesse vieler Menschen an der fantastischen PR-Welt?

Hinweis: Da viele Romane ausgetauscht werden, schätzt man, dass jede Woche etwa eine Million Bundesbürger ihren Lesehunger mit Perry Rhodan stillen. Davon gehören 39 % der Altersgruppe 13 bis 22 Jahre an, 12 % sind 22- bis 30-jährig, 11 % sind 30- bis 40-jährig. Schüler und Lehrlinge stehen mit 30 % an der Spitze. Es folgen die Angestellten mit 22 % und Arbeiter mit 21 %. 85 % aller Leser sind männlich.

❸ In manchen Romanen gibt es Clubnachrichten und eine Leserkontaktseite.
Woran erkennt man im Folgenden die Vertrautheit der Schreiber mit der Welt von Perry Rhodan?

M.S., ... in H. – Nr. 1120

Das Titelbild war mittelprächtig, ich hab' schon Besseres von Johnny Brück gesichtet. Positiv muss ich allerdings den Silbernen bewerten; er (?) sieht wirklich wie ein Neutrum aus – hervorragend gelungen! Der Roman von Willi Voltz war sicherlich nicht von den schlechtesten Eltern, nur da meine absolute Anti-Lieblingsfigur (Gucky) mit meiner absoluten Lieblingsfigur (Saedelaere) zusammen ein Stückchen aufführte, rutschte das Ganze für mich mehr ins Mittelmaß ab. Der Roman war spannend geschrieben und sehr gut zu lesen, aber da war halt Gucky ... Überrascht hat mich die Vernichtung von Laires Auge und dem Ring; damit hatte ich wahrlich nicht gerechnet.

J. W., ... in W. – Nr. 2229

Mich stört, wie sich alles ums Geld zu drehen scheint, wenn es darum geht, Terra und das Solsystem wieder auf die Beine zu bringen. Wenn der politische Wille da ist, sollte es um andere Qualitäten gehen als um die Wirtschafts- und Finanzkraft. Konkret heißt das, dass Selbsthilfe und Solidarität der Terraner allemal ausreichen, auch ohne Geldmittel einen Wiederaufbau in die Wege zu leiten. Diesen von Finanzleuten abhängig zu machen, wäre doch sehr einseitig kapitalistisch gedacht.

So weit mal meine Gedanken zum neuen Zyklus, der aus meiner Sicht das Potenzial hat, sehr interessant zu werden.

A 3 Handlungsschema und Personendarstellung bewerten

Textauszug 1 (Seite 20)

Nicolas streckte die Hände aus, umfasste ihre schmalen Gelenke und zog sie mit einem Ruck wieder neben sich. „Nein. Bitte bleib!"

Sonjas Augen weiteten sich. In ängstlicher Verwunderung saß sie da, während Nicolas unvermittelt ihr Gesicht in seine Hände nahm. Er spürte die Weichheit ihres Haars, das im Licht der allmählich verlöschenden Kerzen wie Goldgespinst schimmerte, und ein jähes Verlangen verwirrte seine Sinne und schaltete jede Vernunft aus. „Du kannst mich doch jetzt nicht allein lassen! Ich brauche jemanden ... Ich brauche dich!"

„Nein ... Bitte nicht, Nicolas!" Sonja versuchte sich zu befreien, sie wand sich und spürte gleichzeitig, wie eine süße Schwäche sie durchrann. Ihr Herz pochte wild vor Glück und Angst.

Nicolas' warme Lippen berührten ihre Stirn und ihre geschlossenen Augen, und als sie es hilflos geschehen ließ, küsste er sie heiß auf den Mund.

Wie im Traum schlang Sonja die Arme um seinen Rücken. „Ich liebe dich, Nicolas", flüsterte sie in seligem Selbstvergessen. „Ich liebe dich ja so sehr!"

Textauszug 2 (Seite 58)

Nicolas besann sich plötzlich auf ein Wort, das sie vorhin gesagt hatte. Auf einen Vater wie ihn könne Volker verzichten?

„Moment mal ..."

Eine Erkenntnis dämmerte in ihm. Es war unglaublich. Aber nicht unmöglich, sagte sich Nicolas und sah Sonja scharf an ... Die großen, saphirblauen Augen, die ihn jetzt so ruhig anblickten, erinnerten ihn an etwas. Ein mageres junges Mädchen mit einem Zeichenblock ...

Es fiel ihm wie Schuppen von den Augen. Dass er darauf nicht gleich gekommen war! Sicher lag es daran, weil sie jetzt so anders, so selbstständig und selbstbewusst, und doch auch bezaubernd weiblich geworden war. Sonja las es in seiner Miene, und sie begriff, dass er sie erst in diesem Moment wiedererkannte. Ihr Herz klopfte wie verrückt.

Nicolas streckte mit einer bittenden Geste die Hand aus. „Ich war ein riesengroßer Narr, Sonja! Wir müssen unbedingt über alles reden, jetzt gleich ... Darf ich mit dir zu deinem Haus kommen?"

Sie nickte zögernd. „Komm, ..."

Hinweis: Textauszug 1 ist vom Anfang, Textauszug 2 vom Ende der Geschichte (Gesamtumfang 60 Seiten).

❶ Was für zwei Liebesszenen sind hier dargestellt? Welches Romanende ist zu erwarten?

❷ Wie wird der Mann dargestellt und wie die Frau? Welches Rollenverständnis spricht daraus? Berücksichtigen Sie die Entwicklung von Sonja und Nicolas.

❸ Bewerten Sie das Handlungsschema und die Personendarstellung.

Satire

In der **Satire** werden Missstände, Irrtümer und Fehlverhalten verspottet und lächerlich gemacht. Der Satiriker deckt menschliche Schwächen und Schäden in der Gesellschaft auf, weil er hofft, dass sie erkannt und beseitigt werden. Mit den Mitteln der Komik und der Übertreibung erreicht er, dass der Leser vom Dargestellten nicht abgestoßen und entmutigt, sondern zum Nachdenken ermuntert wird.

Der Boss

K. Halbritter
Gesellschaftsspiele

Es wird etwas geschehen (Eine handlungsstarke Geschichte)

1 Zu den merkwürdigsten Abschnitten meines Lebens gehört wohl der, den ich als Angestellter in Alfred Wunsiedels Fabrik zubrachte. Von Natur bin ich mehr dem Nachdenken und dem Nichtstun zugeneigt als der Arbeit, doch hin und wieder zwingen mich anhaltende finanzielle Schwierigkeiten – denn Nachdenken bringt so wenig ein wie Nichtstun – eine sogenannte Stelle anzunehmen. Wieder einmal auf einem solchen Tiefpunkt angekommen, vertraute ich mich der Arbeitsvermittlung an und wurde mit sieben anderen Leidensgenossen in Wunsiedels Fabrik geschickt, wo wir einer Eignungsprüfung unterzogen werden sollten.

2 Schon der Anblick der Fabrik machte mich misstrauisch: die Fabrik war ganz aus Glasziegeln gebaut, und meine Abneigung gegen helle Gebäude und helle Räume ist so stark wie meine Abneigung gegen die Arbeit. Noch misstrauischer wurde ich, als uns in der hellen, fröhlich ausgemalten Kantine gleich ein Frühstück serviert wurde: hübsche Kellnerinnen brachten uns Eier, Kaffee und Toaste, in geschmackvollen Karaffen stand Orangensaft; Goldfische drückten ihre blasierten Gesichter gegen die Wände hellgrüner Aquarien. Die Kellnerinnen waren so fröhlich, dass sie vor Fröhlichkeit fast zu platzen schienen. Nur starke Willensanstrengung – so schien mir – hielt sie davon zurück, dauernd zu trällern. Sie waren mit ungesungenen Liedern so angefüllt wie Hühner mit ungelegten Eiern.

3 Ich ahnte gleich, was meine Leidensgenossen nicht zu ahnen schienen: dass auch dieses Frühstück zur Prüfung gehöre; und so kaute ich hingebungsvoll, mit dem vollen Bewusstsein eines Menschen, der genau weiß, dass er seinem Körper wertvolle Stoffe zuführt. Ich tat etwas, wozu mich normalerweise nichts in dieser Welt bringen würde: ich trank auf den nüchternen Magen Orangensaft, ließ den Kaffee und ein Ei stehen, den größten Teil des Toasts liegen, stand auf und marschierte handlungsschwanger in der Kantine auf und ab. So wurde ich als Erster in den Prüfungsraum geführt, wo auf reizenden Tischen die Fragebogen bereitlagen. Die Wände waren in einem Grün getönt, das Einrichtungsfanatikern das Wort „entzückend" auf die Lippen gezaubert hätte. Niemand war zu sehen, und doch war ich so sicher, beobachtet zu werden, dass ich mich benahm, wie ein Handlungsschwangerer sich benimmt, wenn er sich unbeobachtet glaubt; ungeduldig riss ich meinen Füllfederhalter aus der Tasche, schraubte ihn

auf, setzte mich an den nächstbesten Tisch und zog den Fragebogen an mich heran, wie Choleriker Wirtshausrechnungen zu sich hinziehen.

4 Erste Frage: Halten Sie es für richtig, dass der Mensch nur zwei Arme, zwei Beine, Augen und Ohren hat?

Hier erntete ich zum ersten Male die Früchte meiner Nachdenklichkeit und schrieb ohne Zögern hin:

„Selbst vier Arme, Beine, Ohren würden meinem Taten-drang nicht genügen. Die Ausstattung des Menschen ist kümmerlich."

5 Zweite Frage: Wie viele Telefone können Sie gleichzeitig bedienen?

Auch hier war die Antwort so leicht wie die Lösung einer Gleichung ersten Grades. „Wenn es nur sieben Telefone sind", schrieb ich, „werde ich ungeduldig, erst bei neun fühle ich mich vollkommen ausgelastet."

6 Dritte Frage: Was machen Sie nach Feierabend?
Meine Antwort: „Ich kenne das Wort Feierabend nicht mehr – an meinem fünfzehnten Geburtstag strich ich es aus meinem Vokabular, denn am Anfang war die Tat."

7 Ich bekam die Stelle. Tatsächlich fühlte ich mich sogar mit den neun Telefonen nicht ganz ausgelastet. Ich rief in die Muscheln der Hörer: „Handeln Sie sofort!" oder: „Tun Sie etwas! – Es muss etwas geschehen – Es wird etwas geschehen – Es ist etwas geschehen – Es sollte etwas geschehen!" Doch meistens – denn das schien mir der Atmosphäre gemäß – bediente ich mich des Imperativs.

8 Interessant waren die Mittagspausen, wo wir in der Kantine, von lautloser Fröhlichkeit umgeben, vitaminreiche Speisen aßen. Es wimmelte in Wunsiedels Fabrik von Leuten, die verrückt darauf waren, ihren Lebenslauf zu erzählen, wie eben handlungsstarke Persönlichkeiten es gerne tun. Ihr Lebenslauf ist ihnen wichtiger als ihr Leben, man braucht nur auf einen Knopf zu drücken, und schon erbrechen sie ihn in Ehren.

9 Wunsiedels Stellvertreter war ein Mann mit Namen Broschek, der seinerseits einen gewissen Ruhm erworben hatte, weil er als Student sieben Kinder und eine gelähmte Frau durch Nachtarbeit ernährt, zugleich vier Handelsvertretungen erfolgreich ausgeübt und dennoch innerhalb von zwei Jahren zwei Staatsprüfungen mit Auszeichnung bestanden hatte. Als ihn Reporter gefragt hatten: „Wann schlafen Sie denn, Broschek?", hatte er geantwortet: „Schlafen ist Sünde!"

10 Wunsiedels Sekretärin hatte einen gelähmten Mann und vier Kinder durch Stricken ernährt, hatte gleichzeitig in Psychologie und Heimatkunde promoviert, Schäferhunde gezüchtet und war als Barsängerin unter dem Namen Vamp 7 berühmt geworden.

11 Wunsiedel selbst war einer von den Leuten, die morgens, kaum erwacht, schon entschlossen sind zu handeln. „Ich muss handeln", denken sie, während sie energisch den Gürtel des Bademantels zuschnüren. „Ich muss handeln", denken sie, während sie sich rasieren, und sie blicken triumphierend auf die Barthaare, die sie mit dem Seifenschaum von ihrem Rasierapparat abspülen: Die Reste der Behaarung sind die ersten Opfer ihres Tatendrangs. Auch die intimeren Verrichtungen lösen Befriedigung bei diesen Leuten aus: Wasser rauscht, Papier wird verbraucht. Es ist etwas geschehen. Brot wird gegessen, dem Ei wird der Kopf abgeschlagen. Die belangloseste Tätigkeit sah bei Wunsiedel wie eine Handlung aus: wie er den Hut aufsetzte, wie er bebend vor Energie den Mantel zuknöpfte, der Kuss, den er seiner Frau gab, alles war Tat.

Management by Stress

K. Halbritter
Gesellschaftsspiele

© Holland+Josenhans

12 Wenn er sein Büro betrat, rief er seiner Sekretärin als Gruß zu: „Es muss etwas geschehen!" Und diese rief frohen Mutes: „Es wird etwas geschehen!" Wunsiedel ging dann von Abteilung zu Abteilung, rief sein fröhliches: „Es muss etwas geschehen!" Alle antworteten: „Es wird etwas geschehen!" Und auch ich rief ihm, wenn er mein Zimmer betrat, strahlend zu: „Es wird etwas geschehen!"

13 Innerhalb der ersten Woche steigerte ich die Zahl der bedienten Telefone auf elf, innerhalb der zweiten Woche auf dreizehn, und es machte mir Spaß, morgens in der Straßenbahn neue Imperative zu erfinden oder das Verbum „geschehen" durch die verschiedenen Tempora[1], durch die verschiedenen Genera[2], durch Konjunktiv[3] und Indikativ[4] zu hetzen; zwei Tage lang sagte ich nur den einen Satz, weil ich ihn so schön fand: „Es hätte etwas geschehen müssen", zwei weitere einen anderen: „Das hätte nicht geschehen dürfen."

14 So fing ich an, mich tatsächlich ausgelastet zu fühlen, als wirklich etwas geschah. An einem Dienstagmorgen – ich hatte mich noch gar nicht richtig zurechtgesetzt – stürzte Wunsiedel in mein Zimmer und rief sein „Es muss etwas geschehen!" Doch etwas Unerklärliches auf seinem Gesicht ließ mich zögern, fröhlich und munter, wie es vorgeschrieben war, zu antworten: „Es wird etwas geschehen!" Ich zögerte wohl zu lange, denn Wunsiedel, der sonst selten schrie, brüllte mich an: „Antworten Sie! Antworten Sie, wie es vorgeschrieben ist!" Und ich antwortete leise und widerstrebend wie ein Kind, das man zu sagen zwingt: ich bin ein böses Kind. Nur mit großer Anstrengung brachte ich den Satz heraus: „Es wird etwas geschehen", und kaum hatte ich ihn ausgesprochen, da geschah tatsächlich etwas: Wunsiedel stürzte zu Boden, rollte im Stürzen auf die Seite und lag quer vor der offenen Tür. Ich wusste gleich, was sich mir bestätigte, als ich langsam um meinen Tisch herum auf den Liegenden zuging: dass er tot war.

15 Kopfschüttelnd stieg ich über Wunsiedel hinweg, ging langsam durch den Flur zu Broscheks Zimmer und trat dort ohne anzuklopfen ein. Broschek saß an seinem Schreibtisch, hatte in jeder Hand einen Telefonhörer, im Mund einen Kugelschreiber, mit dem er Notizen auf einen Block schrieb, während er mit den bloßen Füßen eine Strickmaschine bediente, die unter dem Schreibtisch stand. Auf diese Weise trägt er dazu bei, die Bekleidung seiner Familie zu vervollständigen. „Es ist etwas geschehen", sagte ich leise. Broschek spuckte den Kugelstift aus, legte die beiden Hörer hin, löste seine Zehen von der Strickmaschine.

16 „Was ist geschehen?" fragte er. „Herr Wunsiedel ist tot", sagte ich. „Nein", sagte Broschek. „Doch", sagte ich, „kommen Sie!" „Nein", sagte Broschek, „das ist unmöglich", aber er schlüpfte in seine Pantoffeln und folgte mir über den Flur. „Nein", sagte er, als wir an Wunsiedels Leiche standen, „nein, nein!" Ich widersprach ihm nicht. Vorsichtig drehte ich Wunsiedel auf den Rücken, drückte ihm die Augen zu und betrachtete ihn nachdenklich.

17 Ich empfand fast Zärtlichkeit für ihn, und zum ersten Mal wurde mir klar, dass ich ihn nie gehasst hatte. Auf seinem Gesicht war etwas, wie es auf den Gesichtern der Kinder ist, die sich hartnäckig weigern, ihren Glauben an den Weihnachtsmann aufzugeben, obwohl die Argumente der Spielkameraden so überzeugend klingen.
„Nein", sagte Broschek, „nein."
„Es muss etwas geschehen", sagte ich leise zu Broschek. „Ja", sagte Broschek, „es muss etwas geschehen."

18 Es geschah etwas: Wunsiedel wurde beerdigt, und ich wurde ausersehen, einen Kranz künstlicher Rosen hinter seinem Sarg herzutragen, denn ich bin nicht nur mit einem Hang zur Nachdenklichkeit und zum Nichtstun ausgestattet, sondern auch mit einer Gestalt und einem Gesicht, die sich vorzüglich für schwarze Anzüge eignen. Offenbar habe ich – mit dem Kranz künstlicher Rosen in der Hand hinter Wunsiedels Sarg hergehend – großartig ausgesehen. Ich erhielt das Angebot eines eleganten Beerdigungsinstituts, dort als berufsmäßig Trauernder einzutreten. „Sie sind der geborene Trauernde", sagte der Leiter des Instituts, „die Garderobe bekommen Sie gestellt. Ihr Gesicht – einfach großartig!"

19 Ich kündigte Broschek mit der Begründung, dass ich mich dort nicht richtig ausgelastet fühle, dass Teile meiner Fähigkeiten trotz der dreizehn Telefone brachlägen. Gleich nach meinem ersten berufsmäßigen Trauergang wusste ich: Hierhin gehörst du, das ist der Platz, der für dich bestimmt ist.

20 Nachdenklich stehe ich hinter dem Sarg in der Trauerkapelle, mit einem schlichten Blumenstrauß in der Hand, während Händels Largo gespielt wird, ein Musikstück, das viel zu wenig geachtet ist. Das Friedhofscafé ist mein Stammlokal, dort verbringe ich die Zeit zwischen meinen beruflichen Auftritten, doch manchmal gehe ich auch hinter Särgen her, zu denen ich nicht beordert bin, kaufe aus meiner Tasche einen Blumenstrauß und geselle mich zu dem Wohlfahrtsbeamten, der hinter dem Sarg eines Heimatlosen hergeht. Hin und wieder besuche ich auch Wunsiedels Grab, denn schließlich verdanke ich es ihm, dass ich meinen eigentlichen Beruf entdeckte, einen Beruf, bei dem Nachdenklichkeit geradezu erwünscht und Nichtstun meine Pflicht ist.

21 Spät erst fiel mir ein, dass ich mich nie für den Artikel interessiert habe, der in Wunsiedels Fabrik hergestellt wurde. Es wird wohl Seife gewesen sein.

Heinrich Böll (1917-1985)
Nicht nur zur Weihnachtszeit

---

[1] Zeiten   [2] Aktiv, Passiv   [3] Möglichkeitsform   [4] Wirklichkeitsform

A 1 Vorgänge und Personen beschreiben

❶ Beschreiben Sie den Ablauf der Prüfung.

❷ Beschreiben Sie den Charakter der einzelnen Personen.

A 2 Aussageabsicht erkennen

❶ Wo liegt der Wendepunkt in der Satire? Kennzeichnen Sie ihn am Rand mit ⌣.
Welche Bedeutung hat er für die Entwicklung des Erzählers?

❷ Welche Missstände und Verhaltensweisen nimmt der Autor vor und nach dem Wendepunkt aufs Korn? Zu welchen Einsichten soll der Leser kommen? (vgl. auch die Inhaltsangabe Seite 56)

A 3 Stilmittel feststellen und untersuchen

In der Satire werden verschiedene Stilmittel eingesetzt, um Missstände zu verspotten.

❶ Bezeichnen Sie die Art dieser Mittel in den folgenden Beispielen.

a) Wunsiedels Sekretärin hatte gleichzeitig in Psychologie und Heimatkunde promoviert, Schäferhunde gezüchtet und war als Barsängerin unter dem Namen Vamp 7 berühmt geworden.

Stilmittel _____

b) Wenn es nur sieben Telefone sind, werde ich ungeduldig, erst bei neun fühle ich mich vollkommen ausgelastet.

Stilmittel _____

c) Als ihn Reporter gefragt hatten: „Wann schlafen Sie denn, Broschek?", hatte er geantwortet: „Schlafen ist Sünde!"

Stilmittel _____

d) Sie waren mit ungesungenen Liedern so angefüllt wie Hühner mit ungelegten Eiern.

Stilmittel _____

❷ Suchen Sie weitere Textbeispiele zu diesen satirischen Stilmitteln.

❸ Der Ausspruch „Es wird etwas geschehen" wird als Leitmotiv oft wiederholt und abgeändert.
In welchen Abwandlungen erscheint der Ausspruch?
Welche Wirkung haben die Wiederholungen und Abwandlungen?

A 4 Textstellen vortragen

❶ Kennzeichnen Sie in den beiden folgenden Textstellen die Vortragsweise.
Hinweis: betonte Silben unterstreichen; Atempausen mit | kennzeichnen

a) Ich bekam die Stelle. Tatsächlich fühlte ich mich sogar mit den neun Telefonen nicht ganz ausgelastet. Ich rief in die Muscheln der Hörer: „Handeln Sie sofort!" oder: „Tun Sie etwas! – Es muss etwas geschehen – Es wird etwas geschehen – Es ist etwas geschehen – Es sollte etwas geschehen!" Doch meistens – denn das schien mir der Atmosphäre gemäß – bediente ich mich des Imperativs.

b) Wenn er sein Büro betrat, rief er seiner Sekretärin als Gruß zu: „Es muss etwas geschehen!" Und diese rief frohen Mutes: „Es wird etwas geschehen!" Wunsiedel ging dann von Abteilung zu Abteilung, rief sein fröhliches: „Es muss etwas geschehen!" Alle antworteten: „Es wird etwas geschehen!" Und auch ich rief ihm, wenn er mein Zimmer betrat, strahlend zu: „Es wird etwas geschehen!"

❷ Tragen Sie diese Textstellen (und andere) vor.

A 5 Karikaturen interpretieren

❶ Was will K. Halbritter mit den Karikaturen Seite 96 und 97 aussagen?

A 6 Satirische Texte schreiben

❶ Vergegenwärtigen Sie sich, was Sie „aufs Korn nehmen" wollen, z. B. aus Schule, Betrieb, Wirtschaft oder Politik.

❷ Schreiben Sie hierzu kurze satirische Texte.

❸ Tragen Sie einzelne Texte vor. Beurteilen Sie die erzielte Wirkung.

Glosse

Die **Glosse** (ursprünglich „Randbemerkung") ist ein geistreicher, humorvoller oder spöttischer Kommentar zu Ereignissen und Zeiterscheinungen. Sie kann in verschiedener Gestalt auftreten, z. B. als Schilderung, als Erörterung oder als Zeitungsglosse.

Die Glosse steht der Satire und der Karikatur nahe. Der Autor will kritisieren, provozieren und damit den Leser zum Nachdenken anregen. Stilmittel sind witzige Beispiele, Vergleiche, Wortspiele, Anspielungen, Ironie u. a.

Der Besitz eines Fernsehapparates ist kein Grund zur Langeweile. Das Gerät ermöglicht bei richtiger Verwendung unvergeßliche Abende jugendfreier Unterhaltung.

In vielen Fällen ersetzt schon eine Waschmaschine die technischen Feinheiten neuzeitlichen Fernseh-Stils, wobei sich in bequemer Form das Angenehme mit dem Nützlichen verbindet. (in alter Rechtrschreibung)

Aus Loriot Gesammelte Bildergeschichten
© 2008 Diogenes Verlag AG Zürich

Sollen Hunde fernsehen?

1 Es häufen sich die Fälle, in denen Hunde nach mehrstündigem abendlichem Fernsehen schlecht einschlafen, schwer träumen oder tagelang stottern. Hier liegen zweifellos ernstzunehmende seelische Störungen vor, an denen man nicht länger achtlos vorübergehen darf.

2 Die Programme der Fernsehanstalten sind in der Regel besser geeignet für mittelgroße, langhaarige Hunde als für kleine, kurzhaarige. Dicke Hunde wiederum neigen erfahrungsgemäß zu politischen und allgemeinbildenden Beiträgen, während dünne sich mehr von Unterhaltungssendungen angesprochen fühlen. Das heißt jedoch nicht, daß nicht auch gelegentlich große dicke, kurzhaarige oder kleine dicke, langhaarige Hunde Freude an Sendungen für kleine lange, kurzhaarige und kurze dicke, langhaarige haben können.

3 Leider sind in den Programmzeitschriften die Sendungen hinsichtlich ihrer Eignung für unsere vierbeinigen Freunde noch nicht deutlich genug gekennzeichnet. Es muß also vorerst noch dem Gutdünken des Hundehalters überlassen bleiben, ob er dem Drängen des Tieres zu täglichem Fernsehgenuß nachgibt oder nicht.

4 Grundsätzlich ist jedoch zu warnen vor Filmen brutaler oder anstößiger Art. Robuste Hunde reagieren mit Kopfschmerzen, zartere mit Schwerhörigkeit und hartem Stuhl.

5 Abzuraten ist ferner von der Anschaffung eines Zweitgerätes für den Hundeplatz. Das Tier vereinsamt und spricht im Schlaf. Auch politische Sendungen sind oft ungeeignet. Ein Düsseldorfer Bernhardiner litt nach der Übertragung einer Bundestagssitzung zwei Wochen unter Schwindel und Schluckauf.

6 Zusammenfassend kann gesagt werden: Kleine dicke oder große lange Hunde und kleine dünne, langhaarige oder dicke, kurzhaarige sollten nicht nach 21 Uhr, lang-ohrige dicke, kurzohrige dünne und Hunde zwischen zwei und acht Jahren nur unter ärztlicher Aufsicht fern-sehen.

Loriots Großer Ratgeber, Diogenes (in alter Rechtschreibung)

A 1 Inhalt und Aussageabsicht der Glosse erläutern

❶ Wer ist mit den Hunden gemeint? Warum wählt der Autor diese Verkleidung? (vgl. Tierfabel)

❷ Was hält der Autor von vielen Sendungen des Fernsehens? Beachten Sie die beiden Karikaturen über das Fernsehen.

❸ Was möchte Loriot mit dieser Glosse und den Karikaturen beim Leser bewirken?

A 2 Formalen Aufbau der Glosse untersuchen

❶ In welche Textsorte lässt sich dieser Text einordnen?

❷ Suchen Sie in einzelnen Abschnitten Aussagen, Folgerungen, Begründungen und Beispiele.

A 3 Foto, Karikatur und Glosse zum Thema „Einkauf in der Weihnachtszeit" vergleichen

Mit öffentlichen Verkehrsmitteln wär's sicher billiger geworden.
Foto Weise, Stuttgarter Zeitung

Präsente marrrsch!

Advent, Advent - und alles zu den Kassen rennt, noch eh' das erste Lichtlein brennt.
Friederike Groß, Stuttgarter Zeitung

Heiliger Einkauf mit dem Heilix Blechle

Jetzt ist es wieder so weit: Panik, Hektik und Familienstreit. Bedrohlich nah rückt das Fest der Freude. Heilig ist diese Zeit, heilig ist der Einkauf, heilig das gelobte Geld.
5 In Papas heiligem Blechle fährt die ganze Familie in die große Stadt, um möglichst alle Weihnachtseinkäufe auf einmal zu erledigen. Freie Parkplätze gibt's einfach nicht, all die vielen Autos scheinen seit eh und je an denselben Stellen zu stehen. Freilich, es ist Samstag, da
10 ist halt nichts frei – Tiefgarage? Nein danke! Die sei geradezu höllisch in dieser Zeit; heilig scheint jedes Plätzchen unter freiem Himmelszelt. Und sei's auf einer Insel, einer noch so kleinen Verkehrsinsel. Hier wird geparkt, jetzt sei's auch schon egal, Weihnachten
15 ist schließlich nur einmal im Jahr – nun aber nichts wie hinein ins Geschäft!
Die Frau, sie sucht und findet, zeigt's ihm. Dem Mann ist's zu grell für die Oma, zu kitschig für die Tante, zu teuer für die Schwiegermutter ... Die Frau, sie sucht
20 immer weiter, wühlt immer tiefer, findet immer mehr. Das Kleinkind beginnt zu schreien, das Großkind ist plötzlich nicht mehr da, Papa verliert seine Geduld, das Großkind taucht wieder auf, nicht ganz allein, es hat einen Luftballon ergattert. Die Frau sucht noch im-
25 mer, findet wieder und wieder; der Mann findet's bald grell genug für die Oma, herrlich kitschig für die Tante und, sei's drum, teuer genug für die Schwiegermama. Ein Zwanz'ger da, ein Grüner dort – im Nu ist aller Mammon fort. Das Großkind hat Durst, das Kleinkind
30 schreit, die Frau sucht, wühlt und findet immerfort – es nimmt kein Ende; der Mann kann die vielen dicken Tüten kaum mehr tragen: „Noi, koi Guck[1] meh! I tu's da mit nei!" Das Großkind trägt mit, irgendwo vergisst es eine Tüte – wo nur? Zurück zum letzten Geschäft! –
35 Hier ist sie nicht, die vergessene Tüte; bei dem davor, ah! Vielen Dank! Das Großkind kriegt keine Zuckerwatte, ist beleidigt und schweigt. Das Kleinkind schreit. Stöpsel rein, Klappe zu, Ruhe! Die Ehefrau empört sich; der Mann empört sich über die Empörung seiner
40 Frau. Andere Leute bleiben stehen, gaffen. Das Kleinkind spuckt den Stöpsel aus und schreit. Der Mann packt brutal sein Kind und all die großen Tüten. Die Gaffer sind empört; der Mann flieht, auch die Frau und das Großkind. Alles schweigt. Heilige Stille.
45 Am Auto klebt eine Botschaft von einem „Blauen Engel". 40 Euro, das sei ja göttlich – immer noch teurer als Park-and-ride. Das Kleinkind schreit. Es wird ins Auto hineingestopft zwischen all die anderen Geschenke. Das Großkind dazu. Und hinaus geht's aufs
50 Land – im heiligen Stau in der Vorweihnachtszeit.

[1] Tüte
J. K., Stuttgarter Zeitung

❶ Nennen Sie den Inhalt

des Fotos *Parkplatz, überschrittene Parkzeit, Strafzettel,*

der Karikatur

der Glosse

❷ Wie ist das Thema dargestellt?

auf dem Foto *wirklichkeitsgetreue Wiedergabe der Situation, Einzelheiten*

in der Karikatur

in der Glosse

H

Sketch

Der folgende Text ist ein Sketch, eine kurze Bühnenszene, wie sie vor allem im Kabarett aufgeführt wird. In Sketchen werden sowohl aktuelle als auch allgemeine menschliche Schwächen und Missstände auf witzige Weise verspottet. Häufig gipfeln sie in einer scharfen Schlusspointe.

Die mündliche Führerscheinprüfung

Sie wollen Ihren Führerschein machen. Ich hätte da noch eine Frage an Sie.

O, eine Frage! Fragt nur zu, denn nur wer fragt, dem wird auf dieser Erden ...

5 Also. Sie kommen an eine Kreuzung zweier gleichberechtigter Straßen. Von rechts kommt ein Auto. Wer hat die Vorfahrt?

Da kommt ein Auto, sagten Sie? Eins jener Fortbewegungsmittel, die, wie von Geisterhand beflügelt, den Menschen hierhin bald, bald dorthin tragen?

Wer hat die Vorfahrt?

Wer Vorfahrt hat? Welch wunderliche Frage! Weiß ich doch gar nicht, wer in jenem Auto sitzt.

15 *Ist es ein Jüngling auf dem Weg zur Liebsten, den Amors Flammenpfeil zur Eile trieb?*
Dem ließe ich die Vorfahrt gern. Und auch dem Greis, der einmal noch im Leben der Greisin weißes Haar – denn weiß wird's, unser Haar, das in der
20 *Jugend in mannigfacher Farbgestalt sich zeigt, in Blond, in Braun, ja selbst in Schwarz ...*

Herr Bock! Beantworten Sie meine Frage! Da ist eine Kreuzung ...

Sieh an!
25 *So zieht der Ritter Schar nun wieder fort, der Christen Botschaft kämpfend in die Welt zu tragen? Ein Kreuzzug? Bin auch ich berufen?*

Nein! Kreuzung! Zwei Straßen treffen aufeinander

Zwei Straßen. Und sie treffen aufeinander. O kniet
30 *mit mir, dies seltne Glück zu preisen! Denn da, wo man sich trifft, ist auch Begegnung, ist Leben, ist Musik, sind schöne Fraun ...*

Herr Bock, es reicht! Rechts oder links?

Rechts oder links! Welch große Frage!
35 *Vor ihr stand Beckenbauer einst, als er – von Rummenigge angespielt – sich frug, wohin des Leders Rund er flanken sollte.*
Nach links? Auf Müllers schussgewalt'gen Fuß?
Nach rechts? Wo schon das Lockenhaupt des Uli
40 *Hoeneß nach dem Ball sich reckte?*

Herr Bock, zum letzten Male! Welcher Wagen hat die Vorfahrt?

Welch Wagen!
Wie müßig, nutzlos und dem Augenblick verhaftet
45 *solch Frag' mir dünkt. Denn wie der Wagen selber, der, eben noch in bunt lackiertem Bleche, schon morgen rostend auf der Halde ruht, so auch der Mensch! So Sie! So ich! Dann hat's ein Ende mit der Fragerei nach Vorfahrt, Vorfahrt! Vorfahrt!*

50 Herr Bock, Sie sagen es. Ich habe keine Fragen mehr an Sie.

Nein? Keine mehr? Welch frohe Botschaft!

Sie sind durchgefallen.

O! Durchgefallen? Schrecklich Wort. Wie sage ich's
55 *dem Vater? Wie der Mutter? Wie der Geschwister siebenköpf'ger Schar?*

Raus!

Arschloch

Otto Waalkes (*1948)
Der Doppel-Otto, Hoca

A 1 Sketch vortragen

❶ Lesen Sie den Dialog mit verteilten Rollen. Gestalten Sie dabei besonders die Rolle des Prüflings Herrn Bock. Achten Sie darauf, dass der Stimmungswandel des Prüfers zum Ausdruck kommt.

A 2 Inhalt und Sprache untersuchen

❶ Worüber spricht der Prüfer? Wie spricht er (Wortwahl, Satzbau und Sprache)?

....

....

❷ Wie reagiert der Prüfling auf die Fragen? Wie spricht er (Wortwahl, Satzbau)?

....

....

....

❸ Viele Äußerungen des Prüflings klingen in unseren Ohren ungewohnt, z. B. Jüngling, der Ritter Schar, Amors Flammenpfeil, solch Frag', frug, in mannigfacher Farbgestalt, wohin des Leders Rund er.
Wie würden Sie sich statt dieser Äußerungen normalerweise ausdrücken?

ein Jüngling ....

der Ritter Schar ....

Amors Flammenpfeil ....

solch Frag' mir dünkt ....

sich frug ....

in mannigfacher Farbgestalt ....

wohin des Leders Rund er ....

Suchen Sie weitere Beispiele und Redewendungen aus dem Text.

❹ Wessen Sprache und Verhalten ist der Situation nicht angemessen? Welche Wirkung hat das?

....

....

❺ Was verspottet Waalkes?

....

....

A 3 Sprachebenen erfassen

Jede Sprache verfügt über unterschiedliche Bezeichnungen für einen Gegenstand oder Sachverhalt. Manche davon sind uns geläufig, andere klingen ungewohnt, wieder andere empfinden wir als anstößig. Diese Bezeichnungen lassen sich den drei Sprachebenen, der Schriftsprache, der Umgangssprache und dem Jargon zuordnen (s. Seite 24).

Für „Ich bin durchgefallen" gibt es mehrere Ausdrucksmöglichkeiten, je nachdem wie wir den Sachverhalt darstellen wollen und mit wem wir kommunizieren.

❶ Welche weiteren Formulierungen für die Aussage „Ich bin durchgefallen" sind Ihnen geläufig?

....

....

....

....

❷ Wie wirkt die scharfe Schlusspointe?

....

....

....

....

....

Fabel

Die **Fabel** ist eine kurze Erzählung. Die Handlung (das Gespräch) beginnt sofort und zielt auf den Höhepunkt, der meist zugleich der Schluss ist. Die Fabel veranschaulicht eine Wahrheit oder eine Erkenntnis an einem Beispiel, dessen Sinn jeder verstehen kann. An Stelle von Menschen treten meist Tiere oder belebte Gegenstände auf. In ähnlicher Weise sind **Parabel** und **Gleichnis** lehrhafte Erzählungen. Die Wahrheit oder Lehre ist im Vergleich zur Fabel jedoch stärker verschlüsselt.

Polstersessel und Stuhl

Ein Polstersessel und ein Stuhl standen schon lange nebeneinander. Immer wieder wählten die Menschen den Sessel, und der einfache Holzstuhl ging leer aus, dabei fühlte er sich kernig und gesund und hätte gern etwas getan.
„Wie kommt es eigentlich, dass man dich so bevorzugt?", fragte er eines Tages den Sessel.
„Ich gebe nach", lächelte verbindlich der Sessel.

Schülerfabel, Lächelnder Spiegel

Wer hat recht?

Auf einer Weide tummelten sich allerlei Tiere. Da sah der Ochse ein zierliches Blümchen mit weißem Kränzchen in der Mitte. Er betrachtete es und fragte seine Weidegenossen:
„Kennt ihr diese Blume?"
„Es ist eine Tulpe!", blökte das Schaf.
„Ein Veilchen!", meckerte die Ziege.
„Ein Gänseblümchen!", sagte das Pferd.
„Dummes Zeug!", brüllte der Ochse mit gewaltiger Stimme, „es ist eine Rose!"
Da schwiegen die Tiere und fragten den Fuchs, der zufällig vorüberschlich, um seine Meinung.
„Der Ochse hat recht!", sagte der Fuchs mit schelmischem Grinsen, „er hat am lautesten gebrüllt!"

Rudolf Kirsten, Hundertfünf Fabeln

Der Esel mit der Löwenhaut

Der Esel mit der Löwenhaut kam zu den Schlangen.
„Stark bin ich! Wie werde ich klug?", fragte er.
„Häute dich", rieten die Schlangen.
„Aber dann bin ich ja wieder der alte Esel."
„Alle Klugheit", sagten die Schlangen, „beginnt mit Selbsterkenntnis."

Helmut Arntzen, Fabeln, Parabeln und Gleichnisse

Kampf der Schüchternheit

Zur Brillenschlange, die eine Optikerwerkstatt betrieb, kam eine Blindschleiche, um sich Augengläser verpassen zu lassen. „Und wozu?", fragte die Schlange, „du kannst doch weder mit noch ohne Brille was sehen."
„Aber mit sehe ich doch wenigstens aus."

Wolfdietrich Schnurre, mit freundlicher Genehmigung des Verlages Albert Langen - Georg Müller

Kleine Fabel (Parabel)

„Ach", sagte die Maus, „die Welt wird enger mit jedem Tag. Zuerst war sie so breit, dass ich Angst hatte; ich lief weiter und war glücklich, dass ich endlich rechts und links in der Ferne Mauern sah, aber diese langen Mauern eilen so schnell aufeinander zu, dass ich schon im letzten Zimmer bin, und dort im Winkel steht die Falle, in die ich laufe." „Du musst nur die Laufrichtung ändern", sagte die Katze und fraß sie.

Franz Kafka, Fabeln, Parabeln und Gleichnisse

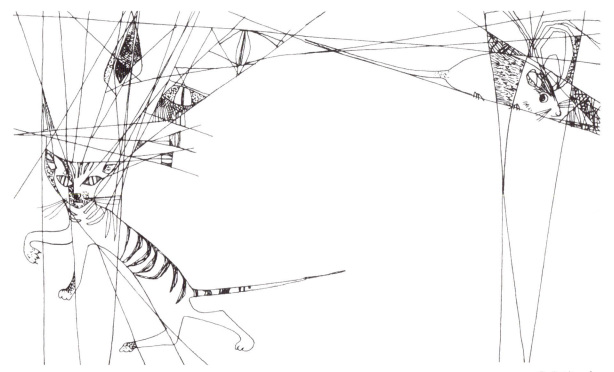

R. P. Litzenburger
Gebete aus der Arche

Bewaffneter Friede

Ganz unverhofft, an einem Hügel,
sind sich begegnet Fuchs und Igel.

„Halt", rief der Fuchs, „du Bösewicht!
Kennst du des Königs Order nicht?
Ist nicht der Friede längst verkündigt,
und weißt du nicht, dass jeder sündigt,
der immer noch gerüstet geht?
Im Namen Seiner Majestät
geh her und übergib dein Fell!"

Der Igel sprach: „Nur nicht so schnell!
Lass dir erst deine Zähne brechen,
dann wollen wir uns weiter sprechen!"

Und allsogleich macht er sich rund,
schließt einen dichten Stachelbund
und trotzt getrost der ganzen Welt,
bewaffnet, doch als Friedensheld.

Wilhelm Busch (1832-1908)

A 1 Fabeln vortragen

❶ Kennzeichnen Sie bei einzelnen Fabeln, z. B. Fabel 1 und 4, die Vortragsweise.
Hinweis: Unterstreichen Sie betonte Silben und kennzeichnen Sie Atempausen mit | .

❷ Tragen Sie einzelne Fabeln der Klasse vor. Üben Sie zuvor für sich oder in Gruppen.

A 2 Merkmale der Erzählung in Fabeln aufsuchen

Fabeln sind kurze Erzählungen. Das ist auch daran zu erkennen, dass das Wort „Fabel" vom lateinischen „fabula" (= Erzählung, vgl. fabulieren) abgeleitet ist.

❶ Welche Merkmale der Erzählung sind in Fabeln zu erkennen? Nennen Sie Beispiele.

A 3 Menschliche Eigenschaften einzelnen Tieren zuordnen

❶ Welche menschlichen Eigenschaften können die abgebildeten Tiere verkörpern?

❷ Warum treten Tiere oder Gegenstände an Stelle von Menschen auf?

Maus *lebhaft, leise, Fresslust, lebt im Verborgenen*

Ochse

Löwe

Fuchs

Esel

Katze

A 4 Fabeln interpretieren

❶ Welche Tiere oder belebten Gegenstände treten auf? Was reden sie? Wie verhalten sie sich? Geben Sie den Sinn der Fabeln an (z. B. auch mit einem Sprichwort).

❷ Deuten Sie die Zeichnung von R. P. Litzenburger auf der Seite gegenüber.

A 5 Fabeln entwerfen und vortragen

❶ Verfassen Sie Fabeln in Prosa- oder Gedichtform zu den Bereichen
  a) **Tiere**, z. B. Katze – Maus, Adler – Fisch, Adler – Zaunkönig, Fuchs – Gans
  b) **belebte Gegenstände**, z. B. Fußballstiefel – Hausschuh, Schere – Papier, Hammer – Amboss
  c) **Erkenntnis**, z. B. Wer andern eine Grube gräbt, fällt selbst hinein. – Es ist nicht alles Gold, was glänzt. – Der Klügere gibt nach.

❷ Tragen Sie Ihre Fabeln der Klasse vor.

Ballade 1

Die **Ballade** ist ein dramatisches Gedicht in Erzählform. Der Autor erzählt, oft in spannender Dialogform, ungewöhnliche Ereignisse aus der Geschichte, der Sage oder dem Märchen. Die Menschen durchleben innere und äußere Konflikte. Die Handlung durchläuft dramatische Momente; die Szenen folgen in raschem Wechsel aufeinander. Dabei dient die Natur als wichtiger Hintergrund für das Geschehen.

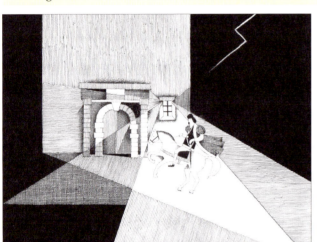

Die Füße im Feuer

1 Wild zuckt der Blitz. In fahlem Lichte steht ein Turm.
Der Donner rollt. Ein Reiter kämpft mit seinem Ross,
Springt ab und pocht ans Tor und lärmt. Sein Mantel saust
Im Wind. Er hält den scheuen Fuchs am Zügel fest.
Ein schmales Gitterfenster schimmert goldenhell,
Und knarrend öffnet jetzt das Tor ein Edelmann ...
– „Ich bin ein Knecht des Königs, als Kurier geschickt
Nach Nîmes. Herbergt mich! Ihr kennt des Königs Rock!" –
„Es stürmt. Mein Gast bist du. Dein Kleid, was kümmerts
mich?
Tritt ein und wärme dich! Ich sorge für dein Tier!"
Der Reiter tritt in einen dunklen Ahnensaal,
Von eines weiten Herdes Feuer schwach erhellt,
Und je nach seines Flackerns launenhaftem Licht
Droht hier ein Hugenott im Harnisch, dort ein Weib,
Ein stolzes Edelweib aus braunem Ahnenbild ...
Der Reiter wirft sich in den Sessel vor dem Herd
Und starrt in den lebendgen Brand. Er brütet, gafft ...
Leis sträubt sich ihm das Haar. Er kennt den Herd, den
Saal ...
Die Flamme zischt. Zwei Füße zucken in der Glut.

2 Den Abendtisch bestellt die greise Schaffnerin
Mit Linnen blendend weiß. Das Edelmägdlein hilft.
Ein Knabe trug den Krug mit Wein. Der Kinder Blick
Hangt schreckensstarr am Gast und hangt am Herd entsetzt.
Die Flamme zischt. Zwei Füße zucken in der Glut.
– Verdammt! Dasselbe Wappen! Dieser selbe Saal!
Drei Jahre sinds ... Auf einer Hugenottenjagd ...
Ein fein, halsstarrig Weib ... „Wo steckt der Junker? Sprich!"
Sie schweigt. „Bekenn!" Sie schweigt. „Gib ihn heraus!" Sie
schweigt.
Ich werde wild. Der Stolz! Ich zerre das Geschöpf ...
Die nackten Füße pack ich ihr und strecke sie
Tief mitten in die Glut ... „Gib ihn heraus!"... Sie schweigt ...
Sie windet sich ... Sahst du das Wappen nicht am Tor,
Wer hieß dich hier zu Gaste gehen, dummer Narr?
Hat er nur einen Tropfen Bluts, erwürgt er dich. –
Eintritt der Edelmann. „Du träumst! Zu Tische, Gast ..."

3 Da sitzen sie. Die drei in ihrer schwarzen Tracht
Und er. Doch keins der Kinder spricht das Tischgebet.
Ihn starren sie mit aufgerissnen Augen an. –
Den Becher füllt und übergießt er, stürzt den Trunk,
Springt auf: „Herr, gebet jetzt mir meine Lagerstatt!
Müd bin ich wie ein Hund!" Ein Diener leuchtet ihm,
Doch auf der Schwelle wirft er einen Blick zurück
Und sieht den Knaben flüstern in des Vaters Ohr ...
Dem Diener folgt er taumelnd in das Turmgemach.
Fest riegelt er die Tür. Er prüft Pistol und Schwert.
Gell pfeift der Sturm. Die Diele bebt. Die Decke stöhnt.
Die Treppe kracht ... Dröhnt hier ein Tritt?... Schleicht dort
ein Schritt? ...
Ihn täuscht das Ohr. Vorüber wandelt Mitternacht.
Auf seinen Lidern lastet Blei und schlummernd sinkt
Er auf das Lager. Draußen plätschert Regenflut.
Er träumt. „Gesteh!" Sie schweigt. „Gib ihn heraus!" Sie
schweigt.
Er zerrt das Weib. Zwei Füße zucken in der Glut.
Aufsprüht und zischt ein Feuermeer, das ihn verschlingt ...
– „Erwach! Du solltest längst von hinnen sein! Es tagt!"
Durch die Tapetentür in das Gemach gelangt,
Vor seinem Lager steht des Schlosses Herr – ergraut,
Dem gestern dunkelbraun sich noch gekraust das Haar.

4 Sie reiten durch den Wald. Kein Lüftchen regt sich heut.
Zersplittert liegen Ästetrümmer quer im Pfad.
Die frühsten Vöglein zwitschern, halb im Traume noch.
Friedselge Wolken schwimmen durch die klare Luft,
Als kehrten Engel heim von einer nächtgen Wacht.
Die dunkeln Schollen atmen kräftgen Erdgeruch.
Die Ebne öffnet sich. Im Felde geht ein Pflug.
Der Reiter lauert aus den Augenwinkeln: „Herr,
Ihr seid ein kluger Mann und voll Besonnenheit
Und wisst, dass ich dem größten König eigen bin.
Lebt wohl. Auf Nimmerwiedersehn!" Der andre spricht:
„Du sagsts! Dem größten König eigen. Heute ward
Sein Dienst mir schwer ... Gemordet hast du teuflisch mir
Mein Weib! Und lebst! ... Mein ist die Rache, redet Gott."

Conrad Ferdinand Meyer (1825-1898), Deutsche Balladen

Hugenotten („Eidgenossen"), die französischen Protestanten, vorwiegend Calvinisten, da die Reformation von Genf her nach Frankreich kam und hier besonders beim Adel und höheren Bürgertum Anhänger fand. Das katholische Königtum als Vorkämpfer der Staatseinheit trat den Hugenotten entgegen.

1562 begann der erste der acht Hugenottenkriege. Bis zur Ermordung der Hugenottenführer in der Bartholomäusnacht 1572 stand der Kampf unentschieden; seitdem wurden die Hugenotten immer stärker zurückgedrängt. Das Edikt von Nantes 1598 gewährte ihnen Glaubensfreiheit. Aber Ludwig XIV. hob das Edikt 1685 auf; etwa 250.000 Hugenotten gelang die Flucht ins Ausland.

Die Hugenotten wirkten befruchtend auf das wirtschaftliche und kulturelle Leben der Gastländer, besonders in dem durch den Dreißigjährigen Krieg verwüsteten Deutschland.

Diercke Weltatlas   Bertelsmann Lexikon

A 1 Inhalt erfassen

❶ Stellen Sie den geschichtlichen Hintergrund der Ballade fest.
Wo spielt die Handlung? Wer sind die Hugenotten? Wann spielt die Handlung?

❷ Welche Personen treten auf?

❸ Welche beiden Szenen veranschaulichen die Bilder auf der Seite gegenüber?

❹ Fassen Sie den Inhalt in eigenen Worten zusammen.

A 2 Personen verstehen und beurteilen

❶ Charakterisieren Sie den Kurier und den Schlossherrn. Folgende Fragen können dabei helfen.
Warum träumt der Kurier, ein Feuermeer verschlinge ihn?
Warum bringt der Schlossherr den Kurier nicht um? Warum ergraut sein Haar über Nacht?
Wer ist „der größte König" nach Ansicht des Kuriers, wer nach Ansicht des Schlossherrn?

Kurier

Schlossherr

A 3 Geschehen erfassen und beurteilen

❶ Der Kurier erinnert sich mehrmals an sein Verbrechen in der Vergangenheit. Markieren Sie diese Textstellen mit V. Was bewirkt dieser Wechsel zwischen Gegenwart und Vergangenheit?

❷ Was spiegelt das Wetter in dem Geschehen wider?

❸ Warum gibt der Autor der Ballade den Titel „Die Füße im Feuer"?

❹ Handelt der Schlossherr Ihrer Meinung nach richtig?
Wie würden Sie sich in einer ähnlichen Situation verhalten?

A 4 Textstellen vortragen, Ballade hören

❶ Kennzeichnen Sie im zweiten Abschnitt die Vortragsweise.
Hinweis: Unterstreichen Sie betonte Silben. Kennzeichnen Sie Atempausen mit |.

❷ Tragen Sie diesen Abschnitt vor. Versuchen Sie, den dramatischen Wechsel der Zeitebenen und die Angst des Boten darzustellen.

❸ Hören Sie die Ballade von einem Tonträger (vorgetragen von einem Schauspieler).

Ballade 2

Die Brück am Tay

When shall we three meet again (Shakespeare, Macbeth)

„Wann treffen wir drei wieder zusamm'?"
„Um die siebente Stund, am Brückendamm."
   „Am Mittelpfeiler."
      „Ich lösche die Flamm'."
5 „Ich mit."
   „Ich komme vom Norden her."
„Und ich vom Süden."
   „Und ich vom Meer."
„Hei, das gibt einen Ringelreihn,
10 Und die Brücke muss in den Grund hinein."
„Und der Zug, der in die Brücke tritt
Um die siebente Stund?"
     „Ei, der muss mit."
„Muss mit."
15   „Tand, Tand,
  Ist das Gebilde von Menschenhand."
Auf der Norderseite, das Brückenhaus –
Alle Fenster sehen nach Süden aus,
Und die Brückersleut ohne Rast und Ruh
20 Und in Bangen sehen nach Süden zu,
Sehen und warten, ob nicht ein Licht
Übers Wasser hin „Ich komme" spricht,
„Ich komme, trotz Nacht und Sturmesflug,
Ich, der Edinburger Zug."
25 Und der Brückner jetzt: „Ich seh einen Schein
Am anderen Ufer. Das muss er sein.
Nun, Mutter, weg mit dem bangen Traum,
Unser Johnie kommt und will seinen Baum,
Und was noch am Baume von Lichtern ist,
30 Zünd alles an wie zum heiligen Christ,
Der will heuer zweimal mit uns sein –
Und in elf Minuten ist er herein."
Und es war der Zug. Am Süderturm
Keucht er vorbei jetzt gegen den Sturm,

35 Und Johnie spricht: „Die Brücke noch!
Aber was tut es, wir zwingen es doch.
Ein fester Kessel, ein doppelter Dampf,
Die bleiben Sieger in solchem Kampf,
Und wie's auch rast und ringt und rennt,
40 Wir kriegen es unter das Element.
Und unser Stolz ist unsre Brück;
Ich lache, denk ich an früher zurück,
An all den Jammer und all die Not
Mit dem elend alten Schifferboot;
45 Wie manche liebe Christfestnacht
Hab ich im Fährhaus zugebracht
Und sah unsrer Fenster lichten Schein
Und zählte und konnte nicht drüben sein."
Auf der Norderseite, das Brückenhaus –
50 Alle Fenster sehen nach Süden aus,
Und die Brückersleut ohne Rast und Ruh
Und in Bangen sehen nach Süden zu;
Denn wütender wurde der Winde Spiel,
Und jetzt, als ob Feuer vom Himmel fiel,
55 Erglüht es in niederschießender Pracht
Überm Wasser unten ... Und wieder ist Nacht.
„Wann treffen wir drei wieder zusamm'?"
    „Um Mitternacht, am Bergeskamm."
„Auf dem hohen Moor, am Erlenstamm."
60 „Ich komme."
   „Ich mit."
     „Ich nenn euch die Zahl."
„Und ich die Namen."
     „Und ich die Qual."
65 „Hei! Wie Splitter brach das Gebälk entzwei."
  „Tand, Tand,
  Ist das Gebilde von Menschenhand."

Theodor Fontane (1819 – 1898)

A 1 Ballade kennenlernen

① Lesen Sie die Ballade für sich.

A 2 Erzählperspektiven und Aufbau feststellen

① Welche Personen (und Sachen) sprechen in der Ballade?

② Stellen Sie die Orte und den Zeitraum des Geschehens fest.

Zeile 57 – 67
am Bergeskamm
um Mitternacht

③ Wie erreicht der Autor eine besondere dramatische Spannung in der Schilderung des Geschehens?

A 3 Historische Fakten ermitteln

① Informieren Sie sich anhand des Bild- und Textmaterials auf S. 109 über das Unglück.

Brücke über den Firth of Tay   1878

Eingestürztes Mittelteil der Brücke   28. 12. 1879

Neu aufgebaute Brücke

Züricher Freitagszeitung, 2. Januar 1880
England. Während eines furchtbaren Windsturmes brach am 28. Dezember 1879 nachts die große Eisenbahnbrücke über den Taystrom in Schottland zusammen, im Moment, als der Zug darüber fuhr. 90 Personen, nach anderen Angaben 300, kamen dabei ums Leben; der verunglückte Zug hatte sieben Wagen, die fast alle besetzt waren, und er stürzte über 100 Fuß tief ins Wasser hinunter. Alle 13 Brückenspannungen sind samt den Säulen, worauf sie standen, verschwunden. Die Öffnung der Brücke ist eine halbe englische Meile lang. Der Bau der Brücke hat seinerzeit 350.000 Pfund Sterling gekostet, und sie wurde im Frühjahr 1878 auf ihre Festigkeit hin geprüft. Bis jetzt waren alle Versuche zur Auffindung der Leichen vergeblich.

A 4 Epische, dramatische und lyrische Elemente aufsuchen

❶ Welche Teile der Ballade erzählen in epischer Weise?

❷ Welche Teile enthalten Dialoge, wie in einem Drama?

❸ An welchen Elementen ist zu erkennen, dass die Ballade auch der Lyrik angehört?

A 5 Ballade vortragen

❶ Tragen Sie die Ballade mit verteilten Rollen vor.

A 6 Schilderung verfassen

Nehmen Sie an, Sie seien ein Freund/eine Freundin des Lokführers Johnie, auf den Sie warten.

❶ Schildern Sie Ihre Eindrücke und Gefühle.

A 7 Aussageabsicht ermitteln

❶ Welche Bedeutungen hat das Wort „Tand"?

❷ Wofür stehen die Hexen? Wofür steht der sprechende Edinburger Zug?

❸ Welche Einstellung hatte Fontane zu den technischen Neuerungen seiner Zeit?

H

Gedicht 1

Das Wort „Lyrik" stammt vom griechischen „Lyra" (Leier) ab. Das **Gedicht** war ursprünglich ein von der Leier begleiteter Gesang. Lyrische Stilmittel können u. a. Rhythmus, Vers, Strophe und Reim sein, sodass der Text leicht überschaubar und einprägsam ist. Der Autor drückt seine Vorstellungen auf ganz persönliche Weise aus und verwendet ausdrucksstarke Bilder und eindrückliche Wortfolgen.

Foto Ullstein, Erich Andres

Foto Ullstein

Inventur

1 Dies ist meine Mütze,
   dies ist mein Mantel,
   hier mein Rasierzeug
   im Beutel aus Leinen.

2 Konservenbüchse:
   mein Teller, mein Becher,
   ich hab in das Weißblech
   den Namen geritzt.

3 Geritzt hier mit diesem
   kostbaren Nagel,
   den vor begehrlichen
   Augen ich berge.

4 Im Brotbeutel sind ein
   Paar wollene Socken
   und einiges, was ich
   niemand verrate.

5 So dient es als Kissen
   nachts meinem Kopf.
   Die Pappe hier liegt
   zwischen mir und der Erde.

6 Die Bleistiftmine
   lieb ich am meisten:
   tags schreibt sie mir Verse,
   die nachts ich erdacht.

7 Dies ist mein Notizbuch,
   dies ist meine Zeltbahn,
   dies ist mein Handtuch,
   dies ist mein Zwirn.

Günter Eich (1907-1972)
Deutsche Gedichte von
1900 bis zur Gegenwart

A 1 Gedicht vortragen

❶ Lesen Sie das Gedicht still für sich.

❷ Welche Vortragsweise halten Sie nach dem ersten Eindruck für angemessen?

☐ laut   ☐ zurückhaltend   ☐ gleichmäßig   ☐ schnell   ☐ nüchtern
☐ leise   ☐ erregt   ☐ betont   ☐ bedächtig   ☐ feierlich

❸ Tragen Sie das Gedicht vor.

A 2 Inhalt untersuchen

❶ Welche Bedeutung hat das Wort „Inventur" im Wirtschaftsleben?
   Warum trägt das Gedicht den Titel „Inventur"?

❷ Welche Gegenstände werden aufgeführt?
   Warum nennt der Autor den Nagel kostbar? Warum liebt er die Bleistiftmine am meisten?

❸ Welches Verhältnis hat der Autor zu den wenigen Dingen, die er besitzt?

H

A 3 Form und Sprache des Gedichts untersuchen

❶ In welcher Hinsicht ist der Text

ein traditionelles Gedicht *vier Zeilen (Verse) bilden eine Strophe (Vierzeiler),*
insgesamt sieben Strophen,

ein modernes Gedicht ....

❷ Suchen Sie in dem Gedicht Beispiele für die Wortarten, die in der folgenden Tabelle aufgeführt sind. In welchen Strophen werden sie verwendet?

Wortart	Beispiele (Nr. der Strophe)
Hauptwörter für a) Gegenstände b) Begriffe	a) *Mütze (1),* b) *Name (2),*
Zeitwörter/Hilfszeitwörter	*ritzen (2),*
Fürwörter für a) Besitzanzeige b) Hinweis auf Gegenstände	a) *mein,* b)
Eigenschaftswörter	*wollen (4),*

Warum benutzt der Autor manche Wortarten häufig, manche selten?

❸ Welche Folge von Wortarten wird in der ersten und in der letzten Strophe mehrmals wiederholt? Wählen Sie ein Beispiel und vervollständigen Sie den Eintrag.

Wortartfolge	*hinweis.Fürwort*			
Beispiel	*Dies*			

Welche Wirkung wird dadurch erreicht?

❹ Welcher Sprachebene ist der Text zuzuordnen?

☐ Schriftsprache   ☐ Umgangssprache   ☐ Gruppensprache / Jargon

A 4 Collage „Inventur 20.." anfertigen

❶ Schneiden Sie aus Illustrierten Fotos, Überschriften und Slogans aus.

Hinweis: Tragen Sie solche Bilder und Textteile zusammen, die Ihnen für unsere Zeit wichtig erscheinen. Die Teile sollten so groß sein, dass sie gut zur Geltung kommen.

❷ Wählen Sie geeignete Bild- und Textteile für eine Collage „Inventur 20.." aus. Kombinieren Sie diese Ausschnitte auf einer Pinnwand zu einer Collage.

❸ Beurteilen Sie die Bilder nach
- **Inhalt** Themenwahl, Verknüpfung der Themen, Aussagegehalt, Originalität ...
- **Form** Form- und Farbkombination, Anordnung, Sorgfalt ...

A 5 Collagen in Texte umsetzen

❶ Setzen Sie Collagen in Texte um. Schreiben Sie eine „Inventur 20.." (moderne Gedichtform).

❷ Tragen Sie Ihren Text vor.

Gedicht 2

Viele Autoren von **Gedichten** greifen Probleme der Zeit auf. Bekannte Vorgänge und Zeiterscheinungen stellen sie so dar, dass Bekanntes in einem neuen Licht erscheint und Selbstverständliches neu überdacht wird. In Aufbau und Sprache verlassen sie häufig die traditionellen Bahnen und suchen zeitgemäße Bau- und Ausdrucksformen.

Lachen Sie mal — Ein Film zum Glücklichwerden — wäscht Ihre Haut klinisch rein — Mehr Spaß. Mehr Schwung. — Song der Woche — POP-Eplosion — Jetzt wird alles wieder gut — Bunte Betten – Bunte Träume — Die Zeitschrift für eine zufriedene Woche

A 1 Absicht von Werbesprüchen erkennen

❶ Warum arbeitet die Reklame so viel mit einprägsamen Werbesprüchen (Slogans)?
Vgl. Werbung Seite 83/84.

❷ Welche Wunschbilder und Bedürfnisse werden in den Werbesprüchen angesprochen? Können solche Versprechungen durch den Kauf von Waren oder Dienstleistungen erfüllt werden?

Reklame

Wohin aber gehen wir
ohne sorge sei ohne sorge
wenn es dunkel und wenn es kalt wird
sei ohne sorge
aber
mit musik
was sollen wir tun
heiter und mit musik
und denken
heiter
angesichts eines Endes
mit musik
und wohin tragen wir
am besten
unsre Fragen und den Schauer aller Jahre
in die Traumwäscherei ohne sorge sei ohne sorge
was aber geschieht
am besten
wenn Totenstille

eintritt

Ingeborg Bachmann (1926-1973)
Anrufung des Großen Bären

A 2 Gedicht vortragen

❶ Lesen Sie das Gedicht für sich.

❷ Welche zwei Textgruppen kann man nach dem Druckbild unterscheiden?
Wie können sie gesprochen werden? Erwägen Sie mehrere Möglichkeiten.

❸ Tragen Sie das Gedicht auf verschiedene Weise vor.

A 3 Inhalt, Sprache und Aussageabsicht untersuchen

❶ Nennen Sie die Fragen, die gestellt werden (markieren, nummerieren). Wer stellt sie?
An welchen Stellen antwortet die Reklame? Wo verstummt sie? Warum?

❷ Vergleichen Sie Satzbau und Sprache der Fragesätze und der Reklameantworten. (vgl. Seite 83/84)
Wie ist die Verständigung zwischen dem Fragenden und der Reklame?

❸ Welche Wirkung wollen die Reklameantworten erreichen?
Was halten Sie von den Antworten? Wissen Sie eigene Antworten auf diese Fragen?

❹ Was will die Autorin mit ihrer Textmontage erreichen?

A 4 Texte montieren

❶ Montieren Sie Ihre eigenen Antworten aus Aufgabe 3 ❸ mit den Fragen des Gedichts.

❷ Sammeln Sie Werbesprüche (Textgruppe 1). Formulieren Sie eigene Probleme, Konflikte und Sorgen z. B. in Form von Fragen (Textgruppe 2). Montieren Sie aus beiden Textgruppen sinnvolle Texte.

Gedicht 3

Foto: Jo Striebel, Blaubeuren

Das Feuer

Hörst du, wie die Flammen flüstern,
knicken, knacken, krachen, knistern,
wie das Feuer rauscht und saust,
brodelt, brutzelt, brennt und braust?
5   Siehst du, wie die Flammen lecken,
züngeln und die Zunge blecken,
wie das Feuer tanzt und zuckt,
trockne Hölzer schlingt und schluckt?
Riechst du, wie die Flammen rauchen,
10 brenzlig, brutzlig, brandig schmauchen,
wie das Feuer, rot und schwarz,
duftet, schmeckt nach Pech und Harz?
Fühlst du, wie die Flammen schwärmen,
Glut aushauchen, wohlig wärmen,
15 wie das Feuer, flackrig-wild,
dich in warme Wellen hüllt?
Hörst du, wie es leiser knackt?
Siehst du, wie es matter flackt?
Riechst du, wie der Rauch verzieht?
20 Fühlst du, wie die Wärme flieht?
Kleiner wird der Feuersbraus:
ein letztes Knistern,
ein feines Flüstern,
ein schwaches Züngeln,
25 ein dünnes Ringeln –
aus.

James Krüss (1926 – 1997)

A 1 Gedicht vortragen

❶ Lesen Sie das Gedicht zunächst für sich. Tragen Sie es dann der Klasse vor.

A 2 Angesprochene Sinne und lautmalerische Ausdrücke erfassen

❶ Welche Sinne werden mit den Bildern angesprochen?
❷ Nennen Sie Beispiele für Wörter, deren Klang etwas über ihre Bedeutung aussagt.

A 3 Reime und Betonung untersuchen

❶ Ab welcher Zeile ändert sich die Betonung?
❷ In welchen Zeilen ändert sich der Reim?
❸ Wie stellt der Autor das Erlöschen des Feuers dar?

A 4 Aussageabsicht erfassen

❶ Was hat den Autor vermutlich veranlasst, das Gedicht zu verfassen?

Wortarten

1. **Haupt-** oder **Namenwort** (Substantiv): gegenständlich, abstrakt
2. **Eigenschaftswort** (Adjektiv); auch Mittelwörter gelten als Eigenschaftswörter
3. **Geschlechtswort** (Artikel): bestimmt, unbestimmt
4. **Zeit-** oder **Tätigkeitswort** (Verb): Voll-, Hilfs- und Modalzeitwort
5. **Umstandswort** (Adverb): des Orts, der Zeit, der Art und Weise, des Grundes
6. **Fürwort** (Pronomen): persönlich, besitzanzeigend, hinweisend, (rück-)bezüglich, fragend
7. **Zahlwort** (Numerale): Grund-, Ordnungs-, Bruch-, (un-)bestimmtes Zahlwort
8. **Verhältniswort** (Präposition): des Orts, der Zeit, mit übertragenem Sinn
9. **Bindewort** (Konjunktion): nebenordnend, unterordnend
10. **Ausrufe-** und **Empfindungswort** (Interjektion)

A 1 Wortarten benennen und ihre Aufgaben beschreiben

❶ Benennen Sie die fett gedruckten Wörter. Geben Sie die Aufgabe jeder Wortart an. Orientieren Sie sich dabei an den Pfeilen im oben stehenden Beispiel.

a) *Beispiele* Die freundliche **Bedienung** / eine junge **Frau**

   Wortart _Hauptwort (Substantiv)_

   Aufgabe benennt _Personen, Sachen, Begriffe_

b) *Beispiele* Die **freundliche** Bedienung / eine **junge** Frau

   Wortart ....

   Aufgabe kennzeichnet .... von Personen, Sachen, Begriffen

c) *Beispiele* **Die** freundliche Bedienung / **eine** junge Frau

   Wortart ....

   Aufgabe bezeichnet bei Hauptwörtern ....

d) *Beispiele* **schleppt** jetzt / und **verteilt** / heiß **ist**

   Wortart ....

   Aufgabe kennzeichnet ....

e) *Beispiele* schleppt **jetzt** / **sehr** heiß

   Wortart ....

   Aufgabe nennt .... von Tätigkeiten, Zuständen u. a.

f) *Beispiele*   **ihre** zehn Maß / verteilt **sie** rasch
   Wortart
   Aufgabe   steht für (anstelle von) *Hauptwörter(n)*
              bezeichnet

g) *Beispiele*   ihre **zehn** Maß / den **dritten** Tisch
   Wortart
   Aufgabe   bezeichnet

h) *Beispiele*   **an** den Tisch / **auf** die Festwiese
   Wortart
   Aufgabe   kennzeichnet *Verhältnisse zwischen Personen, Sachen, Begriffen*

i) *Beispiele*   **und** verteilt sie / **weil** es heiß ist
   Wortart
   Aufgabe   verbindet

j) *Beispiele*   **Toll!** / **Spitze!**
   Wortart
   Aufgabe   bezeichnet

A 2 Sätze nach Wortarten zergliedern

① Geben Sie in den folgenden Sätzen die Wortarten an.

Satz 1
- Hallo,
- kannst
- du
- mir
- vielleicht — *Umstandswort (Art und Weise)*
- einen
- Euro
- geben;
- ich
- habe
- kein — *unbestimmtes Fürwort*
- Kleingeld.

Satz 2
- Wer — *(Frage-)Fürwort*
- spricht
- dort
- so
- laut,
- dass
- man
- sein
- eigenes
- Wort
- kaum — *Umstandswort (Art und Weise)*
- versteht?

A 3 Sätze aus Wortarten aufbauen

① Bauen Sie Sätze aus den verlangten Wortarten auf.

a) *Sie* .... *Garten.*
   persönl. Fürwort | Zeitwort | Umstandswort d. Art u. Weise | Verhältniswort | bestimmtes Geschl.wort | Hauptwort

b) *Heute* .... *unsere Schule.*
   Umstandswort d. Zeit | Zeitwort | unbestimmtes Geschlechtswort | Hauptwort | Verhältniswort | besitzanz. Fürwort | Hauptwort

c) .... *wird* .... *Realschule* .... ?
   Fürwort | Hilfszeitwort | Verhältniswort | persönl. Fürwort | unbestimmtes Geschl.wort | Hauptwort | Zeitwort

Groß- und Kleinschreibung

In einer Schülerzeitung, ausschließlich in Kleinschreibung gedruckt, ist die nebenstehende Anzeige zu lesen. Diese Anzeige kann beim Leser zwei Vorstellungen auslösen.

hallo freiwillige vor die kleinen wagen verkaufen ... hallo freiwillige die kleinen wagen verkaufen ... meldet euch meldet euch wer ist der beste verkäufer

Großschreibung	• wirkliche Hauptwörter (Substantive), z. B. **Baum**, **Auto**, **Liebe**
	• hauptwörtlich gebrauchte Wörter anderer Wortarten, z. B. unser **Singen**
	• Fürwörter (Pronomen) der höflichen Anrede, z. B. **Sie**, **Ihr(e)**, **Ihnen**
	• Anfänge von vollständigen Sätzen
	• Wörter anderer Wortarten in festen Verbindungen mit Hauptwörtern, z. B. **Trimm-dich**-Pfad, **Softdrink** (auch: **Soft** Drink)
Kleinschreibung	• alle übrigen Wortarten
	• nicht hauptwörtlich gebrauchte Hauptwörter, z. B. **laut**, **trotz**, **dank**
	• Fürwörter der vertraulichen Anrede (in Briefen auch groß)

Hilfen zum Erkennen hauptwörtlich gebrauchter Wörter => Großschreibung

- Vor dem Wort steht ein **Begleitwort**. Ein Begleitwort kann Geschlechtswort (Artikel), Eigenschaftswort (Adjektiv), Fürwort (Pronomen), Zahlwort (Numerale) oder Verhältniswort (Präposition) sein.
- Das Wort kann wie ein Hauptwort mit **wer?**, **was?**, **wen?** erfragt werden.
- Es ist Bestandteil eines Namens oder Begriffs.
- Es hat eine Hauptwortendung, z. B. **-ung**, **-keit**, **-heit**, **-schaft**, **-tum**

Hilfen zum Erkennen nicht hauptwörtlich gebrauchter Wörter => Kleinschreibung

- Das Wort wird nicht mehr als Hauptwort aufgefasst oder gebraucht.
- Es kann wie ein Umstandswort mit **wie?** erfragt werden.
- Es ist **Zahl**- oder **Fürwort**. (Kleinschreibung z. T. auch mit Begleitwort)

Hinweis: Im Folgenden sind Schreibvarianten mit ☞ hervorgehoben.

A1 Merksätze zum Erkennen der Schreibweise formulieren

❶ Unterscheiden Sie in den folgenden Fällen zwischen Großschreibung und Kleinschreibung. Vervollständigen Sie die Merksätze zum Erkennen der Schreibweise.

Zeitwörter (Verben)

(1) groß   Sie hörten **das** / **lautes** / **unser** / ... **Singen**.   [was?]

   Vor *Singen* steht _ein Begleitwort, es wird als Hauptwort gebraucht._

(2) groß   Sie **liebt** / **übt** / ... **Singen**.   Er **lernt** / **paukt** / ... **Rechnen**.   [was?]

   Die Grundformen (die Infinitive) *singen* und *rechnen* werden hier als _____

   _____ aufgefasst, nach denen man mit _____ fragen kann.

   ☞ Möglich ist auch: Sie liebt / übt / ... **singen**.   Er lernt / paukt / ... **rechnen**.

Eigenschafts- und Mittelwörter (Adjektive und Partizipien), adverbiale Wendungen

(3) groß Wir lieben **das** / **alles** / ... **Schöne**.   Er ging **bei Rot** über die Straße.   `was?`
    Vor *Schöne* und *Rot* stehen *Begleitwörter. (Frage: Was? => Hauptwort)*

(4) groß Sie fuhren durch die **Kölner** Straßen und stiegen dann auf den Turm des **Kölner** Doms.
    Kölner ist ein (Orts-)Name mit der Endung *er => Hauptwort*

(5) groß Sie erholte sich auf der **Schwäbischen** Alb.
    Schwäbisch bildet zusammen mit Alb _____

(6) klein Maultaschen sind eine **schwäbische** Spezialität.
    schwäbische ist ein _____ mit der Endung _____

(7) groß Er erwartet **das Äußerste** von der Mannschaft.   Sie befürchtet **das Schlimmste**.   `was?`
    Fragen: _____

(8) klein Er ist **auf das äußerste** gespannt.   Sie erkundigte sich **auf das genaueste**.   `wie?`
    Fragen: _____
    ☞ Möglich ist auch: auf das (aufs) **Äußerste**, auf das (aufs) **Genaueste**

(9) groß Ich bin **auf dem Laufenden**.   **Im Folgenden** sind noch Verbesserungen möglich.
    auf dem Laufenden und *im Folgenden* sind *hauptwörtlich gebrauchte Wortgruppen*
    Vor *Laufenden* und *Folgenden* stehen _____

Fürwörter (Pronomen)

(10) groß Herr Maier, bitte erklären **Sie Ihre** Ergebnisse.   Wir melden uns morgen bei **Ihnen**.
    Sie, Ihre und *Ihnen* sind Fürwörter _____

(11) klein Lieber Uli, hast **du deine** Prüfung bestanden? (im Brief auch Du, Deine)
    du, dein(e) sind Fürwörter _____

(12) groß Jedem wurde **das Seine** gegeben.   Wir haben **das Unsere** dazu beigetragen.   `was?`
    Vor *Seine* und *Unsere* stehen _____
    ☞ Möglich ist auch: das **seine**, das **unsere**

(13) klein Nur **einer** / **Ein jeder** kommt an die Reihe.   Davon sind **ein paar** verdorben.
    einer / (ein) jeder / ein paar sind _____ Fürwörter.

Zahlwörter (Numeralien)

(14) klein Alle **drei** kommen.   Er kann nicht **bis drei** zählen.   An **die zwanzig** kamen.
    Die Zahlwörter *drei* und *zwanzig* werden kleingeschrieben, auch mit Begleitwörtern wie
    _____

(15) groß Ich erhielt **eine Eins** in der Arbeit.   **Jeder Zweite** gewann.   `was? wer?`
    Die Zahlwörter *eins* und *zweite* werden als _____ aufgefasst.

(16) groß Ins Stadion strömten **Hunderte**, nein **Tausende** (von) Menschen.
    hunderte und *tausende* werden als _____ aufgefasst.
    ☞ Möglich ist auch: **hunderte** oder **tausende**

(17) groß Er hat **drei Halbe** getrunken (aber: drei **halbe** Liter).
    Nach *Halbe* folgt keine _____

Mal - mal

(18) *groß*   Es geschah zum **ersten Mal(e)** / **manches Mal** / ...

Vor *Mal(e)* stehen _____

(19) *klein*   Es geschah **einmal** / **zweimal (2-mal)** / **nochmals** / **manchmal** / ...

mal ist oft mit anderen Wörtern *eng verbunden => Umstandswort*

Hauptwörter mit Zeitwörtern (Substantive mit Verben)

(20) *groß*   Rad fahren: Ich fahre **Rad**.   Schuld tragen: Er will keine **Schuld** tragen.
Angst haben: Hast du **Angst**?   Recht haben: Sie hat **recht** / **Recht**.

Die Wörter *Rad, Schuld, Angst* und *(Recht)* werden als _____ gebraucht.

☞ Möglich ist auch: recht / Recht haben   haltmachen / Halt machen   u. a.

(21) *klein*   leid sein: Das **ist** mir **leid**.   angst und bange werden: Uns **wird angst** und **bange**.
recht sein: **Ist** es dir **recht**?   schuld sein: Er **ist schuld** daran.

Die Wörter *Leid, Angst, Bange, Recht* und *Schuld* werden in Verbindung mit

sein und *werden* als _____ aufgefasst.

Zeitangaben

(22) *groß*   Sie kommt **gegen** / **heute** / **morgen** / ... **Abend**.   Er meldet sich **(am) Dienstagabend**.

Vor *Abend* und *Dienstagabend* stehen _____

(23) *klein*   Ich arbeite häufig **abends** / **dienstags** / **dienstagabends** / **dienstags abends** / ...

Die Wörter *abends* und *dienstags* haben ein Endungs-s und werden als *Umstands-*

wörter der Zeit gebraucht.

> Bitte beachten: Bei den folgenden Beispielen können Unsicherheiten auftreten. Sie müssen also im Wörterbuch nachschlagen. Beachten Sie die Schreibvarianten.

A 2   Groß- und Kleinschreibung innerhalb von Wortgruppen üben

❶ Geben Sie die richtige Schreibweise an und tragen Sie die Nummer des entsprechenden Merksatzes von Aufgabe 1 ein.

Zeitwörter (Verben)

a) Letzte Woche habe ich mich besonders im (z/Z) _____ eichnen vorbereitet.

b) Jetzt übe ich gerade (r/R) _____ echnen.

c) Mein Freund fühlt sich überlastet; er ist ständig am (j/J) _____ ammern und (s/S) _____ töhnen.

d) Jan lernt in einem VHS-Kurs (p/P) _____ rogrammieren.

Eigenschafts- und Mittelwörter (Adjektive und Partizipien)

a) Über die vorzeitige Zulassung war ich aufs (a/A) _____ ngenehmste überrascht.

b) Ich bin aufs (h/H) _____ öchste gespannt, wie sie aussieht.

c) An der (u/U) _____ lmer Berufsschule beginnt die Prüfung morgens um 7:45 Uhr.

d) Die Prüfungsvorbereitung ist schon etwas (a/A) _____ nstrengendes.

e) Die (b/B) _____ ayerische Abschlussprüfung ist etwas leichter als unsere.

f) Nach der Prüfung besuchen wir das (d/D) _____ eutsche Museum in München.

g) Vor der Prüfung war ich auf alles (m/M) _____ ögliche gefasst.

h) Dass Andrea keine Arbeit hat, ist etwas sehr (s/S) _____ chlimmes.

Fürwörter (Pronomen)

a) Die Prüfung will ein (j/J) ....eder bestehen.

b) Jetzt habe ich das (m/M) ....eine zur Vorbereitung getan.

c) „Frau Graf, (s/S) ....ie haben (s/S) ....ich angestrengt. Ich gratuliere (i/I) ....hnen."

d) Außer Karin war fast (k/K) ....einer zufrieden.

Zahlwörter (Numeralien)

a) In Technologie war Fred eine reine (n/N) ....ull.

b) Der Zeiger steht auf (n/N) __n__ eun. Sie rief mich um (f/F) ....ünf an.

c) Hans ist der (e/E) ....rste geworden mit einer glatten (e/E) ....ins.

d) Es waren insgesamt (z/Z) ....wei, die durchfielen, das sind nicht (v/V) ....iele.

e) Ich habe mich (h/H) ....underte von Stunden vorbereitet.

Mal - mal

a) Jan ist zum (e/E) ....rsten (m/M) ....al verliebt.

b) Das habe ich dir schon (h/H) ....undert (m/M) ....al gesagt.

Hauptwörter mit Zeitwörtern (Substantive mit Verben)

a) Meine Freundin stand (k/K) ....opf, als sie das Ergebnis erfuhr.

b) Jetzt ist mir vor der Stellensuche nicht mehr (a/A) ....ngst.

c) Jutta macht vor keiner Schwierigkeit (h/H) ....alt.

Zeitangaben

a) Die Prüfung beginnt dieses Jahr am (d/D) ....ienstag (m/M) ....orgen um 8:00 Uhr.

b) Ich habe noch am letzten (a/A) ....bend gelernt.

A 3 Groß- und Kleinschreibung in einem Text üben

❶ Geben Sie die Schreibweise und die Nummer des entsprechenden Beispiels in Aufgabe 1 an.

Gestern (m/M) ....ittag wollte ich Fred besuchen; er war nicht zu Hause. Das ist mir | a
schon einige (m/M) ....ale so gegangen. Am (a/A) ....bend traf ich ihn in der | b
Stadt. Fred kaufte (e/E) ....iniges ein: ein (h/H) ....albes Pfund Kaffee, ein (v/V) | c
........iertel Aufschnitt, ein (p/P) ....aar Käsesorten, Ketchup, Fruchtjoghurts und (l/L) | d
........übecker Marzipan vom (f/F) ....einsten. Heute waren (t/T) ....ausende von | e
Menschen in der Stadt. Das war (m/M) ....al ein (d/D) ....rängen! Alle versuchten | f
möglichst rasch das (i/I) ....hre zu bekommen. Wir wurden am (d/D) ....eutschen | g
Haus von einem Amerikaner angesprochen. Fred antwortete, da er gut (e/E)[1] .... | h
nglisch versteht und auch fließend (e/E)[2] .... nglisch spricht. Wir trennten uns mit | i
„Auf (w/W) ....iedersehen bis zum nächsten (m/M) ....al um (s/S) ....ieben." | j

[1] Was? [2] Wie? / Was?

Werden Sie kritisch gegenüber Ihren Rechtschreibkenntnissen. Schlagen Sie bei Unsicherheit im Wörterbuch nach. Nur wenn Sie laufend nachschlagen, verbessern Sie Ihre Rechtschreibkenntnisse. Nutzen Sie weitere Rechtschreibhilfen, z. B. die automatische Rechtschreibprüfung von Textverarbeitungen oder ein Wörterbuch, das Sie auf Ihren Rechner geladen haben (siehe Seite 9).

Getrennt- und Zusammenschreibung

<u>Nach</u> dem Frühstück begann Flori die Weide **zu** <u>schneiden</u>.
Nachdem er gefrühstückt hatte, wollte er die Weide richtig
zuschneiden. Er wollte aber nicht alle Ruten **gleich**machen.
Er meinte: „Die Arbeit werde ich **gleich** <u>machen</u>."

Oft entscheidet die unterschiedliche Wortbetonung und Wortbedeutung über Zusammen- oder Getrenntschreibung wie in den Beispielen oben.

Die meisten Fälle sind in Regeln festgelegt. Bei Unsicherheit schlagen Sie am besten im Wörterbuch nach. Im Folgenden erhalten Sie einen kurzen Überblick.

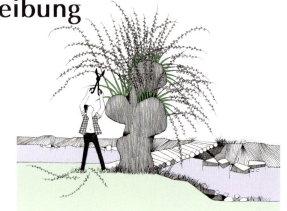

Grundregeln

1. Bestandteile von Wortgruppen schreibt man getrennt. (auf den Berg steigen, in die Irre führen)
   Bestandteile von Zusammensetzungen schreibt man zusammen. (bergsteigen, irreführen)
2. Zusammen wird geschrieben, wenn
   a) ein Bestandteil nicht selbstständig vorkommt
   b) die Reihenfolge der Bestandteile stets unverändert bleibt (untrennbare Zusammensetzungen)
   c) die Steigerung eines Bestandteils nicht möglich ist oder ein neuer Wortsinn gemeint ist
   d) die Bestandteile nicht erweitert sind

A 1 Grundregeln anwenden

❶ Setzen Sie die Wörter in der richtigen Schreibweise in die Lücken.

a) **Ein Bestandteil kommt nicht selbstständig vor**

| wiss + begierig | Sie ist eine _____ Schülerin. („wiss" nicht selbstständig) |
| zu + tiefst | Deshalb ist er _____ verunsichert. („tiefst" nicht selbstständig) |

b) **Die Bestandteile sind untrennbar zusammengesetzt (unveränderbare Reihenfolge)**

| maß + regeln | Man _____ ihn. Man hat ihn offiziell _____ |
| lang + weilen | Er _____ sich. Er hat sich sehr _____ |

☞ <u>aber</u> bei veränderbarer Reihenfolge   *auch: hochgeachtet.*

hoch + achten   Sie *achten* ihn *hoch.*   Er wird *hoch geachtet.*

c) **Die Steigerung eines Bestandteils ist nicht möglich (neuer Wortsinn)**

| frei + sprechen | Der Angeklagte wurde _____ (nicht „freier gesprochen") |
| gut + schreiben | Lass dir den Betrag _____ (nicht „besser schreiben") |

☞ <u>aber</u> bei steigerbarem Eigenschaftswort

| frei + sprechen | Er hat heute _____ wie noch nie. |
| gut + schreiben | Ich will den Test möglichst _____ |

d) **Die Bestandteile sind nicht erweitert**

kilometer + weit	Sie ging _____ bis zum Brunnen.
irgend + ein(er)	Er nahm _____ Teil aus der Kiste.
	_____ ist es doch gewesen!

☞ <u>aber</u> bei erweitertem Bestandteil

| kilometer + weit | Er ging viele _____ (Erweiterung mit „viele") |
| irgend + ein | Sie hatte _____ so _____ ungutes Gefühl. (Erweiterung mit „so") |

A 2 Schreibweise nachschlagen

immer zusammen derselbe, irgendwer, irgendjemand, irgendetwas, ebenso, anstatt
immer getrennt gar nicht(s), umso mehr, noch einmal, so viel wie, zu viel(e)
beide Formen sodass / so dass   anstelle / an Stelle   nichtöffentlich / nicht öffentlich

❶ Schlagen Sie die Schreibweise nach.

mit / Hilfe		jeder / Zeit	*jederzeit*
an / Hand		gar / nie	
je / nach / dem		auf / Grund	
so / wie / so		genau / so	*genauso*
nicht / berufs / tätig		in / Frage / stellen	
		so / genannt	

A 3 Regeln zum Bindestrich anwenden

Bindestriche **müssen** gesetzt werden
a) bei Zusammensetzungen mit Einzelbuchstaben, Abkürzungen und Ziffern
b) bei mehrteiligen Grundformen, die als Hauptwörter gebraucht werden

Bindestriche **können** zur Verdeutlichung gesetzt werden
c) beim Zusammentreffen von drei gleichen Buchstaben in Wortzusammensetzungen

❶ Führen Sie entsprechend den Regeln und Beispielen weitere Beispiele auf.

a) *S-Kurve, der 17-Jährige,*
   400-m-Lauf, 40-Stunden-Woche,
b) *das Auf-die-lange-Bank-Schieben,*
c) *Kaffee-Ersatz, Bett-Tuch,*
   ☞ bevorzugt:

A 4 Namen von Straßen und Plätzen richtig schreiben

Die Namen von Straßen und Plätzen werden durch Vorsetzen von Bestimmungswörtern gebildet. Solche Bestimmungswörter können Haupt-, Eigenschafts-, Geschlechts- oder Verhältniswörter sein.

❶ Formulieren Sie die Regeln für die vier Gruppen von Beispielen.
a) Schillerstraße, Kurfürstendamm, Buchenweg, Schlossallee
b) Ulmer Weg, Berliner Platz, Lange Gasse, Breite Straße
c) Auf der Ebene, Unter den Linden, An den Drei Tannen, Im Alten Kalköfele
d) Max-Eyth-Allee, Theodor-Heuss-Straße, Richard-Wagner-Platz, Geschwister-Scholl-Tor

a) Zusammen schreibt man bei *ungebeugtem Bestimmungswort.*
b) Getrennt schreibt man bei
c) Getrennt schreibt man bei
d) Mit Bindestrichen schreibt man bei

❷ Schreiben Sie die Namen von Straßen und Plätzen richtig.

Linden / Allee	Nürburg / Ring	
Mond / Weg	Nürnberger / Platz	
Roter / Berg	Carl / von / Weizsäcker / Str.	*Carl-von-Weizsäcker-Str.*
Adenauer / Straße	Beim / Alten / Fritz	

Gleich und ähnlich klingende Laute

Fred schreibt: „Bei unserem Betriebsausflug tranken wir im Augarten in **Massen** Bier aus **Mass**krügen. Nur Heinz nahm Bier in **Massen** zu sich."

Ulrike, seine Freundin, sieht ihm über die Schulter und meint verwirrt: „Da soll sich einer auskennen, so wie du schreibst." Hatte Heinz nun einen weg oder nicht?

A 1 Bedeutung oder Vorkommen von Lautgruppen feststellen

❶ Geben Sie von jeder Lautgruppe die Bedeutung oder das Vorkommen an.

a) **Wider**hall, **wider**borstig, er**wider**n   **wieder**holen, **Wieder**beginn, **Wieder**sehen

    wider bedeutet _____

    wieder bedeutet _____

b) Bleistiftm**ine**, Masch**ine**, Gard**ine**   M**iene**nspiel, Sch**iene**, B**iene**

    -ine kommt vor bei   *Fremdwörtern (Hauptwörtern)*

    -iene kommt vor bei _____

c) **Statt**halter, Richt**statt**e, er**statt**en   **Städt**er, **stadt**kundig, **Stadt**tor

    statt bedeutet   *Stelle, Stätte (an der etwas stattfindet) / an Stelle von*

    stadt bedeutet _____

d) **Tot**geburt, d. h. bei der Geburt **tot**   **Tod**feind, d. h. Feind bis zum **Tod**
    totsagen, d. h. sagen, dass jemand **tot** ist   **töd**lich, d. h. zum **Tod** führend

    tot, wenn bei der Wortauflösung das _____ entsteht

    tod, wenn bei der Wortauflösung das _____ entsteht

e) Ich sah **das** Auto, **das** den Unfall verursachte.
    Er meinte, **dass das** nicht sein könne. **Das** ist nett, **dass** du kommst.

    das kann durch _____ oder _____ ersetzt werden

    dass ist _____ wort für _____

f) **Wei**sheit, nase**weis**, Sing**weise**   **weiß**färben, gelb**weiß**, **Weiß**wäsche

    weis(e) bedeutet _____

    weiß bedeutet _____

g) **Ur**sprung, **ur**alt, **Ur**ahn   **Uhr**zeiger, Stand**uhr**, **Uhr**macher

    ur bedeutet _____

    uhr bedeutet _____

h) lassen, er lässt – Fluss, Flüsse – Riss, Risse Fuß, Füße – fließen, es fließt – reißen, er reißt

ss nach ....

ß nach ....

A 2 Richtige Lautgruppe erkennen

❶ Schreiben Sie die richtigen Buchstaben in die Lücken (ggf. im Wörterbuch nachschlagen). Begründen Sie mit den Erklärungen auf der Seite gegenüber.

a) **wider - wieder**

W......derhaken, W......dergabe, w......derum, w......derspiegeln, w......derkäuen, W......derruf, w......der aufbauen, w......derholen, w......derfinden, w......derspenstig, W......dersacher, w......derbeleben, W......derkehr, W......derspruch

b) **ine - iene**

Sch......nenbus, Kant......ne, Masch......nenpark, Apfels......ne, Ros......ne, Silberm......ne, gute M......ne zum bösen Spiel machen, Mar......ne, Law......ne, Burgru......ne, K......nspan, L......neal, P......nie, B......nenstich

c) **statt - stadt**

Sta......teil, Gaststä *tt* e, stä......isch, sta......finden, sta......lich, Sta......kreis, Stä......etag, Sta......staat, Tagungsstä......e, Sta......halter, Ruhestä......e, Werksta......, Sta......mauer, Vorsta......

d) **tot - tod**

to......bleich, mauseto......, To......sünde, to......lachen, scheinto......, To......enkopf, tö......lich, to......bringend, to......still, to......enstill, to......elend, halbto......, tö......en, to......drücken

e) **das - dass**

Da...... du aber kommst! Da...... glaube ich nicht. Ob da...... stimmt, da...... er geht? Ich glaube, da...... da...... Haus noch steht. Da...... da...... Auto noch fährt, da...... ist unglaublich!

f) **weis - weiß**

Wei......bier, Wei......buche, klugerwei......e, wohlwei......lich, schneewei......, klassenwei......e, Wei......wein, Wei......kalk, einwei......en, wei......grau, Wei......fisch, probewei......e, Singwei......e

g) **ur - uhr**

Armband......r, ...rtümlich, ...rgewalt, ...rwerk, ...raufführen, ...rzeit, ...rzeit, ...rform, ...rgehäuse, ...rabstimmung, ...rbevölkerung, ...rzeigersinn, Küchen......r, ...rsprache

h) **ss - ß**

Flu......, Flü......e, Versäumni......e, Grü......e, mä......ig, sto......en, er stö......t, Strau......, Sträu......e, Rei......zeug, Mi......verständni......e, ha......en, Ma......enmensch, vermi......en, sie vermi......t, Ma......einheit, du mu......t, rei......en

A 3 Sätze mit Lautpaaren bilden

❶ Bilden Sie Sätze, in denen gleich oder ähnlich klingende Laute zusammen vorkommen.
Beispiele: Du wirst mich **tod**sicher noch **tot**fahren!   In der Alt**stadt** findet ein Fest **statt**.

A 4 Mehrzahlformen bilden

❶ Bilden Sie die Mehrzahlform. Schlagen Sie im Wörterbuch nach.

a) Amboss	e) Fass	j) Maß *Maße*
b) Atlas	f) Floß	k) Masse ....
c) Athlet	g) Globus	l) Spaß ....
d) Band	h) Kellnerin *Kellnerinnen*	m) Lexikon ....
	i) Kloß	n) Zeugnis ....

Satzglieder

A 1 Satzglieder bestimmen und ihre Aufgaben beschreiben

❶ Bestimmen Sie in den Beispielen ① und ② die Satzglieder mit Abkürzungen (siehe unten).
❷ Formulieren Sie mithilfe der Fragewörter vollständige Fragen.
   Welche Aufgaben haben die Satzglieder?

Satzgegenstand (Subjekt) SG

Fragewörter *Wer? Was?*

Aufgabe Der Satzgegenstand nennt die Person oder Sache, *die etwas tut, mit der etwas getan wird, die etwas erleidet.*

Satzaussage (Prädikat) SA

Fragewörter

Aufgabe Die Satzaussage sagt aus, was der Satzgegenstand

Satzergänzung (Objekt) SE

Fragewörter

Aufgabe Die Satzergänzung ergänzt

Umstandsbestimmung (adverbiale Bestimmung) UB

Fragewörter

Aufgabe Die Umstandsbestimmung bestimmt

Beifügung (Attribut) B

Fragewörter ....

Aufgabe   Die Beifügung wird einem Satzglied zur ....

.... beigefügt.

A 2   Satzglieder ermitteln

❶ Ermitteln Sie in den folgenden Sätzen die Satzglieder durch Erfragen.

❷ Bezeichnen Sie die Satzglieder mit Abkürzungen.

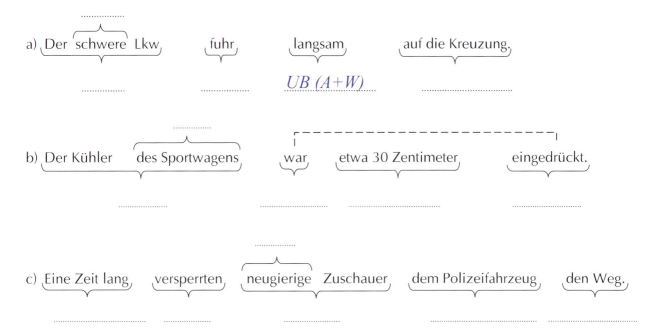

A 3   Stellung der Satzglieder verdeutlichen und verändern

❶ Ordnen Sie die Glieder des Satzes

Die Aktion der Schüler brachte heute wieder einen ganz großen Erfolg.

den einzelnen Rechtecken zu. Verdeutlichen Sie die Beziehungen durch Pfeile.

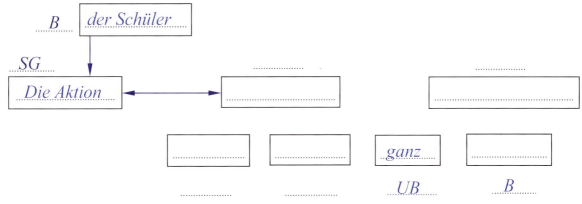

❷ Verändern Sie die Stellung der Satzglieder. Beschreiben Sie die Wirkung auf die Aussage.

    a) *Heute brachte* ....

    b) *Wieder brachte* ....

    c) *Einen ganz großen* ....

    d) *Brachte die Aktion* ....?

Erkenntnis ....

....

Haupt- und Nebensatz

A 1 Haupt- und Nebensatz unterscheiden

❶ Woraus sind die fett gedruckten Nebensätze in den Beispielen a, b und c entstanden?
  a) Der Fahrer des Lkw berichtete. => Der Fahrer, **der den Lkw gesteuert hatte,** berichtete.
  b) Wegen beschlagener Scheiben sah er schlecht. => **Weil die Scheiben beschlagen waren**, sah er schlecht.
  c) Sie erkannte zu spät die Gefahr. => Sie erkannte zu spät, **dass es gefährlich wurde.**

❷ Woran sind Hauptsätze zu erkennen? Woran sind Nebensätze zu erkennen?

❸ An welchen Stellen des Hauptsatzes können Nebensätze stehen?

> Hauptsätze sind Sinneinheiten, die _selbstständig sind._
>
> Nebensätze • sind abhängig vom ....
>
>   • beginnen oft mit einem ....
>
>   • enden meist mit einem ....
>
> Nebensätze können stehen ....

A 2 Satzgefüge und Satzverbindungen bestimmen

❶ Kennzeichnen Sie in den Beispielen a und b Haupt- und Nebensätze mit HS und NS.

  a) ⌒Der Sportwagen rammte den Lkw⌒, ⌒als er zu schnell in die Kreuzung fuhr⌒.

  ⌒War die Fahrerin⌒, ⌒die gleich zu schimpfen begann⌒, ⌒Frau Rasch⌒?

  b) ⌒Frau Rasch bremste stark⌒ (,) und ⌒ihr Wagen kam ins Schleudern⌒.

  ⌒Er fuhr auf den Gehweg⌒ (,) oder ⌒es wäre sonst noch schlimmer geworden⌒.

In den Beispielen a sind die Haupt- und Nebensätze durch Binde- bzw. Fürwort **fest** ineinander **gefügt**.
In den Beispielen b sind die Hauptsätze durch ein Bindewort **locker** miteinander **verbunden**.
Das Bindewort kann auch fehlen.

❷ Was versteht man unter einem **Satzgefüge**, was unter einer **Satzverbindung**?

> Satzgefüge .... und ....
>
> Satzverbindung .... und ....

A 3 Arten der Nebensätze feststellen

❶ Mit welcher Wortart werden die Nebensätze in den Beispielen a, b und c eingeleitet?
Wie können deshalb diese Nebensätze bezeichnet werden?

a) Frau Rasch sagte aus, **dass** sie nichts gesehen habe. **Weil** es regnete, kam ihr Wagen ins Schleudern.

b) Der Lkw, **der** langsam in die Kreuzung fuhr, war voll beladen. Ein Passant verständigte die Polizei, **die** nach zehn Minuten kam.

c) Hans fragte mich, **was** da vorne los sei. Der Lkw-Fahrer erklärte dem Polizisten, **warum** er langsam gefahren war. Der Polizist wollte wissen, **ob** es geregnet hatte.

❷ Wodurch unterscheidet sich in den Beispielen d und e die Fassung 2 von der Fassung 1?
Wie kann man die Nebensätze in den Fassungen 2 bezeichnen?

d) *Fassung 1*   Er hupte, weil er auf sich aufmerksam machen wollte.
Fassung 2   Er hupte, **um** auf sich aufmerksam **zu** machen.

e) *Fassung 1*   Die Beifahrerin, die am ganzen Leib zitterte, kroch aus dem Wagen.
Fassung 2   Am ganzen Leib **zitternd**(,) kroch die Beifahrerin aus dem Wagen.

Nach dem Einleitungswort bezeichnet man die Nebensätze als

a) ....

b) ....

c) ....

Verkürzte Nebensätze haben keinen *Satzgegenstand oder Hinweis darauf.*
Man nennt sie

d) ....

e) ....

A 4 Nebensätze benennen

❶ Benennen Sie die Nebensätze in den Beispielen a bis g.

a) Frau Rasch gab Gas, **anstatt zu** bremsen.

   Art des Nebensatzes ....

b) Die Beifahrerin, **welche** am ganzen Leib zitterte, kroch aus dem Wagen.

   Art des Nebensatzes ....

c) Von dem dumpfen Schlag **angelockt**(,) strömten die Neugierigen zusammen.

   Art des Nebensatzes ....

d) Wachtmeister Zeil protokollierte, **wann** der Unfall geschah und **wer** daran beteiligt war.

   Art des Nebensatzes ....

e) Frau Rasch, noch unter Schock **stehend**, konnte nichts aussagen.

   Art des Nebensatzes ....

f) **Wenn** der Sportwagen langsamer gefahren wäre, hätte es keinen Unfall gegeben.

   Art des Nebensatzes ....

g) Der Sportwagen, **dessen** Kühler eingedrückt war, musste abgeschleppt werden.

   Art des Nebensatzes ....

Zeichensetzung

Wortreihen lassen sich durch Satzzeichen so gliedern, dass unterschiedliche Aussagen entstehen.

Bis in die 1980er Jahre kam es immer wieder zu solchen Szenen.

Wortreihe   Herr Rasch schimpft Herr Lang kann wieder einmal kein Ende finden
Aussage 1   **Herr Rasch schimpft:** „Herr Lang kann wieder einmal kein Ende finden!"
Aussage 2   „Herr Rasch", **schimpft Herr Lang**, „kann wieder einmal kein Ende finden!"

A 1 Aufgaben der Satzzeichen erkennen

❶ Wodurch unterscheiden sich die beiden Aussagen?

❷ Lesen Sie die beiden Aussagen vor. Woran erkennt der Hörer, wer spricht?

❸ Welche Hauptaufgaben haben Satzzeichen?

Aufgaben der Satzzeichen • ....

                         • ....

A 2 Regeln zur Zeichensetzung formulieren

❶ Formulieren Sie die einzelnen Regeln anhand der Beispiele.

Punkt, Doppelpunkt und Anführungszeichen als Zwischenzeichen

(1) a) An dem Unfall waren 1. ein Radfahrer und 2. ein Elektrowagen beteiligt.
    b) Der Unfall geschah am 02. Juli 2013 in Neunkirchen. (Kurzform: 2013-07-02)

Ein **Punkt** steht nach ....

(2) a) Der Elektrowagen hatte Folgendes geladen: eine Kiste, ein Rohr und eine Kabelrolle.
    b) Er fragte: „Wann geschah es?"

Ein **Doppelpunkt** steht vor nachgestellten *Aufzählungen und wörtlicher Rede.*

(3) a) „Der Unfall geschah um 11:50 Uhr", antwortete sie.
    b) Sie liest gerade „Eine Jugend im Sudan".
    c) Hier gilt „Eile mit Weile".
    d) Das Wort „Clique" kann ich nicht mehr hören.

Anführungszeichen stehen vor und nach ....

....

Das Komma in der Satzverbindung (Hauptsatz + Hauptsatz)

(4) a) Das Fahrzeug überschlug sich, niemand wurde dabei verletzt.
    b) Das Fahrzeug überschlug sich(,) **und** niemand wurde dabei verletzt.
    c) Er protestierte heftig, **aber** es half ihm alles nichts.

Das **Komma** trennt ....

....

Hinweis: Bei Hauptsätzen, die durch *und* bzw. *oder* verbunden sind, kann ggf. durch ein Komma die Gliederung deutlich gemacht werden.

(5) a) Vor einem Vierteljahr, es war im Mai, ereignete sich ein ähnlicher Unfall.

Das **Komma** steht vor und nach ....

Das Komma im Hauptsatz

(6) a) Sie hatten eine Kiste, ein Rohr, eine Kabelrolle und einige Kanaldeckel geladen.

Das **Komma** trennt die Glieder einer *Aufzählung* (kein Komma vor *und, oder*)

(7) a) Fred ist ein höflicher, zurückhaltender, sicherer Autofahrer.

Das **Komma** trennt ....

Hinweis: Statt der Kommas könnte *und* gesetzt werden (gleichrangige Adjektive).

(8) a) Neunkirchen, den 02. Juli 2013 (Kurzform: 2013-07-02)
b) Fred Müller, Karlstraße 1, 11111 Neunkirchen

Das **Komma** trennt ....

(9) a) Oh, das war schrecklich! Au, das tut mir weh!
b) Ja so kann es einen erwischen. Nein so geht es nicht.

Das **Komma** trennt .... vom übrigen Satz.

Hinweis: Kein Komma steht, wenn das Ausrufewort nicht besonders betont wird.

(10) a) Äußern Sie sich bitte, Herr Müller. Petra, bist du endlich fertig?

Das **Komma** trennt .... vom übrigen Satz.

(11) a) Treten Sie bitte zurück, auch Sie und Sie dort! Alle mal herhören, auch du, Uli!

Das **Komma** trennt .... vom übrigen Satz.

(12) a) Meine Versicherung, die Neunkirchner Allgemeine, übernimmt die Reparaturkosten.

Das **Komma** trennt .... vom übrigen Satz.

Das Komma im Satzgefüge (Hauptsatz + Nebensatz)

Beachten Sie: Der Nebensatz kann Vorder-, Zwischen- oder Nachsatz sein.

(13) a) Er fragte, **warum** sich das Fahrzeug quer gestellt habe. (............satz)
b) **Als** er auf dem Rollsplitt bremste, stellte sich das Fahrzeug quer. Es war klar, **dass** sie nichts bemerkt hatte. (............satz)
c) Das Fahrzeug, **das** sich zunächst quer stellte, überschlug sich. (............satz)

Das **Komma** trennt .... vom Hauptsatz.

(14) a) Die Werkstatt beginnt(,) das Auto **zu reparieren**. (............satz)
b) Sich **abmühend**(,) schrieb er den Unfallbericht für die Versicherung. (............satz)

Das **Komma** kann .... vom Hauptsatz trennen, damit der Satz besser verständlich ist.

(15) a) Er lief weg, **anstatt / ohne** Hilfe **zu holen**. (*Grundformsatz mit anstatt / ohne / ......*)

Das **Komma** trennt .... vom Hauptsatz.

A 3 Regeln zur Kommasetzung strukturiert darstellen

❶ Stellen Sie die Regeln 4 bis 15 der Aufgabe 2 in einer Tabelle oder einer Mindmap dar.

A 4 Zeichensetzung entsprechend den Regelgruppen üben

① Setzen Sie in den folgenden Sätzen die Satzzeichen.
② Geben Sie am Rand die Nummern der zutreffenden Regeln an.

Punkt, Doppelpunkt und Anführungszeichen als Zwischenzeichen

a) Der Fahrer des Elektrowagens sagte aus   Ich konnte den Ford nicht sehen.
b)   Nein   erwiderte der Radfahrer   das ist falsch.
c) Ein Bericht enthält folgende Punkte   1   Ursachen, 2   Geschehen, 3   Folgen.
d) Der Ausdruck   in rasanter Fahrt   ist in einem Unfallbericht nicht angebracht.

Das Komma in der Satzverbindung

e) Der Elektrowagen   der Fahrer lenkte unvermittelt nach links   kippte um.
f) Die Straße war holprig   und der Radler musste bremsen.
g) Der Ford bremste stark   er konnte gerade noch anhalten.

Das Komma im Hauptsatz

h) Nein   war das ein sturer   rücksichtsloser Fahrer!
i) Fred   hast du dich verletzt?
j) Der Unfall ereignete sich bei der Firma Schlag & Co.   Neunkirchen   Werk 1   Pforte 3.
k) Der Fahrer sprang sehr erregt   laut schimpfend   wild mit den Händen gestikulierend von seinem Elektrowagen.
l) Die Firma Schnell KG   eine Werkstatt in Neunkirchen   nahm den Wagen in Reparatur.

Das Komma im Satzgefüge

m) Weil der Elektrowagen unvermittelt aus der Einfahrt kam   musste der Ford stark bremsen.
n) Aus vollem Hals schimpfend   stieg der Fahrer von seinem Elektrowagen.
o) Ohne auf das Geschrei des Fahrers einzugehen   wartete er auf die Polizei.
p) Der Fahrer des Ford bat eine Frau   die den Unfall beobachtet hatte   als Zeugin   auszusagen.
q) Er fragte den Meister   was die Reparatur ungefähr kosten werde.

A 5 Sätze nach Vorgaben schreiben

① Schreiben Sie nach den Vorgaben Beispielsätze mit Zeichensetzung.

a) **Fragesätze** in wörtlicher Rede mit Anrede und eingeschobener Sprecherangabe

b) **Hauptsätze** mit drei gleichrangigen Eigenschaftswörtern

c) **Satzverbindung** mit Bindewort „oder"

....

....

d) **Satzgefüge** mit Grundformsatz mit anstatt

....

....

e) **Hauptsatz** mit Bezugswortsatz und „dass"-Satz

....

....

A 6 Satzzeichen in Text einsetzen, Zeichensetzung begründen

① Setzen Sie im folgenden Text die Satzzeichen.
② Begründen Sie mit den oben formulierten Regeln.
③ Geben Sie die Nummern der zutreffenden Regeln am Rand an.

	Regeln
Im Dritten Reich in den ersten Jahren der nationalsozialistischen Herrschaft ... a	
wurde die Aufrüstung unter strengster Geheimhaltung betrieben. Bei Machul- ... b	
ke & Co. wird alles erzeugt wofür die deutsche Familie Bedarf hat. Zur Be- ... c	
legschaft zählt auch Max Borstke der in der Kinderwagenabteilung arbeitet. ... d	
Max hat seinem Schwager dem Oberhaupt einer vielköpfigen Familie einen ... e	
Kinderwagen versprochen. Es vergeht ein Monat es vergehen zwei Monate ... f	
es vergehen drei Monate. Da stellt der Schwager Max zur Rede und Max ... g	
rechtfertigt sich Du wirst dich wundern ich nehme jeden Tag ein Teil mit ... h	
nach Hause. Na und das dauert so lange? Richtig lass mich doch aus- ... i	
reden! Ich habe die Arbeit schon fünfmal begonnen und alle fünfmal ist ... j	
kein Kinderwagen herausgekommen sondern ob du mir's glaubst oder nicht ... k	
ein Maschinengewehr. ... l	

nach Dor/Federmann, Der politische Witz

④ Schreiben Sie den Text nach Diktat (in Gruppen oder in der Klasse).

A 7 Sinn von Wortreihen durch Satzzeichen festlegen

① Setzen Sie in den folgenden Wortreihen so Satzzeichen, dass jeweils zwei Aussagen entstehen. Nennen Sie den Sinn jeder Aussage.

a) *Aussage 1* Frau Maier sagte   Ria ist nicht zufrieden.
   Aussage 2   Frau Maier   sagte Ria   ist nicht zufrieden.
b) *Aussage 1* Im Regal lag viel   Brot   Mehl   Salz.
   Aussage 2 Im Regal lag viel   Brot   Mehl   Salz.
c) *Aussage 1* Sie empfahl ihm   zu folgen.
   Aussage 2 Sie empfahl   ihm zu folgen.
d) *Aussage 1* Petra   die Freundin Jans   und Ute trafen sich.
   Aussage 2 Petra   die Freundin Jans und Ute trafen sich.

Worttrennung am Zeilenende

Schriftbild 1 ohne Worttrennung, linksbündig

Drittes Reich. Ein Franzose sitzt allein in einem Eisenbahnabteil. Sein Blick fällt auf das Propagandaplakat EIN DEUTSCHER LÜGT NICHT! Er liest halblaut: „Ein Deutscher lügt nicht!" Da meint er nachdenklich: „Ein schlechter Prozentsatz bei achtzig Millionen Einwohnern."

Schriftbild 2 mit Worttrennung, linksbündig

Drittes Reich. Ein Franzose sitzt allein in einem Eisenbahnabteil. Sein Blick fällt auf das Propagandaplakat
EIN DEUTSCHER LÜGT NICHT! Er liest halblaut:
„**Ein** Deutscher lügt nicht!" Da meint er nachdenklich: „Ein schlechter Prozentsatz bei achtzig Millionen Einwohnern."

nach Landmann, Jüdische Witze

Vorteile der Worttrennung: ....

....

Regeln zur Worttrennung am Zeilenende

(1) Mehrsilbige Wörter trennt man nach Sprechsilben. Kon-ti-nent Brau-e-rei

(2) Ein einzelner Mitlaut zwischen Selbstlauten kommt auf die neue Zeile. Fa-den spie-len

Hinweis: ch, ck und sch gelten als einfache Mitlaute. ba-cken Ma-sche

(3) Bei mehreren Mitlauten zwischen Selbstlauten kommt der letzte Mitlaut auf die neue Zeile. Städ-te han-deln

Hinweis: auch st wird getrennt Ras-ter Fens-ter

(4) Zusammengesetzte Wörter werden nach ihren Bestandteilen getrennt, wenn sie als Zusammensetzungen erkannt werden. Andernfalls wird nach Sprechsilben getrennt. Diens-tag Spar-gelder
war-um dar-auf
wa-rum da-rauf

(5) Nachsilben, die mit einem Selbstlaut beginnen, erhalten einen Mitlaut der vorhergehenden Zeile. Boh-rung Kellne-rin

A 1 Trennbare Wörter auffinden und trennen

❶ Wie viele Wörter sind im oben wiedergegebenen Witz trennbar? .... Wörter

❷ Trennen Sie alle dreisilbigen und mehr als dreisilbigen Wörter so oft wie möglich.

- *Wort-tren-nung*
- ....
- ....
- ....
- ....
- ....
- ....

A 2 Beispiele zu den einzelnen Regeln schreiben

❶ Führen Sie weitere Beispiele zu den Trennregeln 1 bis 5 auf.

(1) *Freun-din, an-de-re,*
(2) *klo-nen, Ho-sen, ki-cken,*
(3) *biss-chen, Wand-ler,*
(4) *Haus-frau, Kur-bel-stan-ge, com-pu-ter-ge-steu-ert,*
(5) *Ach-tung, Halte-rung,*

A 3 Trennregeln anwenden

❶ Trennen Sie die folgenden Wörter so oft wie möglich.

a) Waschmaschine   b) Blütenknospe   c) begutachten

d) Atempause   e) Störungsstelle   f) Telefonistin
   Atem-pau-se

g) Geiseldrama   h) Englischunterricht   i) kurzarbeiten

j) Schlosserei   k) riesig/rissig   l) abonnieren
               abon-nie-ren

m) Rauheitsmessgerät   n) Bäckermeister   o) Dienstagnachmittag

p) Stofffarbe   q) mittellos   r) wettturnen

s) Geisterfahrer   t) Arrangement   u) vollenden
               vol-l-en-den

v) Methode   w) Korrespondenz
             Kor - re - spon - denz   (Kor - res - pon - denz)

❷ Trennen Sie folgende Wörter nach
- Sprechsilben
- Bestandteilen

x) Mainau   y) nebeneinander   z) interessiert

-
- *Main - au*
-
-
-
-

A 4 Automatische Worttrennung von Textverarbeitungsprogrammen testen

❶ Geben Sie die unten stehenden Wörter und Kommas ohne Trennung als Fließtext ein (d. h. ohne Returns am Zeilenende).

❷ Trennen Sie die Wörter des Textes automatisch. Verfahren Sie dazu wie folgt:
- Schriftgröße 11 Punkt wählen, Blocksatz einschalten
- den gesamten Text markieren
- die automatische Worttrennung einschalten, Trennzone 0,25 cm
- den rechten Randsteller in Schritten von z. B. 0,25 cm nach links schieben und dabei die automatische Worttrennung beobachten

> Blütenknospe, Schlosserei, begutachten, riesig, rissig, kurzarbeiten, Rauheitsmessung, Bäckermeister, Dienstagnachmittag, Stofffarbe, Stofffleck, wettturnen, nebeneinander, vollenden, Methode, Korrespondenz, Arrangement, abonnieren, interessieren¶

Feststellung

Fachausdrücke aus der Grammatik: Deutsch-Lateinisch

Deutsch	Lateinisch	Beispiele
Ausführungsweise angebendes Zeitwort	Modalverb, das	kaufen **können** (**müssen**, **dürfen**)
Ausrufe-, Empfindungswort	Interjektion, die	**Ach! Toll!**
Befehlsform	Imperativ, der	**Komm! Kommt! Kommen Sie!**
Beifügung (als Eigenschaftswort - als Hauptwort im 2. Fall - als Adverb - als Fürwort)	Attribut, das	ein **tolles** Spiel - die Regeln **des Spiels** - er rennt **ganz** schnell - **seine** Taktik
Beisatz	Apposition, die	Jan, **mein neuer Freund,** wohnt in Ulm.
Besitzanzeigendes Fürwort	Possessivpronomen, das	**mein, dein, sein, ihr, euer**
Beugung (des Haupt-, Geschlechts- und Eigenschaftsworts ...)	Deklination, die	**der** schnelle Wagen, **des** schnellen Wagens, **dem** schnellen Wagen
Beugung (des Zeitworts nach Person - Zahl - Zeit ...)	Konjugation, die	ich **singe**, du **singst**, er **singt** - wir **singen** - ich **werde** singen, sie **sangen**
Bezügliches Fürwort	Relativpronomen, das	Das Haus, **das** dort steht, ist alt.
Bindewort (nebenordnend - unterordnend)	Konjunktion, die	**und, oder, aber** - **weil, dass, wenn**
Eigenschaftswort	Adjektiv, das	**hoch, rot, dick**
Einzahl	Singular, der	**der** Mann, **die** Frau
Fragefürwort	Interrogativpronomen, das	**Was** gibt es? **Wer**? **Welcher**?
Fürwort (persönlich - besitzanzeigend - rückbezüglich - unbestimmt ...)	Pronomen, das	**ich, du, er** - **mein, dein, sein** - **mich, dich, sich** - **keiner**
Gegenwart	Präsens, das	Sie **lacht**.
Geschlechtswort (bestimmt - unbestimmt)	Artikel, der	**der, die, das - einer, eine, eines**
Grundform des Zeitworts	Infinitiv, der	**gehen, fahren, singen**
Grundstufe, 1. Steigerungsstufe, 2. Steigerungsstufe	Positiv, Komparativ, Superlativ	**hoch, höher** - **gut, besser** - **am höchsten** - **am besten**
Hauptwort (gegenständlich - abstrakt)	Substantiv, das	**Auto, Mond** - **Liebe, Hass**
Hilfszeitwort	Hilfsverb, das	gekauft **haben** (**sein, werden**)
Hinweisendes Fürwort	Demonstrativpronomen, das	**dieser, jener, derjenige**
Leideform	Passiv, das	Der Hund **wird** von ihm **dressiert**.
Mehrzahl	Plural, der	**die** Männer, **die** Frauen
Mitlaut	Konsonant, der	**b, c, d, f**
Mittelwort (der Gegenwart - der Vergangenheit)	Partizip, das (des Präsens - des Perfekts)	**kochend, spielend** - **gekocht, gespielt**
Möglichkeitsform des Zeitworts	Konjunktiv, der	Sie sagte, sie **gehe** ins Kino.
Nachsilbe	Suffix, das	Bieg**ung**, ess**bar**
Persönliches Fürwort	Personalpronomen, das	**ich, du, er, sie, es**
Rückbezügliches Fürwort	Reflexivpronomen, das	Sie hat **sich** geirrt.
Satzaussage	Prädikat, das	Er **geht** ins Kino.
Satzergänzung (im 2. Fall - 3. und 4. Fall)	Objekt, das	Wir gedachten **des Freundes**. - Sie gab **dem Hund den Knochen**.
Satzgegenstand	Subjekt, das	**Der Mann** geht fort.
Selbstlaut	Vokal, der	**a, e, i, o, u**
Tatform	Aktiv, das	Er **dressiert** den Hund.
Umstandsbestimmung (der Art und Weise - der Zeit - des Orts - des Grundes)	Adverbiale Bestimmung, die	Er fährt **wie verrückt**. - **Jetzt** bremst er. - Er hält **im Hof**. - Er zittert **vor Angst**.
Umstandswort (der Art und Weise - der Zeit - des Orts - des Grundes)	Adverb, das	**gern** - **jetzt** - **dort** - **deshalb**
Vergangenheit	Präteritum, das (Imperfekt)	Sie **lachte**.
Verhältniswort (des Orts - der Zeit - mit übertragenem Sinn)	Präposition, die	**auf, in, nach, seit** - **wegen, trotz**
Vollendete Gegenwart	Perfekt, das	Sie **hat gelacht**.
Vollendete Vergangenheit	Plusquamperfekt, das	Sie **hatte gelacht**.
Vorsilbe	Präfix, das	**ge**gangen, **an**drücken
Wemfall (3. Fall)	Dativ, der	Er schreibt **dem Freund**.
Wenfall (4. Fall)	Akkusativ, der	Sie fängt **den Vogel**.
Werfall (1. Fall)	Nominativ, der	**Der Mann** geht fort.
Wesfall (2. Fall)	Genitiv, der	Wir gedachten **des Freundes**.
Wirklichkeitsform des Zeitworts	Indikativ, der	Sie **sagt** kein Wort mehr.
Zahlwort (Grundzahl - Ordnungszahl - Bruchzahl - unbestimmtes Zahlwort ...)	Numerale, das	**drei** - **der Dritte** - **ein Drittel** - **viele**
Zeitwort (Tätigkeitswort, Tunwort)	Verb, das	**gehen, singen**
Zukunft	Futur, das	Ich **werde kommen**.

Fachausdrücke aus der Grammatik: Lateinisch-Deutsch

Lateinisch	Deutsch	Beispiele
Adjektiv, das	Eigenschaftswort	hoch, rot, dick
Adverb, das	Umstandswort (der Art und Weise - der Zeit - des Orts - des Grundes)	gern - jetzt - dort - deshalb
Adverbiale Bestimmung, die	Umstandsbestimmung (der Art und Weise - der Zeit - des Orts - des Grundes)	Er fährt **wie verrückt**. - **Jetzt** bremst er. - Er hält **im Hof**. - Er zittert **vor Angst**.
Akkusativ, der	Wenfall (4. Fall)	Sie fängt **den Vogel**.
Aktiv, das	Tatform	Er dressiert den Hund.
Apposition, die	Beisatz	Jan, **mein neuer Freund**, wohnt in Ulm.
Artikel, der	Geschlechtswort (bestimmt - unbestimmt)	der, die, das - einer, eine, eines
Attribut, das	Beifügung (als Eigenschaftswort - als Hauptwort im 2. Fall - als Adverb - als Fürwort ...)	ein **tolles** Spiel - die Regeln **des Spiels** - Er rennt **ganz schnell** - **seine** Taktik
Dativ, der	Wemfall (3. Fall)	Er schreibt **dem Freund**.
Deklination, die	Beugung (des Haupt-, Geschlechts- und Eigenschaftsworts ...)	der schnelle Wagen - des schnellen Wagens - dem schnellen Wagen
Demonstrativpronomen, das	Hinweisendes Fürwort	dieser, jener, derjenige
Futur, das	Zukunft	Ich **werde** kommen.
Genitiv, der	Wesfall (2. Fall)	Wir gedachten **des Freundes**.
Hilfsverb, das	Hilfszeitwort	gekauft **haben** (**sein**, **werden**)
Imperativ, der	Befehlsform	Komm! Kommt! Kommen Sie!
Imperfekt, das (Präteritum)	Vergangenheit	Sie lachte.
Indikativ, der	Wirklichkeitsform des Zeitworts	Sie **sagt** kein Wort mehr.
Infinitiv, der	Grundform des Zeitworts	gehen, fahren, singen
Interjektion, die	Ausrufe-, Empfindungswort	Ach! Toll!
Interrogativpronomen, das	Fragefürwort	**Was** gibt es? **Wer**? **Welcher**?
Konjugation, die	Beugung (des Zeitworts nach Person - Zahl - Zeit ...)	ich singe, du singst, er singt - wir singen - ich werde singen, sie sangen
Konjunktion, die	Bindewort (nebenordnend - unterordnend)	und, oder, aber - weil, dass, wenn
Konjunktiv, der	Möglichkeitsform des Zeitworts	Sie sagte, sie **gehe** ins Kino.
Konsonant, der	Mitlaut	b, c, d, f
Modalverb, das	Ausführungsweise angebendes Zeitwort	kaufen **können** (**müssen**, **dürfen**)
Nominativ, der	Werfall (1. Fall)	**Der Mann** geht fort.
Numerale, das	Zahlwort (Grundzahl - Ordnungszahl - Bruchzahl - unbestimmtes Zahlwort ...)	drei - der Dritte - ein Drittel - viele
Objekt, das	Satzergänzung (im 2. Fall - 3. und 4. Fall)	Wir gedachten **des Freundes**. Sie gab **dem Hund den Knochen**.
Partizip, das (des Präsens - des Perfekts)	Mittelwort (der Gegenwart - der Vergangenheit)	kochend, spielend - gekocht, gespielt
Passiv, das	Leideform	Der Hund **wird** von ihm **dressiert**.
Perfekt, das	Vollendete Gegenwart	Sie **hat gelacht**.
Personalpronomen, das	Persönliches Fürwort	ich, du, er, sie, es
Plural, der	Mehrzahl	die Männer, die Frauen
Plusquamperfekt, das	Vollendete Vergangenheit	Sie **hatte gelacht**.
Positiv, Komparativ, Superlativ	Grundstufe, 1. Steigerungsstufe, 2. Steigerungsstufe	hoch, höher - gut, besser am höchsten - am besten
Possessivpronomen, das	Besitzanzeigendes Fürwort	mein, dein, sein, ihr, euer
Prädikat, das	Satzaussage	Er **geht** ins Kino.
Präfix, das	Vorsilbe	**ge**gangen, **an**drücken
Präposition, die	Verhältniswort (des Orts - der Zeit - mit übertragenem Sinn)	auf, in - nach, seit - wegen, trotz
Präsens, das	Gegenwart	Sie lacht.
Präteritum, das (Imperfekt)	Vergangenheit	Sie lachte.
Pronomen, das	Fürwort (persönlich - besitzanzeigend - rückbezüglich - unbestimmt ...)	ich, du, er - mein, dein, sein - mich, dich, sich - keiner
Reflexivpronomen, das	Rückbezügliches Fürwort	Sie hat **sich** geirrt.
Relativpronomen, das	Bezügliches Fürwort	Das Haus, **das** dort steht, ist alt.
Singular, der	Einzahl	der Mann, die Frau
Subjekt, das	Satzgegenstand	**Der Mann** geht fort.
Substantiv, das	Hauptwort (gegenständlich - abstrakt)	Auto, Mond - Liebe, Hass
Suffix, das	Nachsilbe	Biegung, essbar
Verb, das	Zeitwort (Tätigkeitswort, Tunwort)	gehen, singen
Vokal, der	Selbstlaut	a, e, i, o, u

Sachwortverzeichnis

Die Stichwörter erscheinen in der deutschen Bezeichnung. Weitere grammatische Fachausdrücke sind auf den Seiten 134 und 135 deutsch und lateinisch aufgeführt.

A
Ähnlich klingende Laute 122 f.
Arbeitsbericht 50
Arbeitsbeschreibung 62 f.
Arbeitszeugnis 76 f.
Argumentieren 36 ff., 40 f., 42 f.
Ausdruck und Stil 26 f.
Ausdruckschulung 26 f., 54, 66, 71
Aussageabsicht 87, 99, 100, 109, 112 f.
Aussageweise 53

B
Ballade 106 ff.
Bedienungsanleitung 60
Beraterwerkstatt 11
Berichten 48 ff.
Beschreiben 35, 58 ff., 61, 63, 65, 79, 98
Betreff 65
Bewerbungsschreiben 68 ff.
Botschaften hören 18, 20, 30 f.
Boulevardzeitung 78

C
Cartoons 35
CD-Rom 9, 72
Collage (Poster) 15, 85, 111, 112
Clipart 23
Cluster 11, 39, 85

D
Dia 12
Diagrammtypen 13, 16
Dialekt (Mundart) 25
Direkte (Wörtliche) Rede 46 f.
Diskutieren 11, 15, 35, 37 ff., 42

E
Effektives Lernen 14 f.
E-Mail 67
Ergebnisprotokoll 52 ff.
Erörtern in dialektischer Form 42 ff.
Erörtern in linearer Form 40 ff.
Erzählen 46 f.
Expertengruppe 11, 15

F
Fabel 57, 104 f.
Fachreferat 23
Flipchart 12, 23
Folie 12 f., 15, 18 f., 22 ff., 63 ff., 87, 90
Forumsdiskussion 39
Fremdwörter 28 f.

G
Gedächtnis 14
Gedicht 110 f., 112, 113
Gegenstandsbeschreibung 58 ff.
Geschäftsbrief von Privatpersonen 64 ff.
Gesprächsfördernde Äußerungen 32 f., 38
Gesprächsstörende Äußerungen 32 f., 38
Getrenntschreibung 120 f.
Gleich klingende Laute 122 f.
Glosse 100 f.
Grammatik 114 ff.
Grammatische Fachausdrücke 134, 135
Großschreibung 116 ff.
Gruppenarbeit 10 f.
Gruppenbildung 10
Gruppenpuzzle 11, 15
Gruppensprache (Jargon) 24 f., 103

H
Hauptsatz 126 f.

I
Ideenwerkstatt 11
Indirekte Rede 52 f.
Inhaltsangabe 56 f., 93, 107
Internet-Adressen (Beispiele) 9, 68, 80

J
Jargon (Gruppensprache) 24 f., 103

K
Karikatur 22, 80 f., 96 f., 100 f., 105
Kaufmotive 21
Kleinschreibung 116 ff.
Kommentar 79
Kommunikation 30 ff.
Kommunikationsmodell 31 f.
Kommunikationsstörungen 30 f., 32 f.
Kurzgeschichte 86 ff.

L
Lebenslauf 69 ff.
Leideform 62 f.
Lernhemmungen 15
Lernregeln 14, 15
Lerntypen 14
Leserbrief 81
Lyrik 110 ff.

M
Mindmap 13
Möglichkeitsform 52 f.
Modewörter 27
Mundart (Dialekt) 25

N
Nachricht 79 f.
Nachrichtenagenturen 78
Nebensatz 126 f.
Nichtwörtliche Rede 52 f.

P
Parabel 104
PC-Präsentation 12 f., 15, 23
Pinnwand (Pinnbild) 10 f., 12 f., 15, 19, 23, 31 ff., 39, 45, 85, 111
Podiumsdiskussion 39
Poster (Collage) 15, 85, 111, 112
Präsentationsmedien 10, 12 f., 15
Präsentieren und Referieren 10 f., 13, 15, 18 f., 22 f., 43, 61, 63, 65, 70, 79, 87, 91
Presse 78 ff.
Protokollieren 52 ff.
Pro-und-Kontra-Diskussion 39, 45, 85

R
Rechtschreibung 8, 9, 29, 53, 66, 116 ff.
Rechtschreib-Konverter 9, 119
Rednerische Mittel 22
Referieren und Präsentieren 10 f., 13, 15, 18 f., 22 f., 43, 61, 63, 65, 70, 79, 87, 91
Reportage 80

Rollenspiel 19, 21, 59, 67, 74

S
Satire 96 ff.
Satzgefüge 126, 129 ff.
Satzglieder 124 f.
Satzverbindung 126, 128 ff.
Schaubild 16 f., 79
Schluss (Erörterung) 45
Schriftsprache 24 f., 103
Silbentrennung → (Worttrennung)
Sketch 33, 102 f.
Slogan 83 f., 112
Sprachebenen 24 f., 103
Sprechsituationen 18 f.
Stammgruppe 10 f., 15
Stellung nehmen 34 f., 45
Stegreifdiskussion 38
Stellenangebot 68 f.
Stilmittel 22, 83 f., 87, 99, 103, 111, 113

T
Tageszeitung 78
Telefongespräch 19, 59, 67, 73
Textauszug 7
Texterfassung in gedruckten Medien 6 f.
Textmarkierung 6 f.
Textstrukturen (+Gliederungen) 40 f., 42 f., 48, 50, 59, 62, 67, 68, 112
Textverarbeitung 72, 133

U
Umgangssprache 24 f.
Unfallbericht 48, 51
Unterhaltungsliteratur 94 f.

V
Verkaufsgespräch 20 f.
Verlaufsprotokoll 52 ff.
Video-Film 12
Vier-Seiten-Modell 18, 20, 30 f.
Vorgangsbeschreibung 62 f.
Vorstellungsgespräch 73 ff.
Vortragen (Präsentieren) 22 f., 46, 57, 85, 86, 99, 103, 105, 107, 109, 110, 112, 113

W
Werbebereiche 82, 84
Werbesprache 83, 84
Werbetexte 83, 84, 85
Werbung 82 ff.
Witz 29, 47, 131 f.
Wortarten 114 f.
Wortbildung (Wortschatz) 9, 17, 24 f., 28 f., 59, 63
Wörterbücher 8 f.
Wörterbücher auf PCs 9, 119, 133
Wortfeld 59
Wörtliche (direkte) Rede 46 f.
Worttrennung am Zeilenende 29, 132 f.

Z
Zeichensetzung 47, 49, 53, 59, 66, 128 ff.
Zeitungstexte 78 ff.
Zusammenschreibung 120 f.